本书为2011年度教育部人文社科研究基金青年项目“农村发展与农民土地权益保护的法律问题研究——以陕西为例”（项目批准号：11YJC820103）的最终成果。

农村发展与农民土地权益
法律保障研究

史卫民　著

NONG CUN FA ZHAN YU
NONG MIN TU DI QUAN YI
FA LV BAO ZHANG YAN JIU

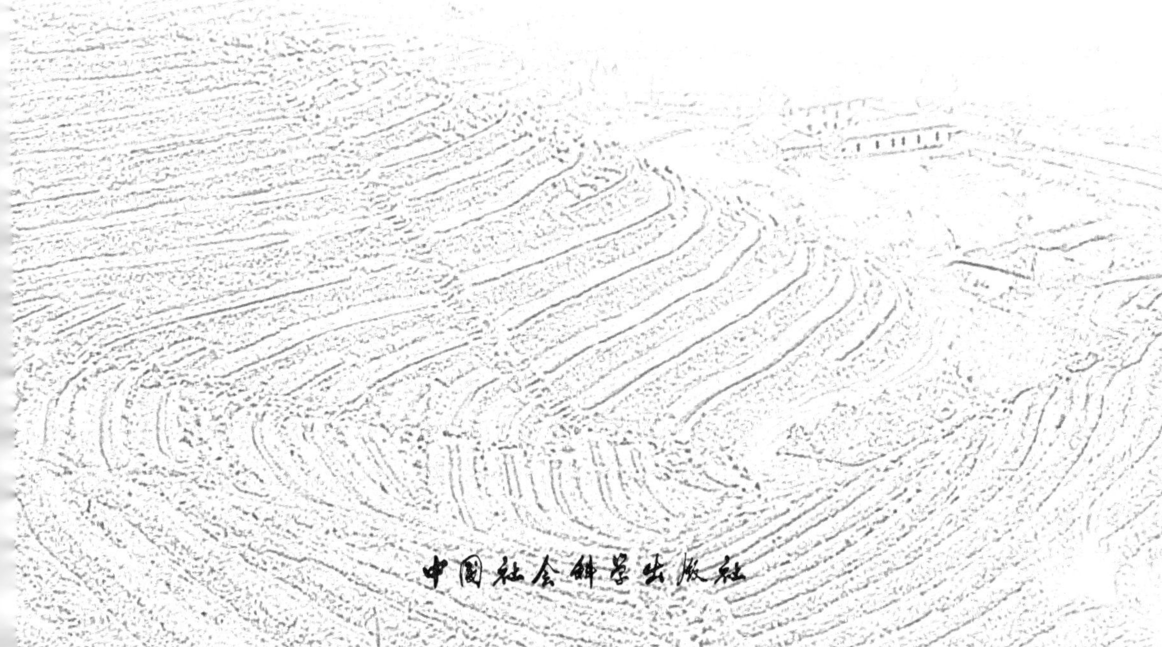

中国社会科学出版社

图书在版编目(CIP)数据

农村发展与农民土地权益法律保障研究/史卫民著.—北京：
中国社会科学出版社，2015.2
ISBN 978-7-5161-5443-4

Ⅰ.①农…　Ⅱ.①史…　Ⅲ.①土地法—研究—中国
Ⅳ.①D922.304

中国版本图书馆CIP数据核字(2014)第311119号

出 版 人　赵剑英
责任编辑　喻　苗
责任校对　任晓晓
责任印制　王　超

出　　版　中国社会科学出版社
社　　址　北京鼓楼西大街甲158号（邮编100720）
网　　址　http://www.csspw.cn
　　　　　中文域名:中国社科网　　010-64070619
发 行 部　010-84083685
门 市 部　010-84029450
经　　销　新华书店及其他书店

印　　装　北京君升印刷有限公司
版　　次　2015年2月第1版
印　　次　2015年2月第1次印刷

开　　本　710×1000　1/16
印　　张　20.25
插　　页　2
字　　数　322千字
定　　价　59.00元

前　言

土地作为关系国计民生的最重要的生产生活资料，在任何国家、任何历史时期，都是备受关注的。土地是农民的生存之本、发展之基。土地权益是农民最大、最重要的权益，是农民根本利益的集中体现。解决不好农民对土地的权益，就解决不好农民的生存、发展和保障问题。农民土地权益保护，在很大程度上决定着我国社会主义新农村建设和城乡一体化目标的实现。近年来，随着工业化城镇化加快和农民分化加深，农村土地问题更加凸显，农村土地纠纷不断涌现，成为影响农村经济社会发展和稳定的重大问题。在当前和今后相当长的时间内，土地关系仍将是农村最基本的生产关系，土地问题仍然是农民最核心的利益问题，也是影响农村社会稳定的最大问题。因此，农村土地制度的改革完善及农民土地权益的有效保护就成为新时期农村改革发展中绕不开的话题。

农民土地权益是农民围绕土地所产生的并且应享有的一系列民主权利与物质利益的总称。广义上的农民土地权益是指农民基于土地获得的全部经济权益、政治权益和其他社会权益；狭义上的农民土地权益仅指农民基于土地获得的全部经济权益，主要包括土地生存权和土地发展权。从现行法律和政策的角度分析，农民的土地权益是层次分明、结构有序的一束权利，主要包括集体土地所有权、土地承包经营权和宅基地使用权。在农民土地权益中，集体土地所有权是基础，土地承包经营权是核心，宅基地使用权则是其重要的具体内容。在工业化、城镇化加速发展的现阶段，农民的各项土地权益问题大都是由土地经济权益所引发的，土地经济权益是农民土地权益的基础，没有土地经济权益，农民的其他一切土地权益便无从谈起。

党和政府历来高度重视农民土地权益的保护，明确指出："在新形势下推进农村改革发展，必须切实保障农民权益，始终把实现好、维护好、发展好广大农民根本利益作为农村一切工作的出发点和落脚点。”特别是改革开放以来，国家出台了一系列法律和政策加强对农民土地权益的保护，取得了明显成效。然而，实践生活中，还存在法律政策不尽完善、实际执行存在偏差、土地权益保护不力等问题。因此，维护和保障好农民土地权益是维护社会稳定和国家长治久安的重要保证，是促进农村发展和完善市场经济的关键所在，是实现社会公正和建设法治国家的时代课题，是建设小康社会和构建和谐社会的必然要求。

基于此，本书以马克思法学为指导，借鉴社会学、政治学、经济学、法学等多学科理论基础，采用规范分析法、比较分析法、实证分析法等研究方法，以保障农民土地权益为目的，分析研究了农村改革发展与土地制度变革中的农民土地权益保护问题，重点从土地承包经营权和宅基地使用权层面，结合陕西省部分地区的实际调研对现行制度框架下的农民土地权益状况进行审视，在此基础上提出了构建完善的农民土地权益保障的具体建议，为进一步深化农村改革发展中切实保障农民土地权益，推进社会主义新农村建设和新型城镇化建设提供参考。

全书共分为六章。

第一章为农村发展与农民土地权益保护的内在逻辑。土地是一种自然资源，同时具有经济价值和社会价值。农民土地权益是农民根本利益的集中体现。本章通过对土地权益的概念与价值、土地权益的内容与行使、土地财产权的属性与功能的梳理与论述，揭示农村发展与农民土地权益保护的内在逻辑。

第二章为国外土地制度变迁中农民土地权益保护的比较与借鉴。通过对美国、日本、俄罗斯、印度、越南土地制度变迁中土地所有权制度和农民权益保护的比较考察，注重农民权益、注重土地使用、注重法制建设、注重市场服务、注重国家管制给我们提供了有益的经验。我国在农地制度改革以及农民土地权益保护方面，应始终把维护农民土地权益放在第一位，赋予农民长期而有保障的土地使用权，加强农地及农民权益保护的法制建设，构建农地运行的市场化服务体系，完善国家对土地的宏观管理制度。

第三章为农村发展中农民土地权益保护的基本原则。农村发展进程中加大对农民土地权益的保护，首先要确立保护的基本原则，包括平等保护原则、法律与政策相结合原则、村民自治与国家管制相结合原则，以便对农民土地权益保护具有更强的目的性与针对性。同时，确立基本原则也有利于处理农民土地权益纠纷和案件时树立正确的价值理念，弥补法律法规的缺陷，合理合法地维护农民土地权益。

第四章为土地承包经营权制度改革中农民土地权益保护研究。土地承包经营权制度是我国适用面积最广，与亿万农民利益福祉息息相关，也是一项极具中国特色的土地财产权制度。在土地承包经营权制度改革与完善中如何切实保护农民土地权益仍是解决“三农”问题的关键所在。本章通过对土地承包经营权的立法实践与发展趋势的梳理与总结，阐述了农地家庭承包制下的农民土地权益保护，对陕西省土地流转的现状与问题进行了调查分析，重点就土地流转中政府角色及其实现的法制保障、土地承包经营权入股公司的法律规制、农地流转中农民土地权益的法律保护进行深入分析和论证，提出了相关的完善建议。

第五章为宅基地使用权制度改革中农民土地权益保护研究。宅基地使用权是农民财产权的重要部分和居住权的基本保障，农村宅基地使用权制度改革与创新是当前新型城镇化进程中备受社会各界关注的热点问题。本章通过对宅基地使用权法律法规政策历史演变的梳理，揭示宅基地使用权制度形成与变迁的特点，深入分析宅基地使用权制度的缺陷与改革取向，着重研究了宅基地使用权初始取得制度，通过实地调研研究了陕西省农村宅基地使用权与农民权益保护的现状与问题，研究了宅基地使用权流转与农民土地权益保护问题，并对陕西高陵宅基地整理置换与新型农村社区建设进行了调查分析，提出了宅基地使用权改革创新中的一些建议。

第六章为农民土地权益纠纷的法律救济。解决好农民土地权益纠纷不仅有利于加强对农民土地权益的保护，而且对于农村经济的稳定发展乃至和谐社会的构建都具有重要的理论意义和现实意义。农民土地权益纠纷主要包括土地承包经营权纠纷和宅基地使用权纠纷两大类，本章通过对土地权益纠纷概念和特征的分析，重点就土地承包经营权纠纷进行类型化梳理，对救济方式进行了比较考察，提出了完善建议，并就西安市长安区人民法院 2010 年、2011 年审理的农村土地承包纠纷案件进行调查和统计分析后提出了相关建议。

目　录

第一章　农村发展与农民土地权益保护的内在逻辑

土地是一种自然资源，同时具有经济价值和社会价值。农民土地权益是农民根本利益的集中体现。从现行法律和政策的角度分析，农民的土地权益是层次分明、结构有序的一束权利。主要包括集体土地所有权、土地承包经营权、宅基地使用权。在农民土地权益中，集体土地所有权是基础，土地承包经营权是核心，宅基地使用权则是其重要的具体内容。本章通过对土地权益的概念与价值、土地权益的内容与行使、土地财产权的属性与功能的梳理与论述，揭示农村发展与农民土地权益保护的内在逻辑。

第一节　土地权益的概念与价值

一　土地及土地权益的概念

（一）土地的概念

土地问题作为一个关系人类生存和发展的重大问题，已成为当今世界关注的焦点。土地是人类赖以生存和发展的物质基础，是社会生产的劳动资料，是农业生产的最基本生产资料，也是农村经济发展的最基本物质条件。人类诞生于土地并将长期在土地上继续生存和发展，没有土地也就没有人类和人类的生存与发展。我国古代学者管子说："地者，万物之本源，诸生之根苑也。"① 马克思指出："土地是一切生产和一切存在的源泉，并且它又是同农业结合着的，而农业是一切多少固定的社

---

① 《管子·水地篇》，科学出版社 1956 年版，第 679 页。

会的最初的生产方式。"①

广义的土地概念不仅包括地球表面的陆地部分，还包括海洋、江河、湖泊等水体。狭义的土地概念仅指地球表面的陆地部分，是一个包括土壤、表层岩石、植被、地表水及地下水等在内的自然综合体。由于人们的生产和生活资料取之于陆地，陆地与人们的关系也最为密切。从土地的经济学概念来看，其范围较为宽广。美国经济学家伊利认为："经济学家所使用的土地这个词，指的是自然的各种力量，或自然资源。"② 英国经济学家马歇尔指出："土地是指大自然为了帮助人类，在陆地、海上、空气、光和热各方面所赠与的物质和力量。"③ 我国台湾"土地法"第1条规定："本法所称土地，谓水、陆及天然富源。" 由于土地概念涉及并影响世界各国，所以联合国也先后对土地做过定义。1972年，联合国粮农组织在荷兰瓦格宁根召开的农村进行土地评价专家会议对土地下了这样的定义："土地包含地球特定地域表面及以上和以下的大气、土壤及基础地质、水文和植被。它还包含这一地域范围内过去和目前人类活动的种种结果，以及动物就它们对目前和未来人类利用土地所施加的重要影响"；1975年，联合国发表的《土地评价纲要》对土地的定义是："一片土地的地理学定义是指地球表面的一个特定地区，其特性包含着此地面以上和以下垂直的生物圈中一切比较稳定或周期循环的要素，如大气、土壤、水文、动植物密度，人类过去和现在活动及相互作用的结果，对人类和将来的土地利用都会产生深远影响。"④ 原国家土地管理局1993年出版的《土地管理基础知识》中这样定义土地："土地是地球表面上由土壤、岩石、气候、水文、地貌、植被等组成的自然综合体，它包括人类过去和现在的活动结果。"⑤ 因此，从土地管理角度，可以认为土地是一个综合体，是自然的产物，是人类过去和现在活动的结果。

---

① 《马克思恩格斯选集》第2卷，人民出版社1972年版，第109页。

② ［美］伊利：《土地经济学原理》，商务印书馆1982年版，第19页。

③ ［英］马歇尔：《经济学原理》上卷，商务印书馆1964年版，第157页。

④ 毕宝德：《土地经济学》，中国人民大学出版社2001年版，第1—2页。

⑤ 国家土地管理局：《土地管理基础知识》上，天津人民出版社1993年版，第3—4页。

由此可见，作为自然资源来讲，土地是自然综合体。但在现实生活中，作为人类基本生产资料的土地，已逐渐演变成人类经济活动的产物。因此，现实社会中的土地应是土地物质要素与人类劳动成果相结合的有机统一体，是自然土地和经济土地的统一体。

（二）土地权益的概念

法律意义上的"权益"可以分为"权"和"益"两部分。"权"重在指民主权利或政治权利，"益"重在指物质利益或经济利益。"益"是"权"的基础，"权"是"益"的保障，也就是说物质利益是行使民主权利的基础，民主权利是获取物质利益的保障。农民权益应由经济权益和非经济权益构成，这就是农民除了享有经济权益外，还应当享有政治、社会、文化等方面的权益。因此，"农民权益"是指农民在从事经营生产和生活中所享有的政治权利（民主权利）与经济利益（物质利益）的总称。"农民土地权益"也就是指农民围绕土地所产生的并且应享有的一系列民主权利与物质利益的总称。广义上的农民土地权益是指农民基于土地获得的全部经济权益、政治权益和其他社会权益；狭义上的农民土地权益仅指农民基于土地获得的全部经济权益，主要包括土地生存权和土地发展权（见表1—1）。从现行法律和政策的角度分析，农民的土地权益是层次分明、结构有序的一束权利。① 主要包括集体土地所有权、土地承包经营权、宅基地使用权。在农民土地权益中，集体土地所有权是基础，土地承包经营权是核心，宅基地使用权则是其重要的具体内容。

农民土地权益是农民根本利益的集中体现。在工业化、城镇化加速发展的现阶段，农民的各项土地权益问题大都是由土地经济权益所引发的，土地经济权益是农民土地权益的基础，没有土地经济权益，农民的其他一切土地权益便无从谈起。因此，对农民土地经济权益的研究与剖析是深入理解农民土地权益问题的关键。

---

① 王景新：《现代化进程中农地制度及其利益格局重构》，中国经济出版社2005年版，第35—38页。

表 1—1　　　　　　　　　　　**农村土地权益概念**

<table>
<tr><td rowspan="11">农民土地权益</td><td>概念</td><td colspan="3">权　益</td></tr>
<tr><td rowspan="3">广义概念</td><td colspan="3">经济权益</td></tr>
<tr><td colspan="3">政治权益</td></tr>
<tr><td colspan="3">社会权益</td></tr>
<tr><td rowspan="7">狭义概念（经济权益）</td><td rowspan="3">生产性权益（土地生存权）</td><td>基本食物保障（口粮）</td><td rowspan="7">集体土地所有权
土地承包经营权
宅基地使用权</td></tr>
<tr><td>基本经济保障（农业种、养殖收入）</td></tr>
<tr><td>基本社会保障（农业补贴、救助等）</td></tr>
<tr><td rowspan="4">非生产性权益（土地发展权）</td><td>集体土地收益</td></tr>
<tr><td>失地补偿收益</td></tr>
<tr><td>土地流转收益</td></tr>
<tr><td>外出务工收益</td></tr>
</table>

二　土地及土地权益的价值

（一）土地的价值

土地对人类具有重要的价值，土地的价值主要表现为社会价值和经济价值。

1. 土地的社会价值

所谓土地的社会价值是指土地在维系人类生存、保持社会稳定、解决人口温饱等基本生活、生产方面所具有的意义和作用。土地可以作为居民用地、交通和水利用地等，为人类的生存和发展提供必需的产品。土地的社会价值是人类对土地的需求和土地对人类的供给之间的关系，是与人类的生存相关的社会评价。人多地少，土地产出低，经济不发达的地方，土地的供应与需求失衡，土地的社会价值突出；相反，人少地多，土地产出高，经济发达的地方，土地的供应与需求平衡，土地的社会价值平缓。一般而言，决定和影响土地社会价值的因素主要有人口数量、土地生产效率和经济发展水平等。① 土地的社会价值其实就是人类为了生存对土地依赖的程度。

2. 土地的经济价值

所谓土地的经济价值，是指在发挥社会价值的基础上，为促进土地

① 孟勤国：《中国农村土地流转问题研究》，法律出版社 2009 年版，第 5 页。

使用价值的提高，追求土地利用效率等方面所具有的意义和作用。土地的经济价值是由土地的用途、位置、土地的产出这些因素共同影响和决定的。首先，随着社会发展，土地用途也越来越广泛，同一块土地可以有很多不同的用途，不同用途的土地有着不同的经济收益。通常情况下，融入的劳动力和资本的数额与经济价值是正比例关系。其次，不同位置的土地的经济价值也是大小不一的，主要受到土地距离市场远近以及运输状况等条件的限制。再次，在农业生产中，土地的产出与土地的肥力息息相关，土地的肥力不同也必然造成其经济价值的不同。因此，土地的肥力也是决定土地经济价值的一个关键因素。①

3. 土地的社会价值与经济价值的关系

中国的土地首先要支撑中国的粮食安全，为农民提供基本的生存保障，这决定了土地社会价值的绝对优先性，只有在土地社会价值的框架内，土地的经济价值才是一个有意义的问题。反之，土地的经济价值也影响着土地的社会价值，首先土地的经济价值是实现土地社会价值的基本途径，为社会提供粮食和为农民提供基本生存保障，都依赖于土地产出即土地的经济价值。没有足够和有效的产出，土地的社会价值就没有多少意义。其次，土地的经济价值是弱化土地社会价值的重要手段，土地的有效利用和土地经济价值的不断提高，使同样面积的土地能够养活更多的人口，在人口增长有控制的条件下，可以减轻人类对土地的依赖。因此，土地的社会价值与经济价值虽然在特定条件下存在一定的矛盾，但总体而言二者是具有共同的价值取向的，都是为了发展社会生产力、实现土地合理有效利用，故土地的社会价值决定着土地的经济价值，土地的经济价值影响着土地的社会价值。②

（二）土地权益的价值

土地权益是农民经济、政治、社会等权利的综合体现，农民所拥有的诸多权利和利益，都是附着在他们的土地之上，直接或间接地与土地相关联。农民一旦失去了土地，也就意味着失去了那些与土地相关联的权利、利益存在的基础和条件，也就失去了所拥有的权利和利益。因

① 孟勤国：《中国农村土地流转问题研究》，法律出版社 2009 年版，第 1—4 页。

② 同上书，第 7—9 页。

此，土地权益的价值实质上蕴含的是农民的生存权和发展权。

土地生存权是指农民基于土地的农业生产属性所获得的基本经济利益，是国家保障农民基本生存权利的集中体现，主要包括农民基于其所承包土地获得的基本食物保障、基本生活保障（如农业种植养殖收入等）以及基本社会保障（如政府农业补贴、灾荒救济等）。土地发展权是指农民基于土地的非农业生产属性所获得的基本经济利益，是农民分享国家工业化发展成果的集中体现，主要包括：在不变更土地性质和用途的前提下，通过农用地或农村集体建设用地流转所获得的流转收益；在不放弃承包经营土地作为基本生活保障的前提下，外出务工所获得的劳务收益；失地农民的补偿安置收益等。土地自由流转是实现农民土地发展权的基础和前提。改革开放以来，中国农民土地权益的历史变迁过程，本质上就是以上两种权益逐步实现的过程。①

土地生存权是土地发展权的前提，土地发展权是土地生存权的保障。土地是生产劳作的载体，决定着农民的温饱状态和生活质量；宅基地更加担负着农民在居住方面的最低生活限度需求；因此，土地承包经营权、宅基地使用权成为维护农民生存最基础的保底权利，没有生存权何谈发展权。我国目前已经进入以人的全面发展为目标的发展型社会，发展权是生存权基础上的不可剥夺的人权。土地蕴含的巨大财产价值使农民获取了原始财产，承包地、宅基地更是被作为可量化的财产存在，是农民获得财产性收入的主要来源。更重要的是，土地的资产价值是农民积累财产并提高经济能力的根源。征地后的各项补偿安置也必须对这部分土地之上的未来期待利益进行保障。因此，土地的财产价值和征地后的补偿安置是发展权的重要体现，反过来促进和保障着生存权的较好实现。

第二节　土地财产权的属性与功能

一　土地的属性

正确认识土地的属性是理解农村土地制度的前提和基础。人们对土

① 李政、冯宇：《基于土地政策变革的农民土地权益变迁分析》，《经济问题》2009 年第 12 期。

地属性的认知水平决定了人们对待土地的态度，进而对土地上的权利配置起着决定性的作用。

（一）土地的财产属性

土地的财产属性是指土地作为受人支配的、可以给特定人带来经济利益的物所表现出来的财产的形式和性质。土地的财产属性具体表现在：

1. 主体的支配性

土地的财产属性首先就表现为土地的所有权人或使用权人对土地的可支配性。作为财产的土地必定是可以经分割而为确定的主体所控制和支配的，可以排斥其他人对其土地的占有、支配，土地所有权人或使用权人在行使土地权利的时候，其他人也不得干涉、妨害、侵害，即排他性。

2. 供给的稀缺性

供给的稀缺性，主要是指在某一地区、某种用途的土地供不应求，形成了稀缺的经济资源，造成供求上不同程度的矛盾。稀缺性是土地构成财产的必要条件。土地的天然性决定了土地的有限性，土地面积的有限性和位置的固定性又决定了土地的稀缺性。土地的稀缺性在客观上要求节约用地和集约用地。

3. 价值的效用性

土地是一种特殊的商品，而价格是商品价值的货币表现。人类之所以要争相抢占土地，甚至不惜发动战争，就是因为土地具有价值效用性。土地的价值效用性表现为土地具有的使用价值和价值。土地的使用价值指土地具有的、能够满足人类生产与生活需要的客观有用性，土地是人类最重要、最基本的生存条件和再生产条件。而土地的价值则表现为土地地租，财产权人可以将其拥有的土地或土地权利变卖获取收益，而他人取得土地也需要付出一定的经济代价或成本。[①]

（二）土地的资源属性

土地是一种综合的自然资源，对人类生存来说是最基本的，也是最广泛、最重要的资源，能用来满足人类自身需要和改善自身的环境条

① 刘俊：《土地所有权国家独占研究》，法律出版社2008年版，第28页。

件。土地的资源属性具体表现在：

1. 构成的整体性

土地是由气候、土壤、水文、地形、地质、生物及人类活动的结果所组成的综合体，土地资源各组成要素相互依存，相互制约，构成一个不可分割的完整资源生态系统。人类不可能改变一种资源或资源生态系统中的某种成分，而同时能使周围的环境保持完全不变。因而土地资源的开发利用必须统一规划、综合利用，只有有机地将各项因素结合起来利用，才有可能实现土地资源的整体效益的最大化。

2. 面积的有限性

由于受地球表面陆地部分的空间限制，土地的面积是有限的。人类虽然可以对土地资源加以改造，并影响其供给方式，但并不能生产、制造土地资源。另外，由于受到技术和经济的限制，人类以地表为基地向上延伸利用大气空间及向下延伸利用地下空间也是有限的。因而，珍惜和合理利用每一寸土地就显得非常重要。

3. 位置的固定性

分布在地球各个不同位置的土地，占有特定的地理空间。每一块土地的绝对位置（经纬度）具有固定性，各块土地之间的相对位置（距离）也具有固定性，不能任意迁移和互换，只能就地利用。这是土地最直观、最明显、最外在的特征，它对相关的制度设计具有极大的影响。

4. 区域的差异性

不同地区、不同区位土地的肥沃程度、地质地貌、气候条件及位置优劣等因素均不同，由此造成了土地较大的区域差异性。这一特性决定了土地资源的利用与改良要因地制宜，才能实现土地的最佳利用。

（三）土地财产属性与资源属性的关系

土地的财产属性追求的是经济效率价值目标，而土地的资源属性则蕴含着对人类的生存保障等社会公平价值理念（代际公平与代内公平）的追求。土地的财产属性推动了土地财产权的诞生，而土地资源属性则化身为土地财产权所必须承担的社会义务。当人们对土地资源属性的关注越少，则其财产属性越充分；反之，对资源属性越关注，则财产属性就被稀释。土地的财产属性和资源属性对于人来讲，分别对应着财产利益和生存利益。资源属性决定了土地应当承载公益负担，财产属性决定了土地必须体现出私益性。因此，土地的财产属性和资源属性的统一性决定了土地上的财产利益和生存利益的统一性，也决定了土地的私益性和公益性的统一。①

二　土地的功能

对人类社会而言，土地具有多种功能，从而也增强了土地利用方式对于人类发展要求的适应性。土地的功能最主要体现在以下两个方面。

（一）保障功能

在城乡二元经济结构背景下，农民的生、老、病、死几乎全部由其个人或家庭承担，土地成为农民社会保障的主要依托。虽然近年来国家逐步建立起了农村养老保险和新型合作医疗等保障，但总体保障程度和保障水平较低。在目前的土地制度下，土地仍为农民提供着最基本的生存保障。土地的生存保障主要体现在生活保障、就业保障和养老保障三个方面。

1. 生活保障

土地是农民的食物来源，只要有土地，就能解决农民的吃饭问题，从而解决生存的第一需要。同时，农民还要依靠土地收入满足生活的各种需要，拥有土地是农民获取稳定经济收益的保障。虽然目前农民的谋生手段已多种多样，但是绝大多数农民的主要收入依然来源于土地的产出，土地的经济收益功能在相当长的时间内不会被完全替代。

2. 就业保障

在我国，对大多数农民来说，提供稳定的就业机会一直是土地的一项重要功能。农民拥有了土地就可以实现就业，他不需要更多的技术、资金和设备的投入。一个普通的农民，即使经济上贫穷，文化程度不高，缺少技能训练，只要有土地就能实现就业。同时，土地不仅为从事其他职业提供了条件，而且以土地为基础的农业生产为农民分解其他职业风险提供了条件，是其失业的保障。即使在城市打工的农民遇到经济

---

① 刘俊：《土地所有权国家独占研究》，法律出版社2008年版，第41—42页。

危机被迫返乡，也能依靠土地获得基本生活保障，不至于陷入困境。①

3. 养老保障

我国农村尚未建立现代化社会养老保险体系，大部分农村地区依然保持着以土地为依托的家庭养老方式。迈入老龄的农民，如果自己还能劳动，“土地+劳动”就是他们的养老保险；自己不能劳动，土地+家庭或村助是他们的养老保险。在我国许多地区，年轻人外出打工，有劳动能力的老年人耕种土地的现象非常普遍。即使农民在年老、疾病而丧失劳动能力时，他（她）所分得的土地使用权仍成为他从家庭获取生活资料的基础之一。土地作为一种生产生活资料可以由子孙代为耕种，同时养老的重担也由子孙接过。由于我国农业人口众多，财政资金匮乏，在目前的二元社会经济结构下，依靠土地养老的这种状况无疑将滞留很长时间。②

（二）投资功能

土地的投资功能即资本功能。土地是一种特殊的资本，具有资本功能。资本的本质是追求价值增值，即追求效率最大化；资本只有在流动中才能实现其价值并增值。土地不仅为农民带来生产经营收益，还能为土地投资者带来较高的预期收益，给融资者筹措资金带来利润。随着《物权法》将土地承包经营权规定为用益物权，使得农民将土地作为一种财产进行投资具有了合法性。市场经济条件下，土地作为特殊的生产要素与商品进行市场化运作，实现资本化经营，这是市场经济资源配置的基本要求。

近年来，随着土地流转的加速，许多地方出现了多种形式的土地投资。比较常见的有出租、转让、抵押、入股。出租是指承包方将部分或全部土地承包经营权以一定期限租赁给他人从事农业生产经营。这种方式主要在农户与用地单位之间进行，农户自愿将全部或部分土地使用权出租给承租方，承租方给出租方一定的收益。转让是指承包方有稳定的非农职业或者有稳定的收入来源，经承包方申请和发包方同意，将部分

---

① 陈小君：《田野、实证与法理：中国农村土地制度体系构建》，北京大学出版社 2012 年版，第 325—326 页。

② 彭慧蓉、钟涨宝：《论土地社会保障职能及对农地流转的负面影响》，《经济师》2005 年第 3 期。

或全部土地承包经营权让渡给其他从事农业生产经营的农户，由其履行相应土地承包合同的权利和义务。抵押是指土地承包经营权人在不转移土地占有权的情况下，将土地承包经营权作为债权的担保向金融机构申请贷款，当债务人不履行债务时，债权人有权依法处分该土地承包经营权并就处分所得的价款优先受偿的一种方式。入股是指实行家庭承包的承包方之间为发展农业经济，将土地承包经营权作为股权，自愿联合从事农业合作生产经营；其他承包方式的承包方将土地承包经营权量化为股权，入股组成股份公司或者合作社等，从事农业生产经营。土地由企业统一经营，农户作为股东，既可以按股分红，又可以通过劳动取得收入。

（三）从保障功能走向投资功能

首先，随着经济社会的发展，土地的生存保障功能逐渐弱化是大势所趋，这主要源于农地的减少和人口的增多。其次土地的生存保障功能无法抗拒来自市场经济的高风险，加入 WTO 后随着外国农产品的涌入，农民经营风险加大。以小规模的农户分散经营方式为主的农业组织结构市场竞争力不强，使农民收入日益受到市场的约束，加之化肥、农药、种子的市场化也加大了农业生产成本，使农民的收益波动不稳。最后土地的生存保障功能一般只能维持温饱，一旦遇到大病、上大学或遭受自然灾害，就会陷入困境。

随着城市化、工业化和农业现代化的快速发展，必然要求逐渐体现和强化土地的投资功能，还原土地本来作为一种生产要素的客观价值，让土地摆脱生存保障功能的束缚，在社会经济发展中发挥更大的作用。近年来，随着农村大量剩余劳动力的转移，使得土地对农民来说不再具有那么重大的生存保障意义，流转土地反而可以给农民带来较为可观的经济收益，在近郊和城中村的农民已经因此而受益匪浅，在边远农村土地流转也促进了农业结构调整和产业化经营。目前，农村土地流转的速度在不断加快，规模在不断扩大，形式在不断创新，拓宽了农民增收渠道，促进了农村经济的发展。通过土地流转提高土地的收益，对社会和农户都是一种选择，对当地经济的发展来说也是一种有益的推动。①

① 孟勤国：《中国农村土地流转问题研究》，法律出版社 2009 年版，第 18—20 页。

三　土地财产权的属性与功能

首先需要明确的是，土地财产权与作为其客体的土地是不同的，二者的区别是由土地财产权的结构因素决定的。① 土地财产权不仅包括作为其主体的人的因素以及作为其客体的物（土地）的因素，还包括主体对客体评价的价值因素。土地财产权客体因素的特殊性（土地的特殊属性与功能）决定了土地财产权区别于一般的财产权，其负载了更多的信息，承担了更多的功能。

而对于农民的土地财产权而言，其属性与功能与作为其客体的农村土地的属性与功能是一致的。但是，农民土地财产权不仅其客体因素具有特殊性，主体因素以及价值因素也与一般的财产权具有很大的不同。具体而言，农民土地财产权的主体为农民，不管是土地承包经营权还是宅地基使用权，只有具备农民的身份和本集体经济组织成员的身份才可以获取，这使得农村土地财产权具有了身份属性，由此可见，土地财产权的身份属性是我国农村土地制度所赋予的。赋予农民身份属性的主要目的在于通过解决农民与土地的关系，解放和发展农村生产力，为农民生活提供基本生活保障。同时，也将农民稳定在土地上，以保持整个社会的稳定和谐。② 但农民作为一种身份，常常被视为弱势群体的代表。事实上，传统的中国社会以及现在的社会现实均表明，农民仍旧是弱势群体，容易受到多方面歧视，特别是制度性的歧视，这决定了农民土地财产权对农民而言具有更为重要的意义，其直接关系到农民的人格尊严。此外，农民土地财产权的价值因素即农民对农村土地的价值评价也会影响农民土地财产权功能的发挥。最突出的表现为在传统社会里大多数农民更珍惜土地的生产资料功能以及社会保障功能，对于其投资功能则重视不够，这一观念直接影响了土地价值的发挥。

因此，农民土地财产权的主体因素、客体因素以及价值因素的特殊性决定了农民土地财产权具有区别于一般财产权的特殊属性与功能，其虽然作为一种私权，但却更容易受到国家公权力的干预。当然，适当的

① 梅夏英：《财产权构造的基础分析》，人民法院出版社 2002 年版，第 48—49 页。

② 陈祖国：《农村土地承包经营权财产属性及其制度完善》，《重庆行政》2009 年第 3 期。

干预是必要的，但现实却并非如此，保障好农民的土地财产权依旧任重道远。①

第三节　土地权益的内容与行使

一　土地权益的内容

狭义上的农民土地权益仅指农民基于土地获得的全部经济权益。从现行法律和政策的角度分析，农民的土地权益是层次分明、结构有序的一束权利。主要包括集体土地所有权、土地承包经营权和宅基地使用权。由于土地所有权归本集体组织所有成员共有，每一单个农民无法单独行使其权利。因此，对农民来讲，最主要、最直接、最明显的土地权益应是土地承包经营权和宅基地使用权。概括其内容或特性，主要包括以下几个方面。

（一）占有权

占有权是指农民依照法律规定或当事人约定享有的控制或支配特定面积的集体所有土地的权利。占有权在整个土地权益内容中处于基础性的地位，它是农民获得使用权、收益权和处分权的前提条件。没有土地占有权，也就没有其他权利的发生或存在。通常情况下，占有权都由土地使用权人自己直接占有，在土地承包经营权出租、转包等情况下，承租方、受让方直接占有，原土地使用权人则间接占有。而此时，原土地承包经营权人并不丧失其承包经营权。

（二）使用权

农民获得某一块土地的占有权并非其终极目的。如果取得一块土地后不进行利用，那这块土地对农民而言没有任何意义。土地只有在利用中才能体现其经济价值。因此，农民获得某块土地的目的是取得使用权并对土地加以利用。所谓土地使用权是指农民按照法律规定或者当事人约定，依照土地的性能和用途对土地利用的权利。即土地使用权人在不违反法律规定的前提下，拥有耕作权、居住权，自主经营，自负盈亏，

① 黎桦：《论农民土地财产权的保障》，《湖北经济学院学报》2009 年第 5 期。

决定种植种类、品种、数量和方式，收入的分配，修建房屋及附属物等各种使用权利。土地使用权是农民土地财产权利的核心，对农民而言是最重要的财产权利，在整个农民土地财产权利体系中处于至关重要的地位。

（三）收益权

收益权是指农民依照土地使用权设立合同规定的用途使用土地而获得的收益。农民享有的土地收益包括直接经营产生的收益、土地流转收益、土地投资收益、土地被征收收益等各种收益，对于这些收益，任何组织和个人不得侵占、截留、扣缴。

（四）处分权

处分权是财产权的核心，土地的处分权是指权利人处置土地财产或改变土地用途的权利，而这样的处分权仅仅只能由所有权人所享有，由于我国农村土地属于集体所有，土地使用权人原则上无处分权。但从《物权法》关于流转的规定来看，肯定了家庭土地承包经营权人享有一定的法律处分权能，但在程序上、许可上做了明确的限制。在现实生活中，家庭土地承包经营权的处分权能也是客观存在的。因此，就处分权能而言，家庭土地承包经营权具有法律上部分有限制的处分权能，宅基地使用权人不具有处分权能。

（五）成员权

成员权是指团体中的社员依其在团体中的地位而产生的具有利益内容的权限，其根本特点在于权利基于社员的资格产生。土地权益中的成员权，是指农村集体经济组织的成员对集体经济组织所享有的权利。不管是土地承包经营权还是宅基地使用权，基本上都是基于本集体经济组织的成员而享有，具有明显的身份性。2007 年颁布的《物权法》第 59 条第 1 款的规定："农民集体所有的不动产和动产，属于本集体成员集体所有。"为了进一步落实成员权，该法第 59 条第 2 款规定了集体成员对于集体重要事项的决定权，第 62 条规定了集体成员对集体财产的知情权，第 63 条第 2 款还规定了集体成员的撤销权。应当看到，《物权法》虽然已经提出了成员权制度，但从制度层面来看，其仍然是不够完善的。对于成员集体所有的规定和成员权的规定仍有诸多具体问题有待完善："成员集体所有"的法律性质和内涵需要明确；成员资格问题缺乏规定；成员权与村民自治权利的关系有待厘清；成员权的内容还需要具体化；侵害成员权的救济制度还有待完善。[①]

（六）救济权

救济权是指农民在行使土地承包经营权和宅基地使用权过程中，合法权益受到侵害时请求法律救济和保护的权利。一般土地纠纷的救济方式主要有信访、协商、调解、仲裁、诉讼等。土地承包经营权发生纠纷时，当事人可以通过协商解决，也可以请求村民委员会、乡（镇）人民政府等调解解决，当事人不愿调解协商，或者调解协商不成的，可以向农村土地承包仲裁机构申请仲裁，也可以直接向人民法院起诉。由于宅基地使用权中发生的纠纷为行政纠纷，可以采取行政处理和行政复议的方式处理。现行的《农村土地承包经营纠纷调解仲裁法》只规定了土地承包经营纠纷可以仲裁，且为行政仲裁性质。因此，宅基地使用权纠纷不能采用仲裁解决，其他方式都可以采用。

二　土地权益的行使

（一）集体土地所有权的行使

1. 承包经营

在我国，土地只能由国家所有和农民集体所有，除此之外的任何国家机关、企事业单位、个人都无权享有土地所有权。土地承包经营权是我国经济体制改革的重大成果，也是我国现阶段集体土地所有权的基本实现方式。《土地管理法》、《农村土地承包法》、《物权法》对集体土地承包经营关系的设立、基本内容等均作了明确而具体的规定。

2. 代表行使

《物权法》第60条规定，对于集体所有的土地和森林、山岭、草原、荒地、滩涂等，依照下列规定行使所有权：（1）土地属于村农民集体所有的，由村集体经济组织或者村民委员会代表集体行使所有权；（2）土地分别属于村内两个以上农民集体所有的，由村内各该集体经济组织或者村民小组代表集体行使所有权；（3）土地属于乡镇农民集体所有的，由乡镇集体经济组织代表集体行使所有权。根据以上规定，

---

① 王利明、周友军：《论我国农村土地权利制度的完善》，《中国法学》2012年第1期。

应由乡村各级集体经济组织或者村民委员会、村民小组代表集体行使土地所有权。实践操作中，乡村集体经济组织或者村民委员会、村民小组均应推选代表和负责人，由其通过开会投票具体执行所在组织的意志。

3. 集体决策

根据《物权法》第59条第2款的规定："下列事项应当依照法定程序经本集体成员决定：（一）土地承包方案以及将土地发包给本集体以外的单位或者个人承包；（二）个别土地承包经营权人之间承包地的调整；（三）土地补偿费等费用的使用、分配办法；（四）集体出资的企业的所有权变动等事项；（五）法律规定的其他事项。"集体土地所有权应由全体集体成员通过民主程序共同行使，行使权利的具体程序和方法应由法律或集体组织的章程加以规定。

4. 行使限制

土地所有权不仅涉及所有人和权利相对人，还涉及国家利益和环境利益。农村土地所有权在行使中要受到一定的限制。一是用途的限制，集体土地的用途必须服从国家的农业政策、耕地保护政策和土地利用总体规划，不得随意改变土地的性质和使用方式；二是转让的限制，集体土地所有权不能转让，目前只能通过征收转为国有土地。同时，土地所有权不可以抵押。

5. 行使保护

集体所有的土地为农业集体经济组织的重要生产资料，也是农民重要的生存生活保障，因此，集体所有的财产，禁止任何单位和个人侵占、哄抢、私分、破坏。集体经济组织、村民委员会或者其负责人做出的决定侵害集体成员合法权益的，受侵害的集体成员可以请求人民法院予以撤销。

（二）土地承包经营权的行使

农民集体所有和国家所有由农民集体使用的耕地、林地、草地以及其他用于农业的土地，依法实行土地承包经营制度。土地承包经营权人依法对其承包经营的耕地、林地、草地等享有占有、使用和收益的权利，有权从事种植业、林业、畜牧业等农业生产。发包方应尊重承包方的生产经营自主权，不得干涉承包方依法进行正常的生产经营活动；承包方有权自主组织生产经营和处置产品。

农民承包的耕地的承包期为30年。草地的承包期为30年至50年。林地的承包期为30年至70年；特殊林木的林地承包期，经国务院林业行政主管部门批准可以延长。承包期届满后，由土地承包经营权人按照国家有关规定继续承包。土地承包经营权人既可以自己使用承包地，也可以依照农村上地承包法的规定，采取转包、互换、转让等方式将土地承包经营权流转给别人使用。流转的期限不得超过承包期的剩余期限。未经法律批准，不得将承包地用于非农建设。承包期内发包人不得调整和收回承包地。因自然灾害严重毁损承包地等特殊情形，需要适当调整承包的耕地和草地的，应当依照农村土地承包法等法律规定办理。对收回承包地，法律另有规定的，依照其规定。承包地被征收的，土地承包经营权人有权依照相关规定获得相应补偿。

（三）宅地基使用权的行使

宅基地使用权人依法对集体所有的土地享有占有和使用的权利，有权依法利用该土地建造住宅及其附属设施。宅基地使用权只能由宅基地使用权人行使，任何组织和个人不得侵占、损毁宅基地，因而宅基地使用权具有排他性。农户在其依法占有、使用的宅基地上可以建造房屋，种植竹木，建造各种生活生产设施。宅基地使用权人可以将地上建筑物以出售、赠予、继承、遗赠的方式移让与他人，宅基地使用权也随之转移，但宅基地使用权不得单独转移且不能用于抵押。农户迁出、死亡或放弃宅基地使用权时，宅基地所有权人收回宅基地使用权，宅基地使用权人所占有的宅基地被国家依法征用后，可取得补偿。宅基地使用权人应依法使用所占有的宅基地，不得违法扩大其面积，也不得以出卖、赠予、入股等方式处分宅基地。宅基地如因自然灾害等原因灭失的，宅基地使用权消灭，对失去宅基地的村民，应当重新分配宅基地。

第四节　农村发展与农民土地权益保护的内在联系

我国自古就是农业大国，农民占全国人口的绝大多数，农业、农村、农民问题是关系改革开放和现代化建设全局的重大问题。“三农”问题能否解决决定着我国能否实现社会稳定和国家的长治久安，以及经济的长期协调发展。“三农”问题的核心是农民问题，农民问题的关键在于农民和土地的关系问题。对于大多数农民来说，土地是他们安身立命之所，是他们赖以生存和养老的基本保障。解决不好农民对土地的权益，就解决不好农民的生存、发展和保障问题，就会阻碍社会主义新农村建设和新型城镇化建设，使得农村发展中农民的土地权益保护问题成为“三农”问题的关键问题。

一 农村发展的界定

目前，我国总体上已进入以工促农、以城带乡的发展阶段，进入加快改造传统农业、走中国特色农业现代化道路的关键时刻，进入着力破除城乡二元结构、形成城乡经济社会发展一体化新格局的重要时期。但是，当前农村改革发展中仍面临着“农业基础仍然薄弱，最需要加强；农村发展仍然滞后，最需要扶持；农民增收仍然困难，最需要加快”的困难和挑战。党的十八大报告提出，促进工业化、信息化、城镇化、农业现代化同步发展。“四化”同步是解决“三农”问题的当务之急，也是解决“三农”问题的根本途径。党的十八届三中全会发布的《中共中央关于全面深化改革若干重大问题的决定》中对农村深化改革与发展做了进一步部署，明确了深化农村土地制度改革的方向、重点和要求。可以说，农村改革发展已经进入一个新的发展阶段。梳理近年来农村改革发展的重大政策，对农村发展的准确界定具有重要意义。

（一）社会主义新农村建设

2005 年 10 月，党的十六届五中全会通过的《中共中央关于制定国民经济和社会发展第十一个五年规划的建议》中指出，“建设社会主义新农村是我国现代化进程中的重大历史任务”。要按照“生产发展、生活宽裕、乡风文明、村容整洁、管理民主”的要求，坚持从各地实际出发，尊重农民意愿，扎实稳步推进新农村建设。社会主义新农村建设顺应了农村变迁和社会发展的一般规律，是缩小城乡差距，加快农村发展的重要举措。2007 年 10 月，党的十七大报告明确指出要统筹城乡发展，推进社会主义新农村建设。2008 年 10 月，十七届三中全会通过的《关于推进农村改革发展若干重大问题的决定》中提出了到 2020 年农村改革发展的基本目标任务，将建设社会主义新农村、走中国特色农业现代化道路、加快形成城乡经济社会发展一体化新格局三者有机联系在一起，构成了今后推进农村改革发展的总体思路。

（二）新型城镇化建设

城镇化是城镇人口增加、城镇规模扩大、乡村人口向城镇流动及城市文明向农村扩散而引起的人们生产生活方式转变和价值观念变迁的过程。从早期的“城市化”到后来的“城镇化”再到现在的“新型城镇化”，我们对城镇化的认识逐步加深。在2010年“中央一号文件”中，城镇化被赋予了与新农村建设同等重要的国家战略地位。党的十八大明确提出了“新型城镇化”概念，新型城镇化是以城乡统筹、城乡一体、产城互动、节约集约、生态宜居、和谐发展为基本特征的城镇化，是大中小城市、小城镇、新型农村社区协调发展、互促共进的城镇化。新型城镇化的核心是人的城镇化，关键是提高城镇化质量，目的是造福百姓和富裕农民。2014年3月16日，中共中央、国务院发布了《国家新型城镇化规划（2014—2020年）》，分别就规划背景、指导思想和发展目标、有序推进农业转移人口市民化、优化城镇化布局和形态、提高城市可持续发展能力、推动城乡发展一体化、改革完善城镇化发展体制机制、规划实施等8方面内容做了规定，是今后一个时期指导全国城镇化健康发展的宏观性、战略性、基础性规划。制定实施《国家新型城镇化规划（2014—2020年）》，努力走出一条以人为本、四化同步、优化布局、生态文明、文化传承的中国特色新型城镇化道路，对全面建成小康社会、加快推进社会主义现代化具有重大现实意义和深远历史意义。

（三）从“统筹城乡发展”到“城乡一体化”

2003年10月，党的十六届三中全会通过了《中共中央关于完善社会主义市场经济体制若干问题的决定》，首次提出了“统筹城乡发展、统筹区域发展、统筹经济社会发展、统筹人与自然和谐发展、统筹国内发展和对外开放”的“五个统筹”要求，并将统筹城乡发展放在五个统筹之首，将“建立有利于逐步改变城乡二元经济结构的体制”作为完善社会主义市场经济体制的一大重要目标。2006年10月，党的十六届六中全会通过了《中共中央关于构建社会主义和谐社会若干重大问题的决定》，要求高度重视城乡、区域、经济社会发展的不平衡问题，逐步实现基本公共服务的均等化。2007年10月，党的十七大报告明确提出，要加强农业基础地位，走中国特色农业现代化道路，建立以工促农、以城带乡长效机制，形成城乡经济社会发展一体化新格局。2008年10月，党的十七届三中全会通过的《关于推进农村改革发展若干重大问题的决定》第一次提出“城乡一体化”概念，强调把统筹城乡经济社会的改革和发展作为破除城乡二元结构，形成城乡一体化新格局，从结构上解决好“三农”问题的战略方针。2012年11月，党的十八大报告提出加快完善城乡发展一体化体制机制，促进城乡要素平等交换和公共资源均衡配置，形成以工促农、以城带乡、工农互惠、城乡一体的新型工农、城乡关系。从十六大提出“统筹城乡经济发展”，到十八大提出“推动城乡发展一体化”，体现了我国经济社会发展战略的进一步深化。

通过对近年来农村改革发展重大政策的梳理与分析，笔者对现阶段农村发展的界定是：以建设社会主义新农村，推进新型城镇化建设和农业现代化建设为路径，通过深化农村土地制度改革，保障粮食安全，保护农民权益，促进农村稳定，最终达到城乡一体化协调发展的一个时期或阶段。建设社会主义新农村、实施新型城镇化战略与推进农业现代化是相互支持、相互促进的关系。加快新农村建设为城镇化提供强大动力，城镇化加速发展又为新农村建设提供有力支撑。到2030年，如果我国总人口达到15亿，城镇化率达到70%，仍然将有4亿—5亿人口在农村生产和生活。因此新农村建设与新型城镇化要相辅相成，与城乡发展一体化要统筹协调，让广大农民平等参与现代化进程，共同分享现代化成果。

二　农村发展与农民土地权益保护的内在联系

（一）农村发展中需要切实保护农民土地权益

在推进新型城镇化建设和城乡一体化进程中，不可避免地要占用和转移土地，土地的稀缺性使得非农地的扩张总是以农地的减少为代价，土地的固定性决定了农地非农化转移的本质是农地上所附有的各项权益的转移。而在农地的扩张和转移过程中，总是以牺牲或损害农民的土地权益为代价的。在农村改革发展中，农民土地权益保护面临着严峻的形势。具体表现在：土地征用中，打着公共利益的旗号，低价强征强占农民承包地，农民与土地的涨价收入和巨大的经营效益无缘，甚至还截留、扣发农民的补偿安置费用，失地农民处于社会保障不完善的尴尬境地；在土地承包和流转中，干预农民经营自主权，强制调整或收回农民承包地，强迫农民流转承包地，非法改变土地的农业用途，截留农民土地流转收益，以牺牲农民的土地权益为代价，谋取暂时的地方经济增长政绩；在城镇化建设中，不少地方政策规定农民进城要放弃承包地和宅基地，进城落户农民被剥夺了分享农村集体建设用地收益的权利，有的地区以承包地换社保、宅基地换住房以及集中上楼等引发了一定的社会矛盾。在土地纠纷解决中，行政、司法机关的不作为导致矛盾越积越深。涉及土地纠纷问题难上访，官司难打，相关部门能推就推，能拖就拖，执行不力，措施不实，甚至引发一些群体纠纷，影响社会稳定。因此，在农村改革发展进程中，保障农民的合法土地权益成为推进新型城镇化、加快城乡一体化进程中一个不可回避不容忽视的现实问题。如何切实保障农民的土地权益不受侵犯，如何改革创新、合理设计、依法保障农民的土地权益，是新时期亟须解决的重大问题，也是能否顺利实现新农村建设、城乡一体化健康发展的关键。

（二）保护好农民土地权益能够促进农村发展

农民与土地唇齿相依，侵害或损害农民土地权益，不仅会影响农民生活的安定，还可能引发社会不稳定。我国自古以来就是农业大国，几千年来最大的问题是农民问题，而最敏感的问题又是农民的土地问题，农民和农民土地问题一直是历代统治者所关注和重视的重要政治问题。历史经验也表明，土地问题是朝代更替和社会动乱的重要因素。凡是经济繁荣、社会稳定都是人民土地财产权利得到较好保护的时期；凡是经济萧条、社会动荡，一定是土地兼并严重，人民的土地财产权利受到严重侵害的时期。新中国成立60多年我国农村土地制度的改革与发展更能说明这一道理。新中国成立初期进行的土地改革，通过赋予农民土地财产权利，极大地调动了农民生产的积极性，促进了农村经济的发展。后来实行的合作化和人民公社，违背了广大农民的意愿和经济发展规律，挫伤了他们的生产积极性，对生产力造成极大的破坏。改革开放以后，我国实行土地家庭联产承包责任制，赋予农民一定的土地财产权利，激发了农民生产积极性，解放了生产力，创造出农村经济快速发展的巨大成绩。因此，保护好农民土地权益，不仅仅是经济问题，更是事关社会稳定的政治问题。同时，保护好农民土地权益，不仅有利于进一步调动农民参与新农村建设和城镇化建设的积极性、主动性和创造性，而且有利于减少城乡贫困人口，有利于缩小城乡差距，有利于促进农村稳定和谐发展。

土地权益是农民的命根子，是农民安身立命、生存发展的基础和保障，保护好农民的土地权益，使农民共享改革发展的成果，就会使广大农民积极参与和支持农村的改革发展；反之，损害或侵害农民的土地权益，就会引发大量矛盾和纠纷，阻碍或延迟农村改革发展进程。因此，农村发展与农民土地权益保护互为一体，相辅相成，相互促进，在农村改革发展中保护好农民土地权益是现实迫切需求，保护好农民土地权益又反过来促进农村的进一步加快和深化发展。

三　农村发展中农民土地权益保护的关键所在

从现实情况和具体国情来看，农业和农村发展仍然是中国发展的战略基础：农业仍然是国民经济的基础，经济建设必须把农业真正摆在首位；农村仍然是社会和谐的基础，没有农村的和谐就没有全社会的和谐；农民仍然占中国人口的大多数，因而是政治安定和社会稳定的基础。所以，“三农”问题始终是关系党和人民事业发展的全局性和根本性问题，农业丰则基础强，农民富则国家盛，农村稳则社会安。而土地问题是众多深层矛盾和重大问题的根源，农村发展中农民土地权益保护的关键是重在深化农村土地制度改革，落实集体土地所有权，稳定农户承包经营权，完善宅基地使用权，使农民土地财产权益能得到最大化实现，真正充分共享城乡一体化的发展成果。

（一）落实集体土地所有权

1. 坚持农村土地集体所有基本制度

现行的农村土地集体所有、家庭承包经营是符合我国经济社会发展实际的制度选择，既是我国农村改革已经取得的最重要的制度性成果，对农村经济社会发展，乃至中华民族的伟大复兴发挥了重大作用；也是走中国特色农业现代化道路的现实起点，应该在“长期坚持”的基础上继续完善，而不是推倒重来。深化农村集体土地产权制度改革，不是要把农村集体所有制改掉，而是要探索适应市场经济发展要求的集体经济有效实现形式。要坚持因地制宜、分类指导，区分经济发达地区和经济欠发达地区确定改革的重点、目标和路径。对于还没有改革的集体经济组织，明确将用于公益、发展企业或其他集体经济的所有权归于农民集体，并通过折股量化等形式分配到个人，保障农民土地财产权不受侵犯；对于纳入城镇建设规划即将撤村建居或已撤村建居的集体经济组织，积极探索股权流转、重组等经营方式创新；对于已经完成改革，完全纳入城镇公共服务体系的集体经济组织，可以探索项目公司化、资产分块承包经营等多种形式，逐步向市场化过渡。

2. 严格执行土地集体所有实现方式

现有的法律对农村集体土地的使用、处置以及其他重大事项的讨论决定规定了详细的程序，而实践中村委会往往成为集体土地所有者权利的实际行使者，土地的重大事项往往由少数村委会成员决定，甚至许多村民的表决权“被代表”的现象较为普遍。因此，严格执行集体土地所有权实现方式的程序，保障集体成员的民主权利是关键。对《物权法》、《村民委员会自治法》所规定的重大事项，应当依照法定程序经本集体成员讨论决定。侵害集体成员合法权益的决定，受侵害的集体成员可以请求人民法院予以撤销。同时，要完善集体土地所有权的主体制度，尤其是重塑“农民集体”这一主体，使其成为一个对外具有独立主体地位、对内运行机制顺畅的符合市场经济要求的民事主体。

3. 落实农民集体土地收益分配权利

在符合规划和用途管制前提下，农村集体经营性建设用地可以依法转让、出租、作价入股和抵押，这部分土地仍归农民集体所有。加快建立健全集体资产增值收益分配机制，兼顾国家、集体和个人利益，明确集体建设用地流转收益分配办法。对于集体土地所有者出让、出租集体建设用地所产生的土地收益，主要归该集体经济组织；由于环境改善或土地改变用途所产生的土地增值收益，政府可以分享较少部分收益。随着城乡统一的建设用地市场的逐步建立，农村集体建设用地，通过统一有形的土地市场、以公开规范的方式转让土地使用权，享有与国有土地平等权益，从而显化集体土地资产价值，增加集体收益和农民收入。

（二）稳定农户承包经营权

1. 坚持家庭分散经营为主体，探索统一经营的有效实现方式

纵观世界农业发展的经验，无论是发达国家还是发展中国家，以家庭分散经营为主体，都是农业生产经营的最佳组织形式，这也是由农业自身的产业特征所决定的。随着我国城镇化速度的加快，尽管会有更多的农村劳动力转移出农村，但是可以肯定的是在今后相当长的时间内小农家庭经营仍将是我国农业生产最主要的经营主体，家庭经营不仅适用于传统农业，也能适应于现代农业。因此，坚持以家庭经营为主体是保证我国农业生产得以高效、顺利进行的基础保障，是农业进步发展的基石，是农村和谐稳定的根本。当前和今后一个时期，应在继续发挥家庭承包经营优越性的基础上，着力在完善“统”的层次上下功夫，把家庭分散经营的优势与统一经营和服务的优势结合起来，是走中国特色农业现代化道路必须要解决好的一个根本性问题。完善统一经营层次要重点解决好以下两个问题：一是稳妥推进农村土地流转，加快适度规模经营。人多地少的基本国情决定了我国只能采取渐进式的适度规模经营。土地经营规模的扩大，必须考虑二、三产业和城镇对农村转移劳动力和人口的吸纳能力。通过政策扶持，资金投入，引导土地流转；强化服务指导，中介发展，规范土地流转；加快推进规模化经营、产业化开发、集约化发展。特别是流转中要以尊重和保护农民土地权益为核心，不能损害农民的土地承包权益和土地经营收益。二是培育新型经营主体，构建新型农业经营体系。推进家庭经营、集体经营、合作经营、企业经营等共同发展的农业经营方式创新。鼓励土地承包经营权向专业大户、家庭农场、农民合作社、农业企业流转，引导工商资本到农村发展适合企业化经营的现代种养业，加快构建农业社会化服务体系，大力培育发展多元服务主体，更好地发挥服务功能。

2. 完善土地承包经营权权能，完成土地承包经营权确权登记

明确农户土地承包经营权“长久不变”的期限，研究实施土地永包制的可能性。在承包期内，农民无论是否从事农业，是否仍以农业为生，除非他主动放弃土地的承包权，否则任何组织、单位和个人都不得通过任何手段使农民失去承包地。应进一步明确界定农民的土地权利，使农户真正享有占有、使用、收益和处分四权统一的承包经营权，强化

对土地承包经营权的物权保护。允许土地承包经营权进行抵押，创新农村金融实现方式，满足农业发展所需资金。同时，尽快完成农村土地确权登记，在确权的基础上，为农民颁发具有更明确法律效力的土地承包经营权证书。坚持从农村实际出发，在充分尊重农民意愿的前提下，采取确权确地、确权确利、确权入股等多种方式，真正给农民吃下长效“定心丸”。加快建立全国统一、权威的农地权利登记体系，登记经费全部由中央政府与地方政府承担，从而实现既定的政策目标。

3. 加快农地征收制度改革，提高农民土地增值收益分配比例

一是严格界定公益性和经营性建设用地，逐步缩小征地范围。合理提高补偿标准，采取实物补偿、留地安置、土地入股、合作分成等多元化的补偿办法。统筹解决被征地农民的就业、住房和社保等问题，做到被征地农民生活水平不下降，长远生计有保障。二是建立合理的征地补偿和利益分享机制。将征地价格与市场价格挂钩，按被征收土地的市场价格对被征地农民进行补偿，保证土地征收和使用过程中的增值收益在国家、集体和农民之间进行合理分配。三是进一步完善征地程序，在征地过程中要维护被征地农民的知情权、参与权、监督权和申诉权。强化土地规划的作用，保证被征地的严格管理和用途管制。逐步建立完善征地补偿争议纠纷的协调裁决机制，为被征地农民提供法律援助。

（三）完善宅基地使用权

1. 充实宅基地用益物权的内容

宅基地是构建房屋的根基，宅基地权利作为农民的一项重要财产权益，应该从法律上对其进行科学、合理的界定。赋予宅基地使用权人充分的占有权、使用权、收益权和处分权，重点是完善收益权和处分权，稳妥推进宅基地使用权流转，实现权能的完整。

2. 完善宅基地退出收回的机制

完善农村宅基地退出机制，通过制定相关的奖惩政策，使农民自觉自愿退出多余的宅基地，使得农民退出宅基地后所享有的利益要远大于持有宅基地时的利益。对于宅基地退出的补偿方式可采用货币补偿、住房置换或者给予社会保障的方式进行。同时，为了尽可能地恢复和增加耕地，就必须建立和健全宅基地使用权的收回制度。建议集体所有权人可以同宅基地使用权人协商一致收回宅基地使用权。在法律法规政策允

许情况下，农村土地所有权人报原批准用地的人民政府批准也可以单方收回宅基地。

3. 加大宅基地集约利用的力度

充分发挥村庄规划的控制和引导作用，统筹安排城乡存量建设用地，整合优化农村居民点布局和用地，完善人均宅基地面积等相关标准，从严控制宅基地用地的规模和布局。加快村庄改造步伐，鼓励建设与城镇建筑风格相融合的多层住宅为主的新型农村居住社区，引导农民居住向新型社区集中，提高城镇人口集聚水平和资源利用效率。积极开展宅基地整理工作，着力解决当前农村中存在的“空心村”等严重浪费宅基地资源的现象，实现农村宅基地的集约高效利用。

第二章　国外土地制度变迁中农民土地权益保护的比较与借鉴

土地问题在我国具有重要的现实意义，农业和农村经济的发展、城乡一体化乃至农村小康社会的建设，无不与土地问题密切相关。然而，近年来在农业结构调整、土地规模经营、城市化和工业化等过程中，侵犯和干涉农民土地权益的行为时有发生，导致农村土地纠纷呈扩大、蔓延之势，成为影响农村经济发展和社会稳定的突出矛盾。这些情况的发生涉及经济市场化过程中农村土地产权制度的合理安排和农民土地财产权利的有效保护问题，而创新农村土地产权制度和维护农民土地权益则是破解这类难题的关键。土地制度的变迁如何影响农民的权益？农民权益的内在需求又如何推动土地制度的创新？分析、比较、借鉴国外土地制度变迁中土地所有权制度和农民权益保护的做法和经验，对于促进我国农村土地改革和维护农民土地权益具有重要的意义。

第一节　国外土地制度变迁中农民土地权益保护的比较考察

一　美国

1776 年 7 月 4 日，北美 13 个殖民地宣布脱离英国独立。此时，美国领土只有大西洋沿岸 13 个州的面积，约 80 万平方公里。1783 年，英国承认美国独立，并先后把 13 个州以外大西洋沿岸的大部分土地划归美国，美国领土达到 230 万平方公里，约占现在美国本土面积的 30%。1789 年，美国联邦政府成立。刚刚成立的美国很快就走上了领土扩张的道路，除了用战争，金钱成了获得领土最常用的方式。19 世纪末，美国还通过战争等许多方式获得了太平洋上的一些岛屿。领土扩张对美国的资本主义发展和今天“超级大国”地位的形成起到了重要的作用。①

美国建国初期，国务卿托马斯·杰弗逊（Thomas Jefferson）就主张美国应发展成为一个小农经济国家。而发展农业经济，美国当时除了丰富的土地资源外几乎一无所有。为了取得建设新国家所需要的资金，政府除了征收关税以外，只能指望出售公有土地。这促使美国政府从建国初期到20世纪30年代长达140余年期间，将大量公共的公有产权变成农民的私有产权。政府主要通过赠送、出售等措施处理公地，促进土地资源的开发利用。《1785年土地法令》和《1787年西北土地法令》规定政府以较低价格出售公地，所购买的土地可以继承和转让。1862年《宅地法》通过后，土地分配的重点转向免费赠送方面。政府免费赠送土地还有一个重要方面是对军人的土地奖赏。1856年国会把土地赠送的范围扩大到独立战争后任何战争的所有退伍军人，即使这些士兵已经死亡，其继承人仍可继承这个奖赏。② 美国早期的土地分配政策，也就是美国建国后农地私有化的过程。无论购买和赠送获得的土地所有权，其产权边界都是非常清晰的，私有土地一般采取自有自营的形式。

到了20世纪30年代，政府土地工作的重心就从单纯的公有土地的分配转移到土地资源的保护方面。从30年代初到80年代末，美国土地资源保护最主要的办法是采取立法形式，通过农业支持项目来实行。例如，1934年6月底通过的《泰勒放牧法》，目的在于限制过度放牧造成水土流失；1936年2月通过《土壤保护和国内配额法》，通过补贴的方法鼓励农场主种植增强地力的作物，从而把土壤保护和控制生产的政策结合起来；1936年的《农业调整法》采用价格支持和直接补贴的方法削减耕地面积；1956年的《农业法》则通过土壤银行计划短期与长期退耕一部分土地，达到保护土壤与减少过剩农产品的双重目的；1985年的《食品保障法》通过地租补贴鼓励农民保护土壤；1996年通过的《农业完善和改革法》终止了自30年代以来一直沿用的通过补贴来限

---

① 《美国领土扩张史：百年间购得数百万平方公里土地》（http：//xk. cn. yahoo. com/articles/071228/1/7bgm_ 3. html）。

② 袁铖：《制度变迁过程中农民土地权利保护研究》，中国社会科学出版社2010年版，第59—60页。

制生产和保护土地的做法，改为通过立法特别是土地分区法加强对土地资源的保护和利用。① 可见，完善的法律法规在美国土地制度变迁中起到了重要作用。

家庭农场是美国农村土地经营制度运行的主要载体。美国的农场土地归私人所有，农场私有制并没有给农场主带来完整的私人所有权。主要表现在：美国联邦和州政府对土地始终保有三项权利：一是土地征用权，只要政府是出于公共目的的征地，并且用适合的市场价格给予原土地所有者补偿，征用土地就是不可抗拒的；二是土地管理的规划权，就是土地的开发和利用必须符合政府的土地使用规划；三是政府必须征收足额的土地税。这表明：美国联邦、州及县政府保留了相当多的对农地的控制、管理和收益权，家庭农场主所拥有的土地所有权是不完全的，美国农场主获得的不过是具有产权保障的土地使用权。

农场主拥有的其他土地权利是稳定而有保障的。虽然政府一方面握有较大的对农地的控制、管理和收益权利，但另一方面这种权利也并非是无限制的。首先，政府如果用于公用目的进行土地征用，必须征得社区成员的首肯，并给予土地所有者以市场价值的补偿。如果社区成员坚决反对，土地征用也是很难实现的。其次，美国土地分区法包括土地使用综合规划的制定，也必须召集社区所有的成员参与，在社区成员讨论通过的基础上才能颁布土地分区法。再次，土地所有者有土地收益分配和处分的权利。土地收益除了按国家和地方政府的规定交纳比较固定的土地税、农产品销售所得税、房产税等之外，没有任何其他税费。而且，土地税率必须有章可循，征税者必须为纳税人提供良好的服务。同时土地所有者在土地转让、租赁、抵押、继承等各方面也都具备完全不受干扰和侵犯的权利。正因为土地所有者具备了明晰的土地产权边界，所以在美国，私有土地的侵犯行为和土地纠纷的案例是罕见的。②

维护农户和农场主利益的美国非政府组织——农场局是美国农民权益保护的另一大特点。农场局是农场主或农民自己的组织。成立组织的目的就是通过全国性农民家庭的联合顺利表达自己的利益，为农户说

① 陈强胜、成翠萍：《美、法、日农地制度的比较及对中国的启示》，《北方经贸》2008年第2期。

② 邵彦敏：《美日现代农地制度的比较与借鉴》，《东北亚论坛》2004年第4期。

话。其从联邦到州再到县已形成完善的网络体系，它联结着全美340多万农场。农场局根据农场主的利益需求，确定自己的政策倾向，如果需要支持或反对联邦的某一项有利于或不利于农场主的法案，农场局一方面派出强大的游说员队伍去游说国会和政府决策人物，另一方面动员它的340多万成员，对他们所选出的议员施加压力，使其支持或反对某项法案通过。①

由上可知，私有产权体制的确立，家庭农场的组织模式，农场主稳定而有保障的权利，完善的法律制度，规范化的社会管理和调控以及始终如一的立法和政策目标是美国现代农地制度的基本框架。

二 日本

日本在明治维新以前，土地所有权掌握在封建领主手中，土地不得买卖，农民通过租佃关系取得土地使用权，靠出卖劳动力维持自身的生存。1868年明治维新以后，政府宣布农民和市民可以分别在乡村和城市占有土地，并解除买卖禁令。二战后，日本进行了最为彻底的土地改革，通过三个阶段的改革形成了农地私有为主，小规模家庭经营、合作化经营、社会化服务的农业经营体制。

第一阶段：政府采取强硬措施废除封建半封建土地所有制，确立自耕农体制，实行“耕者有其田”的小规模家庭占有和经营，农地所有权和使用权结合。1946—1950年，日本政府采取强硬措施购买地主的土地转卖给无地、少地的农户。通过土地改革，日本确立了自耕农体制，自耕农在总农户中的比重占到88%。为了巩固土地改革成果，日本于1952年制定了《农地法》，把以上规定用法律形式规定下来。从此日本形成了以小规模家庭经营为特征的农业经营方式，大大提高了农民的生产积极性，使农业产出大幅度增长。

第二阶段：放宽土地所有权流转限制，提倡土地转让和相对集中，鼓励扩大土地占有规模，建立“自立经营农户”阶段。1961年制定的《农业基本法》标志着日本农业政策发展到一个新的阶段。明确把以调

① 李竹转：《美国农地制度对我国农地制度改革的启示》，《生产力研究》2003年第2期。

整土地经营规模为中心的“结构政策”摆在农业政策的首位。在农地政策方面强调放宽对农地占用的限制，鼓励农地向“中心农户”集中。1962 年对《农业法》进行了修改，放宽户有土地的上限，设立农业生产法人制度，创设农协的农地信托事业制度。经过第二阶段的改革，农业生产得到了进一步发展，1950—1964 年间，日本的农业年增长率为 4%，高于大多数国家的农业增长率，也满足了当时由于人民收入提高而对食物消费需求的增长。

第三阶段：农地改革的重点由所有制转向使用制度，在农地小规模家庭占有的基础上发展协作企业，扩大经营规模，鼓励农地所有权和使用权的分离。20 世纪 60—70 年代，政府农地改革的重点开始由鼓励农地集中占有转向分散占有、集中经营和作业的新战略上来。70 年代开始，政府连续出台了几个有关农地改革与调整的法律法规，鼓励农田的租赁和作业委托等形式的协作生产，以避开土地集中的困难和分散的土地占有给农业发展带来的障碍。1980 年，日本政府颁布了《农地利用增进法》，其主要内容是：以土地租佃为中心，促进土地经营权流动；以地域为单位，促进农地的集中联片经营和共同基础设施的建设；以农协为主，帮助“核心农户”和生产合作组织妥善经营农户出租和委托作业的耕地；成立农业合作组织，组织内部实行统一经营，统一购买大型生产资料，有共同资产，统一分配。政府资助合作农业组织，使这些组织有能力购买大型农用机械，实现规模经营。①

进入 20 世纪 80 年代中期以后，特别是“乌拉圭回合谈判”后，日本农业面临国际农产品的竞争压力不断加大的困境，如何提高农产品的竞争力成了日本农业发展的主要问题。1993 年，政府又修订了《农地法》，把《农地利用增进法》改名为《农业经营基础强化促进法》。主要是建立了一套促进农地集聚和转移到专业农业生产单位的制度。1999 年 7 月日本颁布《食物、农业、农村基本法》，强调要发挥农业及农村在保护国土、涵养水源、保护自然环境、合理利用耕地和人力资源

① 解玉娟：《中国农村土地权利制度专题研究》，西南财经大学出版社 2009 年版，第 33—34 页。

等方面的作用，推进农业可持续发展。① 2003 年，为了应对农业劳动力不足与耕地撂荒激增现象，在地方公共团体的强烈要求下，日本政府制定了《构造改革特别区域法》，首次为包括公司在内的“农业生产法人之外的法人”，参与农地流转开辟了道路。2005 年颁布了《食品、农业与农村基本计划》，加快推进骨干农户培育和村落营农组织法人化进程。在日本农地流转制度中，“特定法人农地租赁事业”的开设，对“权利移动统制”的法律原则产生了巨大的冲击。它首次面对非农业生产法人，开启了农地流转之门，具有里程碑意义。2006—2007 年，日本分别设立了“骨干农户稳定生产交付金”和“分经营品种的稳定生产对策”等扶持项目。2009 年《农地法》被进一步修改，对于企业通过租赁土地参与农业生产的行为，实行“原则自由化”。企业只要满足一定条件就可以在日本国内任何地方租赁农地，参与农业生产经营。②

从日本农地制度的变迁历程来看，无论是“强制私有化”，还是走“合作社化”的路子，都是随着日本经济社会的发展而不断变革发展的。为了保护农业经营者的权利，日本实行了“耕者有其田”，严禁个人买卖土地，对土地权利变更进行严格管制，对土地流转实行严格限制，并将各地各类土地置于法律的监控下，对涉及土地的违法者严惩不贷。特别是农地法律体系的齐备与完善既保护了农业经营者的合法权益，又促进了农地制度改革的顺利进行。

三　俄罗斯

1917 年在俄国十月革命胜利以后的第二天列宁就发布全部土地收归国有的命令，土地成为全体公民共有的财产，实行了土地国家所有制。在宣布全部土地国有化的同时，俄国还宣布把土地无偿分给农民永久无偿使用。从此以后一直到 90 年代初的 70 多年时间里，苏联一直实行土地的国家所有制。虽然在此期间经过了多次土地改革，但改革的只

① 张尧智：《战后日本农地制度的变迁及其启示》，《山东财政学院学报》2004 年第 6 期。

② 高强、孔祥智：《日本农地制度改革背景、进程及手段的述评》，《现代日本经济》2013 年第 2 期。

是土地公有制的实现形式，土地的所有权丝毫未变。在保持所有权不变的前提下，实行土地所有权与使用权的两权分离。

20世纪90年代初苏联解体，作为苏联主要继承者的俄罗斯，开始了土地改革，全面实行土地私有化。1990年12月颁布《俄罗斯农民农场法》，将农地私有合法化，后又在1991年4月通过新的土地法典——《俄罗斯联邦土地法典》，取消了单一的土地国有制，确立了土地的国家所有制、公民所有制、集体共同所有制和集体股份所有制并存和平等发展的土地所有制结构，为以后大规模的农地私有化奠定了基础，铺平了道路。此后的两年间，叶利钦总统接连发布了3个旨在促进土地私有化的总统令《关于俄罗斯联邦实现土地改革紧急措施》、《关于改组国营农场和集体农庄办法》和《关于调节土地关系和推动土地改革的命令》，强调解散集体农庄和国营农场，将农庄和农场所有的土地按份额无偿分配给农民，俄罗斯的土地私有化全面展开。1993年12月12日通过的《俄联邦宪法》以国家根本大法的形式确立了土地私有制。1996年颁布的《关于实现宪法规定的公民土地权利》，规定土地份额可以继承、出售、出租和赠送，份额领取人可以使用土地建立农户（农场）经济和经营个人副业，可以用土地份额交换财产或将土地份额及其使用权利列入农业企业的法定资本或股份资金。2001年10月25日颁布新的《俄罗斯联邦土地法典》，首次允许耕地以外的土地进入流通。尽管这部分土地只占俄罗斯国土面积的2%，但已朝农用土地流通迈进了一大步。[①] 2002年6月26日俄罗斯国家杜马通过了《农用土地流通法》，首次从国家法律上明确了农用土地可以买卖，并确定了买卖规则。主要内容有：（1）限制土地交易。租赁之前土地份额必须先转化为实物土地。允许买卖实际地块和土地份额，但国家具有优先购买权。（2）防止土地被外国人所拥有。外国人以及外资占多数的公司只能租用土地，租期最长可达49年。（3）防止土地过分集中。地方政府可以规定单个土地所有者所拥有的实际地块规模。（4）防止土地过分细碎化。对于可以注册、登记的用于农业经营的实际地块的最小规模进

① 斯蒂芬·K. 韦格、哲伦：《俄罗斯土地制度改革与土地市场建立》，《资源与人居环境》2009年第15期。

行限制，但是农户地块例外。这是自1917年以来在土地私有化的道路上迈出的最重要的一步。①

通过对俄罗斯从土地所有制改革及其引发的农业组织形式、农地流通制度以及一系列政策措施背后的相关立法的变革进程进行系统梳理和分析，不难发现，虽然土地所有权是土地改革的核心，但是单纯土地所有制的变革并不能带来农业的繁荣，实现改革者的预期。要确保土地资源的合理配置和利用，提高农业生产效率，还需要多方面的改革和配合。② 特别是缺乏如何在产权私有、可以交换条件下如何保护农民生存利益方面的措施和办法，需要反思。

四　印度

18世纪中叶，英国征服印度后，对印度的土地制度进行了调整，在印度普遍确立了封建地主土地所有制，即柴明达尔制、莱特瓦尔制和马哈尔瓦尔制。1947年8月，印度获得了政治独立，独立后的印度政府随即对原有的土地制度进行了改革。改革的内容有三项：一是废除中间人即柴明达尔制度。使中间人下面的佃农与国家直接发生联系并可通过购买产权成为土地所有者。这项改革取得了一定的成效，使得中间人地主不复存在，打击了大土地占有制。同时，约有2000万佃农与国家直接发生了联系，并通过比较适中的价格从政府那里获得了土地所有权。二是改革租佃制度。印度政府提出了实现公平地租、保障租佃权、使佃农能最终得到土地所有权三方面的租佃制改革措施。三是实施土地最高限额法。采取这项措施的目的是获取剩余土地，在较贫苦的农民中间进行重新分配，在一定程度上限制了土地的集中。这一时期，印度的土地改革限制和削弱了封建大地主的势力，一定程度上调整了农村的生产关系，使土地集中的程度有所下降，印度农村土地关系结构发生了有利于农业生产的重大变化。当然，土改的局限性还是非常明显的。特别是没有从根本上解决广大贫苦农民的土地问题，土地分配的不平等现象

① 西爱琴、陆文聪：《俄罗斯土地改革历程与现状》，《世界农业》2006年第1期。

② 西爱琴、张宁：《俄罗斯农地改革及其对我国的启示》，《山东农业大学学报（社科版）》2005年第4期。

依然严重存在，土地仍然主要集中在占农村人口少数的农村上层手中。①

20世纪60年代后半期开始的以推广高产品种为主，辅之以灌溉、化肥、农药和农业机械和其他现代化投入的农业发展新战略使印度在不长的时间内基本实现了粮食自给，摆脱了粮荒的长期困扰，被誉为印度农业的“绿色革命”。绿色革命在解决印度的粮食问题方面成效显著，在改变印度土地制度关系方面也卓有成效。②

从1975年开始的乡村建设计划，其主要的成果在于改变了印度传统的封建地主政权，建立了“村评议会”制度的村基层政权，从而统一了国大党中央政府的基层政权，使行政管理日趋现代化。乡村建设计划还包括“经济民主化”，即通过推进农村合作组织、政府银行信贷以抵制高利贷等活动来促进农业生产，虽然这主要对新兴大、中（地主）农业经营者有利，但在改造农村和促进农业生产中也起到一定的积极作用。③

总之，印度独立后进行得不够彻底的、只取得部分成功的土地改革，虽也在一定程度上冲击和动摇了农村中旧的生产关系，解放了农业生产力，减轻了社会不公平程度，一些佃农的土地租佃权得到了保障，一些农民获得了土地。但留下的问题也很多，一方面，造成了大规模的农村贫困，使为数众多的农民处于极度苦难中。在印度这样一个近70%的人口主要依靠农业为生的国家，多数农民的收入来源是土地。因此，占有土地的多少，在很大程度上决定着农民的贫富程度。到80年代中期，印度大中农占有的土地仍高达全部耕地面积的49%，而“61%的家庭只占有8%的耕地”。在这种状况下，如能把大农土地的相当一部分分给无地或持有的土地不足以维持生计的农民，印度农村中的贫困问题将会得到很大程度的缓和。有的印度学者也已指出，没能把相

① 张新华：《不同的土地占有制对三农现代化进程产生的不同影响——中国和印度的比较》，《历史教学》2007年第3期。

② 金永丽：《绿色革命后印度土地关系的新变化》，《鲁东大学学报（哲学社会科学版）》2007年第1期。

③ 王春良：《论印度独立后土地制度与农业的演变》，《烟台大学学报（哲学社会科学版）》1993年第3期。

当数量的土地分给农村中的无地者，是印度“农村贫困存在的一个主要原因”。另一方面，印度的土地改革没能完全解决农村的社会不公正现象，消除农村社会关系的紧张。在改革后的印度农村中，许多农民和农业工人依然遭受着沉重剥削；土地的占有很不平均，在有人有几百亩地的同时，许多人却无立锥之地；农村的政治、经济和社会关系只利于大农，下层农民是农村中的软弱部分，常受欺压；贫富差距突出，在大量农民为维持生存而苦苦挣扎的同时，大农们却过着奢华生活。这种种不公平的社会现象，使农村中的社会关系依然紧张，农民和地主的矛盾或明或暗地存在着。①

五　越南

越南是一个传统农业国，农业人口约占总人口的80%，在以农业为主的国家，耕地的重要性不言而喻。从1946年越南国民大会通过了《土地改革法》开始，越南的土地改革主要经历了以下几个阶段。

第一阶段：农业合作社时期（1946—1981年）。1946年越南国民大会通过了《土地改革法》，废除封建土地制度，实行将土地分给农民，不论男女，一律平等，通过农业合作社集体使用土地的土地制度。1946—1981年，越南农村经营组织形式只有国营农林场和农业合作社两种。1959年，宪法进一步强调：“法律保护土地的3种所有形式——即全民所有、集体所有和个人所有。”越南北方从20世纪60年代至80年代中期，实行土地集体分配使用制度，南方因当时受美国控制，到1970年才开始推行。在越南统一后到1980年，南方才对土地进行了调整，互助组、生产组和集体组织等集体化形式得到了巩固和扩展。

第二阶段：合同制的引入（1981—1988年）。1981年越南开始进行土地政策改革，主要体现在合同制的引入。1981年4月越共发出关于扩大农业合作社承包范围的第100号法令，主要推行“三五”承包制。农业（主要是水稻）生产过程被分成8个环节，分别承包给合作社5个环节，个人则承担其余的3个环节。政府提高稻谷收购价格，农户按国家定价交售一定数量的粮食，但农户可以自己决定种植农作物的

① 殷永林：《论印度土地改革的成败和影响》，《思想战线》1995年第5期。

品种。1981年的立法肯定了农业生产责任制，赋予了农民农业生产经营自主权，粮食生产得到了很大提高。

第三阶段：农户承包制（1988—1993年）。1988年4月，越南政府做出了有关完善生产承包制的第10号决议，将国有土地的使用权直接交给农户，取消了在生产环节上对农户承包的限制，生产流程全部由农户自主经营。1993年7月，越南国会颁布《土地法》，规定“任何农户或个人对所分土地享有交换、转让、租赁、继承或抵押土地使用权”，用于一年生粮食作物和水产养殖的土地，使用期为20年，用于多年生作物（如树和咖啡）的土地，使用期为50年，期满以后如土地使用期内没有违法行为可继续使用。分类规定农地使用权期限和农地面积的分配限额，分区域划定农户宅基地使用权与面积。1988—1993年，越南有关法律向农民提供了掌管土地的新机会，农民几乎可以永久使用土地。在越南政府没有增加投资的情况下，农民对土地和资金的投入维持粮食稳定快速的增长，粮食产量由1989年的1700万吨，到2000年突破3500万吨，彻底解决了粮食问题。[①]

第四阶段：农户承包制完善阶段（1994年至今）。越南政府1998年、2001年、2003年对1993年《土地法》进行了完善性的修改补充。1998年《土地法》对土地面积限额及其使用期限的规定做出调整。同时，增加了农户土地投资的合资资本权利。2001年的《土地法》，新增了农民农地赠予权，土地也首次被官方认定为一种“特殊商品”，具有价值，因而可以交易。允许农民和经济组织参与土地的市场交易。越南国会于2004年7月1日实施生效的《土地法》有如下创新：一是将土地使用者的使用权提升到一个更高的高度，同时明确国家与使用者之间的关系；二是更新土地分类系统，根据使用目的分为农业用地、非农业用地和未利用土地；三是更加重视土地使用规划的作用和市场的作用；四是更加适应国际化的要求，对在越南使用土地的外国各种组织、个人，特别是在越南投资发展过程中的权利和义务进行部分调整，使其平等对待；五是加强土地管理中管理机构和行政手续的建设，国家只严密管理需要由国家管理的方面，让使用者享有更大的主动权；六是制定新

① 张玫、丁士军：《越南土地政策概述》，《世界农业》2004年第7期。

的机制旨在妥善解决土地纠纷，进而逐步减少各类土地纠纷包括历史遗留问题。①

越南自土地政策制度革新以来，农民焕发出巨大的能量和作用。在很短时间内，使越南从一个缺乏粮食的国家变为粮食出口大国。农村经济比以前有了较大的进步和发展，呈现出一派向上的勃勃生机。同时，在基层建设和农村经济发展中，借鉴一些先进的国际经验和教训，避免走弯路，取得了很好的效果。

第二节 国外土地制度变迁中农民土地权益保护的经验与启示

通过对美国、日本、俄罗斯、印度、越南土地制度变迁和农民土地权益保护的比较考察，对其共性之处进行系统的梳理和总结，可以将其成功的经验归纳为以下几个方面。

一 国外土地制度变迁中农民土地权益保护的几点经验

（一）注重农民权益

土地制度改革比较成功、彻底的国家或地区，在土地制度变革过程中都非常注重农民土地权益的保护。主要表现在土地分配的方式都是相对平均、无偿分配的，并对其土地权益进行严格的保护。美国在独立战争后，发布一系列法令，把土地分配是公民平等权利作为土地分配的原则，为美国现代农地制度的形成奠定了基础。二战后，日本政府采取强硬措施购买地主的土地转卖给无地、少地的农户，确立了自耕农体制。1917 年在苏联十月革命胜利以后，就宣布把土地无偿分给农民永久无偿使用。苏联解体后，俄罗斯全面实行土地私有化。印度独立后，随即对原有的土地制度进行了改革，使贫苦农民或无地农民获得了土地。1946 年越南国民大会通过了《土地改革法》，废除封建土地制度，实行将土地分给农民，不论男女，一律平等。

① 米良：《越南土地法律制度探析》，《河北法学》2011 年第 9 期。

（二）注重土地使用

从土地产权制度运作的微观机制看，使用是产权人获取财产收益的前提，并且使用的方式和方法决定了财产收益的多少。国外土地制度很好地遵从了这一点，从而赋予土地产权人充分而又灵活的土地使用权。生产者自主经营是推动农业发展的动力，自主经营权是拥有农地使用权的重要标志。充分的土地使用权主要体现在土地产权人可以自主地使用土地，即规定土地产权人在不损害他人根本利益前提下可以自由地使用土地，他人不得干涉。灵活的土地使用权主要体现在土地的流动上，即土地可以自由流转。

在美国，土地所有者在土地转让、租赁、抵押、继承等各方面也都具备完全不受干扰和侵犯的权利。日本 1921 年颁布的《土地租用法》是一部专门为解决土地所有与土地利用这一恒久矛盾的法律，其通过设立租用权并强化其效力，达到弱化土地所有权、保护处于弱者地位租用人的目的。[①] 俄罗斯土地改革初期，积极推动土地私有化，确定土地的归属、明晰土地所有权，鼓励权利人集所有权与使用权于一身，即“两权合一”的土地改革模式。20 世纪 90 年代后期，俄罗斯改变了原来“两权合一”的土地私有化政策，转而推动“两权分离”的土地市场化变革，认为实现土地有效利用的最好产权方式是土地租赁。俄罗斯土地改革的重点不是土地所有权与土地使用权归属于同一主体，而是培育理性而积极的土地经营主体。[②] 可见，强调土地所有人的所有权最终保护的只是静态的财产，注重土地使用权的利用，有利于维护农民自主经营的权益，有利于土地的流通和增值，也有利于社会财富的增长和经济的发展。

（三）注重法制建设

美国、日本、俄罗斯、印度、越南土地制度的变迁中，都非常注重法制建设。如美国从 30 年代初到 80 年代末，先后通过了《泰勒放牧法》、《农业调整法》、《农业法》、《食品保障法》、《农业完善和改革

---

① 胡春秀：《日本近现代土地立法的演进及其对我国的启示》，《安徽农业科学》2011 年第 39 期。

② 李连祺、魏双：《大国背景下俄罗斯土地使用制度变革述评》，《黑龙江省政法管理干部学院学报》2008 年第 5 期。

法》等一系列法律法规来保护土地改革的成果和农民土地权益。自二战以来，日本颁布的有关土地管理方面的法律共有 130 部之多，其中，《农地法》、《土地改良法》、《农振法》以及《农促法》是日本农地制度的基本框架，也是其农地政策的基本依据，这些法律大都随经济社会发展几经修正，才逐渐形成了完善的体系。俄罗斯在土地制度变革中，先后颁布了《土地改革法》、《俄罗斯农民农场法》、《俄罗斯联邦土地法典》、《土地法典》、《农用土地流通法》等法律法规巩固土地改革的成果。越南在 1946 年通过了《土地改革法》，1993 年制定了《土地法》，并于 1998 年、2001 年、2003 年先后对其进行了修改，使农民的土地权利拥有了法律权利的性质与形式，防止了侵权行为的发生。可见，完善的法律法规在各国土地制度变迁和农民土地权益保护中起到了重要作用。

（四）注重社会服务

农业社会化服务体系是运用社会各方面的力量，使经营规模相对较小的农业生产单位，适应农业规模化和现代化的要求，获得大规模生产效益的一种社会化的农业经济组织形式。农业社会化服务体系对农业经济的发展起着不可替代的作用。①

美国农场局是农场主或农民自己的组织。成立组织的目的就是通过全国性农民家庭的联合顺利表达自己的利益，为农户说话。日本早在 1947 年就颁布了《农业协同组合法》，赋予农业合作经济组织（简称农协）合法的社会地位。目前日本农协主要有五项职能：一是桥梁职能；二是购销服务职能；三是信用、保险服务职能；四是技术教育培训和生产服务职能；五是社会服务职能。② 日本的农协作为农业的最广泛组织，对促进日本农业经济发展、恢复政治稳定、减少政府的社会管理成本发挥了很重要的作用，尤其在促进农业规模经营方面发挥了不可替代的作用。越南在土地改革初期，通过农业合作社集体使用土地的土地制度。1946—1981 年，越南农村经营组织形式只有国营农林场和农业合

① 解玉娟：《中国农村土地权利制度专题研究》，西南财经大学出版社 2009 年版，第 48 页。

② 田静婷：《中国农地法律制度的困境及其对策——日本农地法律制度对中国的启示》，《西北大学学报（哲学社会科学版）》2009 年第 6 期。

作社两种。二者都规定统一使用土地，集中进行劳动和生产。可见，国外在土地制度变迁和农民权益保护方面非常重视社会化服务体系的建设，经济越发达的国家和地区，社会化服务体系越完善，对农业和农村发展的推动作用就越显著。

（五）注重国家管制

由于人口对农地的压力越来越大，土地供求矛盾越来越尖锐，加上资源退化、环境污染等许多问题，各国农地的宏观管理在不断加强，农地管理机构不断完善，农地调查、评价、分类、规划、监督、信息和资源服务等方面的宏观管理制度越来越完备，努力使有限的农地资源在农业内部、农业与非农业之间合理配置，达到节约用地、提高宏观效率的目的。①

美国联邦和州政府最终保有土地征用权、土地管理的规划权、土地税征收权三项权利，这表明美国联邦、州及县政府保留了相当多的对农地的控制、管理和收益权。从 20 世纪 30 年代开始，美国国会相继通过土壤和水资源保护法、食物保障法等，着力建造较大规模的土壤保护工程，促进土地资源的可持续发展。日本属于人均土地资源匮乏的国家，对耕地实行了严格的保护。1952 年，日本颁布《农地法》，严禁农地转为他用，或者从事非农业用途，农业保护区、农业开发区内的土地不得随意占用，对于将农地转为他用或擅自占用者，依法追究刑事责任。人地矛盾极为突出与土地产权分配极不平均是印度长期以来一直面临的重要问题，印度政府对土地利用、管理和保护采取了一系列措施：规定合理的土地租金，保障农业经营者利益；实行土地占有最高限额法；严格限制非农建设占用耕地；制定合理的土地利用和改良政策。② 规划在越南土地利用管理中具有首要的地位，越南的土地规划可分为土地利用长期规划和短期规划两大类。国家对土地实行用途管制，以土地利用规划为依据，禁止随意违反规定用途使用土地的行为，在《土地法》中明确提出了用途转换的有关规定。越南政府还根据各地的社会经济发展状

---

① 胡长明：《国外农地制度改革及对我国农地制度创新的启示》，《农业经济问题》2005 年第 9 期。

② N. S. Randhawa、Farrukh Gupta、哲伦：《印度的土地管理与保护利用》，《资源与人居环境》2009 年第 8 期。

况与土地供需条件，对各地区、各用途土地制定了个体或家庭拥有的最大土地使用权数量标准。① 可见，土地作为不可再生资源，对其加强规制和规划是各国普遍的共同做法。

二　对我国的启示

总结美国、日本、俄罗斯、印度和越南农村土地制度的变迁规律和农民土地权益保护的经验，对于中国农村土地制度变迁过程中农民土地权利保护的制度设计无疑是有帮助的。美国是当今世界上最发达的国家，也是农业发达国家和重要的农产品出口国，美国现在的农村土地政策和法律从一定意义上讲，对于城乡统筹发展背景下中国农村土地制度目标模式的选择具有直接的借鉴意义。日本同样是在人多地少的基础上，成功地进行了农村土地制度改革，对战后日本经济的快速发展做出了重大贡献，这又为中国改革提供了正面的经验。俄罗斯和中国历史上同为计划经济体制国家，俄罗斯在农业改革中所碰到的难题，有些也是中国在城乡经济社会一体化进程中还没有解决好的要害问题，“落后的”俄罗斯农业改革的教训往往可以成为“先进的”中国以后的经验。印度和中国同为人口众多、耕地稀缺的发展中国家，虽然印度的农村土地制度改革的绩效难尽如人意，但可以为中国改革提供反面的教训。②越南作为与我国社会制度相同、区域位置毗邻、发展阶段相似的发展中国家，越南的土地制度革新一直“以华为师”，有明显的“中国模式”印迹，但越南农村土地制度革新要比中国更为超前、更有突破性，越南农地制度的一些做法及经验对中国具有重要的启迪价值。我国在农地制度改革以及农民土地权益保护方面，应着重注意以下五个方面的问题。

（一）始终把维护农民土地权益放在第一位

土地及其收益是农民最重要、最大的权益，是农民根本利益之所在。维护农民的土地权益就是维护农民的根本利益，侵害农民的土地权益就是侵害农民的根本利益。近年来，在城市化、工业化进程中，侵犯、干涉、牺牲农民土地权益的行为频繁发生，一些群体性事件在国内

---

① 赵松：《越南的土地征用、收回与补偿》，《国土资源》2007 年第 8 期。

② 袁铖：《制度变迁过程中农民土地权利保护研究》，中国社会科学出版社 2010 年版，第 70 页。

外造成了恶劣影响，导致农村土地纠纷呈扩大、蔓延之势，成为影响农村经济发展和社会稳定的突出矛盾。原国务院总理温家宝在 2011 年 12 月 27 日召开的中央农村工作会议上提出："土地承包经营权、宅基地使用权、集体收益分配权等，是法律赋予农民的合法财产权利，无论他们是否还需要以此来作基本保障，也无论他们是留在农村还是进入城镇，任何人都无权剥夺。""推进集体土地征收制度改革，关键在于保障农民的土地财产权，分配好土地非农化和城镇化产生的增值收益。不能再靠牺牲农民土地财产权利降低工业化城镇化成本，有必要也有条件大幅度提高农民在土地增值收益中的分配比例。"因此，在我国城市化工业化快速推进和土地制度改革创新中，始终要把维护农民土地权益放在第一位。一是要树立尊重和维护农民土地权益的思想。在推进城镇化、建设现代农业、发展地方经济等全面建设小康社会的具体实践中，始终尊重农民的土地权利，维护农民的土地权益。摒弃依靠圈占耕地搞扩张、依靠剥夺农民搞积累、牺牲农村搞建设的思想，树立城乡统筹协调的全面发展观。要把维护农民土地权益落实到制定和实施党的方针政策的工作中去，落实到各级领导干部的思想和行动中去，落实到关心群众生产生活的工作中去。在维护农民根本利益的前提下，加快新型工业化和现代农业建设，实现经济社会的全面进步。二是要加快征地制度改革，维护农民的土地权益。要保证不得违规违法地征用农民土地；要尽可能缩小征地的规模，控制征地规模，让明显属于非公益性的用地退出征地范畴；要公开程序，保证农民的知情权、建议权和监督权，在改造方案、规划设计、评估测量、拆迁补偿、施工监管、房屋分配等环节，全部实行阳光操作，让村民代表全程参与；要合理补偿，适时调整补偿标准，提高征地补偿水平，大幅度提高农民在土地增值收益中的分配比例；对失地农民要有妥善的安置，维护农民长远生计，提倡"先建新后拆旧、先安置后动迁"，最大限度地减少对群众日常生活的影响。三是要坚决查处侵害农民土地权益的行为和事件。对那些性质恶劣、影响较大、造成重大生命财产损失的事件，要纳入各级政府的年度考核指标体系，加大问责的力度；对一般的土地纠纷，要按照现有解决机制，尽快解决处理，维护农村的社会稳定。

（二）赋予农民长期而有保障的土地使用权

美国、日本实行土地私有制，加快了农业发展进程，推进了农业现代化，取得了较好的改革效果。但是20世纪90年代初，俄罗斯的激进改革派领导人不顾本国国情迅速推进的土地私有化改革，不但没有取得预期的效果，反而使俄罗斯的农业乃至整个国民经济长期陷入严重衰退的状态，农业生产力遭到极大破坏，农民陷入极度的贫困之中。由此可见，土地私有制并不是解决土地问题的灵丹妙药。[①] “三农”专家温铁军指出：我们农村形成的现在这种基本制度，的确是经过长期实践检验的、总体上符合中国国情的制度。倘若没条件在农业外部的宏观环境上做重大政策调整，就应该继续坚持农村基本经济制度，不要轻易改变。“土地私有化”不是中国农村的未来方向。[②] 所有权是最高产权，从我国的具体国情来看，土地集体所有不可能在短期内改变，这种情况下使用权的稳定，对保证农地的持续、高效利用就至关重要。因此，就目前我国农地制度的改革与完善来说，重要一点就是要赋予农民稳定而有保障的土地使用权。农地的家庭经营，适应农业生产特点，符合农民意愿。它能够在农业经营过程中形成有效的激励和约束机制，降低监督成本，避免外部性，使农民的劳动投入与其劳动收益紧密地结合起来。美日的实践也证明：家庭经营不仅能适应以手工劳动为基本特征的较低层次的生产力水平，也能适应以机械化为特征的生产力水平，既能容纳现代化农业工艺与科学技术，同样也能适应高度社会化、商品化的客观要求。[③] 因此，我国应在现有的农村土地集体所有制的前提下，坚持实行家庭联产承包责任制，进一步明确农户土地承包经营权“长久不变”的具体措施，赋予农民对承包土地更加充分而有保障的占有、使用、收益和处置的权利。统一进行农村土地的确权、登记、颁证工作，为农民颁发具有更明确法律效力的土地权利证书。改革和完善相关权利主体、客体和权能方面的缺陷，逐步实现农地的规模化经营，

---

① 解玉娟：《中国农村土地权利制度专题研究》，西南财经大学出版社2009年版，第46页。

② 温铁军：《“土地私有化”不是中国农村的未来方向》，《环球企业家》2008年第13期。

③ 邵彦敏：《美日现代农地制度的比较与借鉴》，《东北亚论坛》2004年第4期。

才是适合我国人多地少和农业机械化水平不高的具体国情的改革之路。

（三）加强农地及农民权益保护的法制建设

只有国家通过立法对农地制度进行完善，才能促进农地制度的发展。中国要解决当前农村土地问题，必须坚定不移地走法制化道路。当前，对于农村土地制度的规定，对于农民土地权利的保障，《土地管理法》、《农业法》、《土地承包法》、《物权法》等做了阐述，但仍存在不少问题。一是《土地管理法》是一部门管理法规，虽历经多次修改，但相关法规的制定滞后于我国土地管理的需求。二是《农业法》、《农村土地承包法》、《物权法》等涉及农民土地权利的相关法规很多只是简单的、原则性的规定，在实践过程中，缺乏针对性和可操作性。目前，《土地管理法》正在修订，土地征收的问题是这次《土地管理法》修改的重点问题。而《农村土地承包法》、《物权法》的修订完善和细化，核心是构建新型的土地权利结构，处理好农地所有权、承包经营权以及经济发展与制度建设的关系，土地流转机制的建立与规范，耕地非农化的限制和管理等方面急需制度化、具体化，有效地保护和利用土地资源，使新的土地法律制度适应不断变化的形势和经济发展的要求。

（四）构建农地运行的市场化服务体系

国外在土地制度变迁和农民权益保护方面非常重视社会化服务体系的建设。我国应借鉴发达国家建立农业社会化服务体系的经验，着重建设和完善农地运行的市场化服务体系。一方面，要建立健全农地运行的服务体系建设，做好土地及其流转信息收集、审查、登记、管理等工作。开展农村土地分等定级，建立价值评估体系，积极培育资产评估、法律咨询、土地融资、土地保险和合同范本等社会服务，为农用地流转交易双方提供地价评估等咨询和跟踪服务，促进农村土地承包经营权流转市场的发育完善，以推进农业产业化的规模经营，解决社会化大生产与家庭分散经营的矛盾。另一方面，要积极培育农民合作经济组织。农民合作经济组织能把分散的农民联合起来，是农民保护和增进自身经济利益的最佳形式。在现代农业的产前、产中、产后环节中分别组建形式多样的农资供应、农技推广、农业信贷、农机服务、农民培训、农业物流、农产品加工销售等系列专业合作社或合作联社，分别为农业生产提供农资供应、农技推广、资金信贷、农机作业、农民培训、产品运输、农产品加工销售等系列专业服务，形成多元化、多层次、多形式的低成本、便利化的农业生产社会化专业服务体系，提高农业生产的社会化服务水平，[①] 既促进了现代农业发展，又最大限度地维护和增进广大农民的利益。

（五）完善国家对土地的宏观管理制度

严格土地管理，直接关系到国家粮食安全，直接关系到经济社会可持续发展，直接关系到社会稳定，是一项长期任务。我国现行的土地管理法律基础脆弱，管理体系薄弱，亟须加强和完善。当前和今后一个时期，要重点抓好以下几方面工作。一是切实坚持和完善最严格的耕地保护制度。随着人口的增长，工业化和城镇化的发展，守住 18 亿亩耕地红线的任务异常艰巨。地方各级政府主要负责人应对本行政区域内的耕地和基本农田保护面积负总责。要强化耕地占补平衡的法定责任，严格落实“耕地实行先补后占，不得跨省区市进行占补平衡”的精神，同时对“划定永久基本农田，建立保护补偿机制，确保基本农田总量不减少、用途不改变、质量有提高”的要求，在全国范围内划定永久基本农田，严格保护，不得占用。二是加强土地规划管理和用途管制。土地利用规划，对于保护和合理利用土地至关重要。加强规划的实施管理，发挥土地利用总体规划和年度计划对农用地转用的控制和引导作用，确保土地利用按照规划进行。土地用途管制的核心是不能随意改变农用地的用途。要通过规划的实施，严格限制农业用地转为非农业用地。三是切实实行最严格的节约用地制度，合理确定新增建设用地规模、结构、时序，降低经济增长对土地资源的过度消耗，走集约式发展道路。提高土地利用率，鼓励利用荒地、废地等搞建设，尽量不占或少占耕地。基础设施和公益性建设项目，也要节约合理用地。四是严格执行土地管理法律法规。各级政府要切实增强法制意识，自觉遵守土地法律法规，做到依法管地用地；严格依照法定的权限审批土地，不得违反

---

① 吴德义：《用农民专业合作社加快推进现代农业发展的有效途径》（http：// www. snzg. cn/article/2012/0726/article_ 29486. html）。

规定下放土地审批权；严肃查处各种土地违法违规行为，违反法律法规批地、占地必须承担法律责任；强化对土地执法行为的监督，监察、审计部门和国土资源部门要切实履行监督职责，防止有案不查、违法不纠、执法不严的现象发生。

第三章　农村发展中农民土地权益保护的基本原则

土地是农民的生存之本、发展之基，土地权益是农民根本利益的集中体现，全面保护农民的土地权益就成为农村经济社会发展过程中必须关注的重要话题。

农村发展进程中加大对农民土地权益的保护，首先要确立保护的基本原则，使得对农民土地权益保护具有更强的目的性与针对性。由于实践中侵害农民土地权益的现象普遍，加之农民土地权益保护方面的法律法规不完善，确立基本原则有利于处理农民土地权益纠纷和案件时树立正确的价值和理念，弥补法律法规的缺陷，合理合法地维护农民土地权益。

第一节　平等保护原则

一　平等保护原则的内涵

我国《物权法》第 3 条第 3 款规定："国家实行社会主义市场经济，保障一切市场主体的平等法律地位和发展权利。"第 4 条规定："国家、集体、私人的物权和其他权利人的物权受法律保护，任何单位和个人不得侵犯。"这就是物权法规定的平等保护原则的主要内容。物权法上的平等保护原则是指物权的主体（国家、集体、私人和其他权利人）在法律地位上是平等的，享有相同权利，遵守相同规则，其享有的物权受到侵害后，同等受法律保护。平等保护是物权法的首要原则，不仅是宪法"公民在法律面前一律平等"的体现，也是民法平等原则在物权法领域的具体化。

平等是作为人所必备的一种资格，而平等权是作为一个国家的合法公民依法所应当享有的一种原始权利，基于作为人所应当享有的尊严和地位更是不可剥夺不可侵犯的。平等权实现的物质基础即为财产权的平等保护，私有财产权是个人自由、独立、尊严的基础。[①] 民法的调整范围乃是平等主体之间财产关系和人身关系，平等是民法的基础，没有平等关系就没有民法。而物权法作为调整平等主体之间因物的归属和利用而产生的财产关系的法律，本身就是民法的组成部分，民法的平等原则在物权法中就体现为平等保护原则，没有平等的财产关系就不可能有物权法。

平等保护原则可以从以三个方面来理解：

一是法律地位的平等。即所有的市场主体在物权法中都具有平等的地位。物权的主体包括国家、集体、个人以及其他权利人，尽管每个物权的主体在享有物权范围上可能有所不同，但都属于民事主体的范畴，他们在物权法中的地位是平等的，这种平等性是社会主义市场经济的内在要求所决定的。民事主体即使在其他领域存在着隶属或服从关系，一旦进入民事领域，都要一体保护，平等对待，不得凭借其行政上的权利和经济上的优势取得优越于其他民事主体的地位。

二是法律适用的平等。即民事主体都要平等地遵守相同的规则。除了法律有特别规定的情况外，任何物权主体在取得、设定和移转物权时，都应当遵循共同的规则。例如，所有权的取得都要合法，具有法律依据；物权的设定和移转必须采取法定的方式。各类物权人在行使物权时（包括国有财产进入交易领域），也应当平等遵循物权行使的规则，例如要遵守合法原则，不得损害他人利益。

三是法律保护的平等。即物权受到侵害后应当受到平等保护。具体包括：第一，物权救济方式的平等。物权受到侵害后，每一个物权主体都可以通过和解、调解、仲裁、诉讼途径解决。第二，物权救济规则的平等。物权受到侵害后，各个物权主体都应当适用平等的规则解决其纠纷，都可以平等地享有物权请求权、侵权请求权以及其他请求权。即使

---

① 贾军：《财产权平等——平等及平等权的现实基础》，《甘肃政法成人教育学院学报》2007 年第 5 期。

是国家与其他主体发生产权纠纷，当事人都有权请求法院明晰产权、确认归属。通过行使此种权利，从而使自己遭受侵害的财产得到恢复、遭受侵害的权利得到补救、遭受妨害的现状得以排除。第三，物权保护力度的平等。各个权利人无论在保护的范围还是保护的力度上，都应当是一致的。不能说侵害了公有财产就要多赔，而侵害了私人财产就要少赔甚至不赔。[①] 司法实践中，法院在处理个人或者民营企业与代表国家的政府、国家投资的公司或者与集体发生物权纠纷时，一定要一碗水端平，一定要按法律规定办事，绝对不能因为一方代表政府，或者该公司有国家的股份，或者是国家的独资公司，就不讲规则，实行公有财产特殊保护。[②]

二　农民土地权益平等保护的内涵

农民土地权益平等保护是指将农民依法享有集体土地和承包地的土地权利给予平等的法律保护。具体表现在三个方面：一是允许和保护土地权利人根据其意愿，行使法律许可的对其土地所拥有的所有、占有、使用、收益和处分的权利；二是禁止任何部门、单位和个人侵犯土地权利人依法享有的权利；三是当土地权益受到侵害时，对各类土地权利人依法给予同等的法律支持和保护。土地权益是农民最重要的财产权益，平等保护农民的土地权益，具有重要的理论意义和现实意义。

三　农民土地权益平等保护中应注意的几个问题

（一）国有土地所有权与集体土地所有权平等保护

城市市区的土地属于国家所有。农村和城市郊区的土地，除由法律规定属于国家所有的以外，属于农民集体所有；宅基地和自留地、自留山，属于农民集体所有。国有土地所有权的主体是国务院，由国务院授权各级地方政府或国有公司行使，集体土地所有权的主体是乡、村集体经济组织和村民小组。这两种土地所有权只是权利主体和适用范围不同，在法律地位和权利内容上应是平等的。而实践中集体土地所有权无

---

① 王利明：《物权法平等保护原则之探析》，《法学杂志》2006 年第 2 期。

② 黄松有：《谈谈物权法的平等保护原则》，《人民司法》2007 年第 7 期。

论在法律地位上还是权利内容上，都无法与国有土地享有平等的产权地位和相同的尊重与保护，各级政府常常以“国家”的名义取代“集体”而成为事实上的土地所有权主体。一些本来应由土地所有权人根据市场情况，自主选择决定的土地经营和处分权，却由政府部门通过行政审批的方式决定。公权力过大且缺乏有效约束，农民土地财产权利十分弱化。特别是农村集体土地不能直接进入市场，只能由政府征收征用，再出让给企业搞建设，而农民集体获得的征地补偿费并不是由市场形成的土地价格，使农民集体的土地财产权益遭到巨大侵害。

国有土地所有权与集体土地所有权应当平等保护，首先要理顺国有土地所有权与集体土地所有权的关系。明确集体土地所有者与国家土地所有者是两个平等的民事权利主体，改变两种土地所有权法律地位不平等的待遇，具体落实集体土地所有权的管理主体，严格依照规定和程序行使集体土地所有权的重大事项。其次要理顺土地管理权力与土地财产权利的关系。明确规范土地管理公权力存在和行使的范围和程序，严格界定公共利益，尽量缩小征地范围，约束公权力按法定权限和程序行使，禁止随意动用公权力侵犯私权利；因公权力的行使给私权利人的财产权益造成损失时，应当给予合法合理的补偿。最后要尽快完善集体土地直接入市制度。建设统一的城乡用地市场，让市场来配置土地资源和确定土地价格，以公开规范的方式转让集体土地使用权，集体土地与国有土地做到“同地同权同价”，显化集体土地资产价值，使广大农民充分享受到土地的财产权益。

（二）农村集体土地所有权与农民土地承包经营权平等保护

土地承包经营权是指农村土地承包人对其依法承包的土地享有占有、使用、收益和一定处分的权利。《物权法》将农村土地承包经营权规定为用益物权，就意味着承包人一经承包农村土地，就使承包经营权作为一项权能从所有权中脱离出来，具有支配性和排他性，排斥包括发包方在内的其他一切人的非法干涉。而现实生活中，由于村民现有民主法制知识欠缺和文化素质不高，土地集体所有往往成为实际上的村长和村委会少数人所有，导致实践中集体土地所有权侵害土地承包经营权的现象较为普遍。

农村集体土地所有权与农民土地承包经营权应当平等保护，首先要明确集体土地所有权与土地承包经营权的权利范围。农民集体土地所有权的重大事项应当依照法定程序经本集体成员决定。土地承包经营权人有权自主从事种植业、林业、畜牧业等农业生产，有权将土地承包经营权采取转包、互换、转让等方式流转，任何人不得非法干预和侵害土地承包经营权。其次要规范发包方对承包人土地权利的保护。承包期内发包人原则上不得调整承包地；承包期内发包人除法律有明确规定外不得收回承包地；承包期内遇到土地被征收的，发包人不得侵吞、扣留土地征收补偿费。最后要加大被侵害土地承包经营权的救济力度。因土地权益发生纠纷时，不管是调解、行政处理，还是仲裁、诉讼，都要平等对待，同等保护，维护好农民的土地承包权益。

（三）男女土地承包经营权平等保护

男女平等是人人平等的应有之义，在土地承包经营权的取得、经营、收益分配、征收补偿等方面，男女都享有平等的权利。我国《农村土地承包经营法》（2002 年）第 6 条规定："农村土地承包，妇女与男子享有平等的权利。承包中应当保护妇女的合法权益，任何组织和个人不得剥夺、侵害妇女应当享有的土地承包经营权"；第 30 条规定："承包期内，妇女结婚，在新居住地未取得承包地的，发包方不得收回其原承包地；妇女离婚或者丧偶，仍在原居住地生活或者不在原居住地生活但在新居住地未取得承包地的，发包方不得收回其原承包地。"《妇女权益保障法》（2005 年）第 32 条规定："妇女在农村土地承包经营、集体经济组织收益分配、土地征收或者征用补偿费使用以及宅基地使用等方面，享有与男子平等的权利。"这些法律规定都明确了在农村土地承包中，发包方应坚持男女平等原则，充分保障农村妇女的土地权利；且农村妇女不论是否婚嫁、离婚、改嫁、丧偶，皆应与相同条件的男性村民享有同等权利，任何组织和个人不得以任何形式非法剥夺其合法的土地承包经营权及其他相关土地权益。而实践中侵害农村妇女土地承包经营权的情况比比皆是。具体表现在：（1）土地承包经营权在婚姻中流失。一些妇女出嫁后，因"娘家土地带不走，婆家没有土地分"而失去土地承包权。一些妇女离婚后，属于自己的承包地因无法分割带走而无法继续行使权利。（2）土地补偿分配权在征收中被剥夺。随着城镇化进程的加快，许多农村尤其是城郊村的土地被征收，受经济利益的驱动和村规民约的限定，在征地补偿款分配中，出嫁女、离婚女甚至入赘男都成了排挤对象。（3）土地股份收益权在改造中削减。在一些农村集体资产股份制改造过程中，农民土地权益变成了居民的股份待遇。一部分出嫁女、丧偶女应得的土地权益被挤占、被削减。

男女土地承包经营权应当平等保护，首先要增强人们的社会性别意识。在土地承包经营权日常经营、管理、执法、司法中要强化人们社会性别的实质平等意识，重视妇女的个体土地权益保护。其次要加强法律对村规民约的引导。乡镇政府要对村民自治章程和村规民约的制定加强引导，使其不与法律法规和国家政策相抵触，不侵犯村民的人身权利和财产权益。法院在审理此类案件中，要对与法律法规和国家政策相冲突的村规民约条款按无效处理。最后提高农村妇女自身的素质和权利意识。要有重点和有针对性地加强法制教育宣传，逐渐唤醒农村妇女的权利意识和法治觉悟。在土地管理的重大决策中，特别是与农村妇女切身利益相关的土地承包权发包、调整与分配、征地补偿款分配、集体福利收益分配等重大事项决策时，一定要有足够数量的妇女参与具体方案的讨论和决策，让妇女有充分的话语权和表决权，维护自身的合法权益。

（四）在平等保护基础上进一步实施倾斜保护

平等权既是农民应获得的天赋权利，同时也是实现农民的其他政治权利、经济权利和社会权利的前提和基础。但是，在提倡人人平等的同时，有一个客观事实不容忽视，那就是在城乡二元社会结构体系下，农民群体在各方面都表现出相对弱势的特点，对农民这一弱势群体而言，单纯的平等保护不足以从根本上消除其弱势地位，对农民权利特别是土地权益的保护需要采取更加特殊的手段和措施。因此，农村发展中我们要转变观念，在新一轮土地制度变革中，要把维护农民土地权益放在首位，在平等保护的基础上通过对农民实行倾斜保护的方式来促成平等目标的实现，即以形式上的倾斜保护为手段，以实质上的平等为目标，赋予农民独立自主的主体地位及相应的政治、经济、文化和社会权利，最终实现真正意义上的农民平等权。①

① 赵万一：《中国农民权利的制度重构及其实现途径》，《中国法学》2012年第3期。

第二节　法律与政策相结合原则

一　法律与政策的区别与联系

（一）法律与政策的区别

法律是国家制定或认可的，由国家强制力保证实施的，以规定当事人权利和义务为内容的具有普遍约束力的社会规范。政策是国家为实现一定的政治、经济、文化等目标任务而确定的行动指导原则与准则。法律与政策同属于上层建筑，但它们在制定的主体、制定的程序、调整的范围、表现的形式、实施的方式等方面具有很大差异。

1. 制定主体不同

立法权是国家最重要的权力，法律是由国家专门的立法机关制定的，法律的制定必须是一种民主的决策；而政策的制定主体则可以是政权机关、政党组织或其他的政治集团，政策的形成可能只是一种专家或官僚的科学决策。

2. 意志属性不同

法律体现的是全民意志和公共意志；政策体现的是政党的意志。

3. 制定程序不同

法律的制定、变动都必须遵循严格、固定且专业性很强的程序；而政策没有严格的制定程序。

4. 调整范围不同

法律的调整范围是全体公民，具有普遍约束力；而政策的调整范围是政治集团成员，仅对其组织和成员有约束力，对社会其他成员只有号召力和引导力。

5. 表现方式不同

法律多以规范性法律文件、法典等形式存在，具有严格的逻辑结构；而政策往往表现为文件、决议、声明、通知、社论和宣言等多种多样方式，具有纲领性、原则性和方向性等特征。

6. 稳定程度不同

法律一经制定，应具有长期的稳定性和有效性，不应随意地修改和变更；而政策会随着社会发展和具体情况而随时调整和变化，具有灵活性的特点。

7. 实施方式不同

法律实施依靠的是国家强制力，在正常情况下，国家是唯一可以合法使用暴力或武力的组织；而政策的影响力是党的形象和权威，以党的纪律保障实施，没有法律约束力。

（二）法律与政策的联系

虽然政策与法律在很大程度上不同，但它们在本质上是一致的，都是统治阶级管理社会成员、维持社会秩序的方式和手段。在任何一个国家里，特别是执政党的政策与法律有着密切的关系，执政党会通过国家政权机关，包括利用法律手段贯彻自己的政策。[①] 这就决定了法律与政策既相对独立，又密不可分；既相辅相成，又互相约束补充。

1. 功能的共同性

政策和法律都是统治阶级管理社会的工具和手段，共同调整、控制和规范社会关系，在社会调控上具有同样性质的功能。

2. 内容的一致性

政策往往体现在法律之中，政策是制定法律的依据，对法律的制定和执行具有指导作用，成熟的政策通过一定的程序可以上升为法律，法律是政策的具体化表现形式，法律与政策在内容上具有一致性。

3. 适用的互补性

政策调整的社会关系和领域比法律更为宽广，民族、宗教、道德等领域的许多问题只能适用政策调整，而无法用法律进行规范。有法律规定时应适用法律规定，政策只有在没有法律规定时才适用，当法律和政策冲突和矛盾时，法律的效力高于政策。

4. 实施的保障性

政策对法律有指导作用，而政策也需要借助法律对其依据政策而出台的法律的顺利实施进行保障，法律的强制力可以确保政策得到更好的实现。

---

① 周媛媛：《正确认识法律与政策的关系》，《市场周刊》2010 年第 7 期。

二　农民土地权益保护中法律与政策的共同作用

（一）大力加强法律的实施

目前，在农民土地权益的内容、行使、保护、救济等方面，《宪法》、《土地管理法》、《农村土地承包经营法》、《农业法》、《妇女权益保障法》、《物权法》、《农村专业合作社法》、《村民委员会自治法》、《农村土地承包经营纠纷调解仲裁法》以及农业部、国土资源部等部委一大批部门规章，最高人民法院有关农民土地权益保护的一些司法解释，相关的地方性法规都做出了明确的规定，初步构建起了全面、系统、完整的农民土地权益保护的法律法规体系。而在现实中，许多法律仅仅停留在纸面上，未将其贯彻落实到实处。大力加强法律的实施，一是要提高农民的法律意识。经过多年的普法教育，农民的法律意识、法治观念、权利意识在不断增强，但总体上我国农民的法律意识还处于较低水平，大多农村村民认为法律不是保障人民权利的实现，而在限制人的行为的发生，法律的尊严和权威还没有在社会生活中树立起来。因此，加大农村普法教育力度，提高农民的法律意识是保护农民土地权益的基础。要把农村普法教育当成一项长期而艰巨的任务来抓，特别是要把涉及农民土地权益的法律作为主要内容。在普法内容上，要尽量贴近农民的实际生活，具体针对农民土地承包经营权、宅基地使用权、征地补偿等在实际社会生活中的法律需求，不但要使农民知道自己的义务，又要让农民清楚其依法享有的权利以及如何正确行使和保护。在普法形式上，要尽量采用以案说法、以理服人、公开审判等多种多样方式，避免说教方式，充分利用网络、广播、电视、电影、报刊等媒体的文化普法教育作用，提高农民的法律意识。二是要严格法律的执行工作。现实生活中，行政机关的执法状况对农民的影响最为深刻，广大农民对法律的感知、观念、意识中，有很大一部分来自执法机关的具体执法行为。因此，加强涉农法律的执法工作，规范其执法行为是保护农民土地权益的关键。要严格依法行使执法权，提高基层干部的执法水平，强化多方位的执法监督，加大违法执法的处罚力度，杜绝执法者在农村土地执法中徇私枉法、违法执法、滥用执法权等行为，最大限度地保护农民的土地权益。三是要加大纠纷的司法救济。实践中，多数农民在土地权益受损后不会选择司法途径予以救济，而是选择调解甚至容忍、退让的态度，助长了侵害农民土地权益案件的多次发生。因此，加大土地纠纷的司法救济，正确引导农民运用法律来解决纠纷是保护农民土地权益的保障。要适当放宽农民土地权益纠纷案件的受理范围，充分发挥土地纠纷仲裁机制的作用，畅通仲裁与诉讼的衔接，基层法院要通过减免诉讼费用，采用巡回审理、就地开庭等形式，加大对农民法律援助力度等方面方便诉讼，使诉讼成为解决农民土地权益纠纷案件的重要形式。

（二）充分发挥政策的作用

虽然在农民土地权益保护方面的法律法规比较完善，但由于立法者主观认识的局限性和社会生活无限性的矛盾，成文法的相对稳定性与客观情事易变性的矛盾，加之我国农村发展程度不同与区域经济发展不平衡，政策在土地制度改革与农民土地权益保护中仍发挥着不可替代的重要作用。从 2004 年至 2014 年，连续 11 年中央“一号文件”无一例外地聚焦“三农”工作，说明了政府对农村、农业、农民工作的高度重视（见表 3—1）。党的十八大以后，我国加快了全面深化改革的步伐，在土地制度改革和农民土地权益保护方面，十八届三中全会更是出台了一些新的政策与措施。在集体土地方面，赋予农民对集体资产股份占有、收益、有偿退出及抵押、担保、继承权。允许农村集体经营性建设用地入市，缩小征地范围，完善对被征地农民合理、规范、多元保障机制。建立兼顾国家、集体、个人的土地增值收益分配机制，合理提高个人收益。在土地承包经营权方面，依法维护农民土地承包经营权，稳定农村土地承包关系并保持长久不变，赋予农民对承包地占有、使用、收益、流转及承包经营权抵押、担保权能，允许农民以承包经营权入股发展农业产业化经营。在宅基地使用权方面，改革完善农村宅基地制度，选择若干试点，慎重稳妥推进农民住房财产权抵押、担保、转让，探索农民增加财产性收入渠道。这些政策中，有些仍需要经过试点决定修正、推广、完善，短期内上升为法律的可能性较小。因此，在农民土地权益保护方面，法律与政策相结合原则是针对我国现实国情和农村实际所提出的。当然，只有在遵守现行法律的前提下，科学界定土地政策与法律调控的边界，树立土地法律的权威，同时灵活运用土地政策来保护农民土地权益，才能促进农村经济社会的稳定快速发展。

表 3—1　　2004—2014 年中央“一号文件”主题

年份	主　题
2014	关于全面深化农村改革加快推进农业现代化的若干意见
2013	关于加快发展现代农业　进一步增强农村发展活力的若干意见
2012	关于加快推进农业科技创新　持续增强农产品供给保障能力的若干意见
2011	关于加快水利改革发展的决定
2010	关于加大统筹城乡发展力度　进一步夯实农业农村发展基础的若干意见
2009	关于促进农业稳定发展　农民持续增收的若干意见
2008	关于切实加强农业基础设施建设　进一步促进农业发展农民增收的若干意见
2007	关于积极发展现代农业　扎实推进社会主义新农村建设的若干意见
2006	关于推进社会主义新农村建设的若干意见
2005	关于进一步加强农村工作　提高农业综合生产能力若干政策的意见
2004	关于促进农民增加收入若干政策的意见

第三节　村民自治与国家管制相结合原则

一　村民自治与国家管制的内涵

村民自治是农村特定区域范围内的全体村民，依照宪法和法律的规定，直接行使民主权利，依法办理自己的事情，实行自我管理、自我教育、自我服务的一整套法律制度及其运作机制的总称。村民自治是中国农民自发创造的伟大民主实践。村民自治的核心是“四个民主”，即“民主选举、民主决策、民主管理、民主监督”。民主选举就是由本村有选举权的村民按照法定程序，通过无记名投票的方式，直接选举村民委员会成员，对不称职的村委会成员进行罢免，实现农民群众对村干部的选举权和罢免权；民主决策就是广大农民和村干部一起讨论决定涉及全体村民利益的重大事项，实现农民群众对重大村务的决策权；民主管理就是让村民直接参与和管理村内事务，讨论制定村民自治章程或村规民约，建章立制实现规范化管理，实现农民群众对日常村务的参与权；民主监督就是村里的重大事项和群众普遍关心的问题，都要向村民公开，村委会定期向村民会议或村民代表会议报告工作，村民有权监督村委会工作和村干部的行为，实现农民群众的知情权和评议权。

国家管制是指国家基于公共利益或者其他目的依据国家的相关法律、法规和政策对被管制者的活动或行为所施加的某种限制和约束。从民法的角度来看，国家管制是对私法自治的必要纠正或补充。私法自治虽然是民法的基石，但其并非是绝对的自由，不受任何限制。在现代市场经济环境下，国家为了对市场进行宏观调控和维持市场秩序，为了保护大多数劳动者、消费者的利益及国家利益和社会公共利益，有必要制定一些特别法规或者政策对私法自治进行适度的干预和限制。[①] 在我国农村土地制度演进改革和农民土地权益保护中，国家管制发挥着重要的作用。

二　农民土地权益保护中村民自治与国家管制的完善与限制

在农村土地制度改革与农民土地权益保护中，应当遵循村民自治与国家管制相结合的原则，充分发挥各自的作用，这是由农村土地的特殊属性与功能所决定的。土地作为一种财产权利，应由其所有权人或使用权人自己支配；但土地同时作为一种稀缺资源，具有经济价值和社会价值，关系到国家粮食安全和农村社会稳定，国家不可能放任不管，任其所有权人或使用权人自由支配。正如现代市场经济发展中国家需要对宏观领域进行调控一样，现代农村村民自治也绝不是倡导政府撒手不管。村民自治要形成良好的秩序，同样需要国家法律的规范和政府合法、有效的监管。当然，国家管制应该限制在一定的限度和范围之内，应该与村民自治充分结合。在农民土地财产权益实现和保护中，应当完善村民自治制度，同时对国家管制进行必要限制。

---

① 彭真明、陆剑：《宅基地使用权流转中国家管制的反思》，《私法研究》2011 年第 2 期。

（一）完善村民自治

我国《村民委员会自治法》从1988年开始试行，1998年正式施行，2010年进行修订，村民自治制度已经有20多年的历史。土地是农业、农村与农民问题的根本，农村村民自治中的关系大多都是围绕土地而展开，农民土地权益的保护与村民自治制度息息相关。虽然村民自治制度在实践运行中仍有一些缺陷，效果也不尽如人意，但其原因并不是村民自治制度本身有问题，而是这个制度还不够完善，与之有关的配套改革还不到位。因此，保障广大村民的土地权益，应从完善村民自治着手，着重关注以下三个问题。

1. 理顺关系

村民自治的实践必然要涉及如何处理党的领导与村民自治的关系这一重大问题，具体表现为党支部与村委会的关系。实践中权力过多地集中在村支书手中，“党政不分”的现象较为普遍。因此，在涉及村民土地权益以及其他重大事项问题上，首先是要理顺党支部和村委会的关系，明确各自的职责是基础。要根据现有的法律法规，制定有关实施细则，对党支部和村委会的职权范围做进一步明确、具体的规定，使之具有可操作性。考虑到实践中党支部和村委会在组成人员上高度重合，甚至合署办公的现实，建议加强村民会议特别是村民代表会议的建设，真正发挥村民（代表）会议在村民自治中的最高权威地位。村庄内的日常公共事务可以由村民选举产生的村干部决定，重大公共事务先由党支部和村委会分别讨论后，以提案的形式提交村民（代表）会议，由村民（代表）会议通过投票做出最后决定。

2. 严格程序

现有的法律对农村土地的处置、使用以及其他重大事项的讨论决定规定了详细的程序，而实践中由于农村土地产权主体的虚置，其程序并未得到严格贯彻执行，现实中村委会往往成为集体土地所有者权益的实际行使者，土地的发包、征收、流转、收益分配等重大事项往往由少数村委会成员决定，甚至许多村民的表决权“被代表”的现象较为普遍。因此，在涉及村民土地权益以及其他重大事项的决策上，严格贯彻执行法定程序是关键。对《物权法》第59条所规定的5项重大事项，《村民委员会自治法》第24条所规定的9项重大事项，应当依照法定程序经本集体成员决定，严格执行村民代表会议有2/3以上的组成人员参加方可召开，所作决定应当经到会人员的过半数同意的规定。集体经济组织、村民委员会或者其负责人做出的决定侵害集体成员合法权益的，受侵害的集体成员可以请求人民法院予以撤销。

3. 强化监督

近年来，随着农村经济结构调整和城乡一体化的快速推进，农村党支部和村委会成员（简称“村官”）在集体土地管理及收益分配、征地补偿及款项分配、土地流转规模经营等方面腐败现象相当普遍，严重损害了农民土地权益和影响了农村社会稳定，主要原因是这些公共权力在运行的过程中没有受到有效的监督和制约。因此，在涉及村民土地权益以及其他重大事项问题上，强化对“村官”权力的监督和制约是保障。要监督和制约“村官”的权力，重要的不是创设新制度和颁布新的法律法规，而是如何将现有的村民代表会议、村务公开、村务监督委员会、任期和离任经济责任审计等制度真正贯彻和落到实处。要严格规范村民代表会议的召开、表决，真正使村内重大事项由村民代表大会决策。要完善村务公开制度，使村内重大事项结果、村内重大资产处置、村内财务收支情况等通过村务公开栏、告示、广播、网络等方式让村民知晓，确保村民的知情权和监督权。要充分发挥村务监督委员会的作用，对村务实行事前、事中、事后全程监督，对村务监督成员定期开展相关业务培训，提高监督实效。要健全“村官”任期和离任经济责任审计制度，要为审计工作创造必要的条件，配备专门审计人员，安排专项经费，审计结果向全体村民公开。对审计中查出的问题，要按相关规定严肃处理；涉嫌犯罪的，应当移交司法机关依法追究刑事责任。

（二）限制国家管制

由于土地的特殊属性和价值功能，国家管制是必不可少的。然而，过多的国家管制会更加凸显村级组织的行政化倾向，使得村民自治的民主程度大打折扣，在一定程度上制约了村庄民主的运作和发展。因此，在土地制度改革与农民土地权益方面，应逐步减少和限制国家管制，国家对土地的管制应重点体现在以下三个方面。

1. 法规政策制定方面

农民在土地制度改革和创新中发挥着重要作用，许多制度都是由农民首创，经过实践检验，最后上升为法律。因此，在涉及农村以及土地法律方面，国家应充分总结实践成功经验，按照法定程序使其上升为法律，巩固改革的成果。然而，一项制度上升为法律也需要一定时间，加之法律稳定性与生活易变性的矛盾，也需要国家及时颁布一些政策对土地制度和农民权益来加以调整。近年来国家根据农村实际提出的土地承包经营权期限“长久不变”、推进土地适度规模经营和流转、培育新型农业经营主体、农村集体经营土地直接入市、宅基地使用权及房屋流转等均属于政策的范畴，有的还需要经过试点再推行。因此，在土地法规政策制定方面，应充分发挥国家管制的作用。

2. 村规民约引导方面

村规民约是指农村村民根据有关法律、法规和政策，结合本村实际制定的涉及公共道德、公共秩序、村风民俗等方面的综合性规定，是维护农民合法权益，促进农村社会稳定的一个重要保障。而实践中部分村规民约“家长制”严重，即由村委会成员少数人私下商量制定和修改出台，搞暗箱操作；“土规定”太多，即有些村规民约偏苛失适，经不起检验；“违法性”普遍，即有些村规民约的条文规定不仅与法律法规相悖，还助长了封建旧习和宗族观念抬头。因此，在村规民约制定方面，国家应发挥引导和管制作用。一是积极指导村民会议制定村规民约。从程序上加以监督，村规民约必须由村民会议讨论、制定、表决、修改。从内容上加以引导，使村规民约的内容符合法律规定。二是加强对村规民约的审查备案力度。要从法律角度对村规民约的合法性进行审查，对不合法的内容应及时反馈，使其重新进行讨论、纠正、完善。司法机关在处理涉农纠纷案件时，对违法的村规民约条文按无效处理。

3. 土地用途管制方面

农业生产必须保持土地的可持续利用，必须考虑国家的粮食安全，这就决定了公权必须介入农业生产，在土地用途方面必须发挥国家的管制作用。《土地管理法》明确规定国家实行土地用途管制制度，但由于我国实施土地用途管制的时间较短，经验缺乏，基础薄弱，导致实践中土地用途管制制度落实不到位，执行较差。因此。在涉及土地制度改革与农民土地权益方面，应坚持和加强土地用途的国家管制。一是完善土地利用总体规划的编制和审批。明确国家、省级土地利用总体规划的战略作用，提高县、乡规划的可操作性和确定性。重视公众的有效参与，制定出具备最广泛群众基础的科学合理的土地利用总体规划。完善修改程序，严格禁止用规划调整来取代规划修改审批。二是严格农用地转用审批制度。将土地分为农用地、建设用地和未利用地。严格限制农用地转为建设用地，控制建设用地总量，对耕地实行特殊保护。任何单位和个人涉及占用农用地或者未利用地进行建设的，都应当办理规划许可手续。三是强化土地执法和法律责任追究机制。建立国土资源部门与其他相关部门协调一致、密切配合的执法体系，共同防范违反土地用途违法行为的发生和蔓延。细化和明确法律责任的规定，对非法批准、调整土地被违法占用的国家机关工作人员，特别是负有责任的领导干部，要依法追究党纪政纪责任；涉嫌犯罪的，移送司法机关追究刑事责任，保证土地用途管制制度的顺利实施。

第四章　土地承包经营权制度改革中农民土地权益保护研究

土地承包经营权制度是我国适用面积最广，与亿万农民利益福祉息息相关，也是一项极具中国特色的土地财产权制度。经过 30 多年的发展，土地承包经营权制度经由《农村土地承包经营法》、《物权法》等法律的实施已实现了法律化、物权化，但土地承包经营权制度在实践运行中仍存在诸多缺陷和不完善之处。在土地承包经营权制度改革与完善中如何切实保护农民土地权益仍是解决“三农”问题的关键所在。本章通过对土地承包经营权的立法实践与发展趋势的梳理与总结，阐述了农地家庭承包制下的农民土地权益保护，对陕西省土地流转的现状与问题进行了调查分析，重点就土地流转中政府角色及其实现的法制保障，入股制度的完善，流转中农民土地权益保护的法律保护进行深入分析和论证，提出了相关的完善建议。

第一节　土地承包经营权的立法实践与发展趋势

一　我国土地承包经营权的立法实践

新中国成立以来，随着政治、经济形势的发展，国家围绕土地使用制度等土地问题进行了一系列的改革探索，逐步建立了有中国特色的农村土地制度。

我国 1954 年《宪法》明确了劳动群众集体（部分集体）所有制是生产资料所有制形式之一，合作社经济是其表现。但在农村土地问题上，此时国家依照法律保护农民的私人土地所有权和其他生产资料所有权。当然，事实上这部宪法确立的土地原则和土地权利由于后来很快推行的合作社和人民公社运动而未及真正付诸实施。1975 年和 1978 年《宪法》则确认了农村人民公社是政社合一的组织，是社会主义劳动群众集体所有制经济。农村人民公社经济一般实行三级所有、队为基础，即以生产队为基本核算单位的公社、生产大队和生产队三级所有。两部《宪法》所不同的是后者要求“生产大队在条件成熟的时候，可以向大队为基本核算单位过渡”。① 1982 年《宪法》规定，城市市区土地属于国家所有，农村和城市郊区的土地，除由法律规定属于国家所有的以外，属于集体所有；宅基地和自留地、自留山，也属于集体所有，任何组织或者个人不得侵占、买卖、出租或者以其他形式非法转让土地。一切使用土地的组织和个人必须合理地利用土地。这就以《宪法》的形式肯定了农村土地的集体所有制性质。

1986 年 4 月 12 日，第六届全国人大第四次会议通过的《民法通则》规定，公民、集体依法对集体所有或国家所有由集体使用的土地的承包经营权受法律保护，农村土地承包经营权通过民事基本法得到了确认。《民法通则》进一步细化了《宪法》规定的集体所有权的客体，明确规定：“劳动群众集体组织的财产属于劳动群众集体所有，包括：（一）法律规定为集体所有的土地和森林、山岭、草原、荒地、滩涂等；（二）集体经济组织的财产；（三）集体所有的建筑物、水库、农田水利设施和教育、科学、文化、卫生、体育等设施；（四）集体所有的其他财产。”《民法通则》还对“集体经济组织”做出了较为具体的解释，规定：集体所有的土地依照法律属于村“农民集体”所有，由村农业生产合作社等农业集体经济组织或者村民委员会经营、管理。已经属于乡（镇）农民经济组织所有的，可以属于乡（镇）农民集体所有。《民法通则》在赋予农民土地承包经营权的同时，增加了个人、集体享有森林、山岭、草原、荒地、滩涂、水面的承包经营权的规定，弥补了《宪法》对此的空缺，是对集体土地使用权的一大突破，意义重大。

1986 年 8 月 15 日，第六届全国人大常委会第 16 次会议通过了《土地管理法》，再次以法律的形式肯定了农村经济体制改革的成果，

① 张广荣：《我国农村集体土地民事立法研究论纲》，中国法制出版社 2007 年版，第 30 页。

其中第6条、第9条和第12条明确规定，城市市区的土地属于国家所有；农村和城市郊区的土地，除法律规定属于国家所有的以外，属于农民集体所有；宅基地和自留地、自留山，属于农民集体所有；土地的所有权和使用单位、集体所有制单位使用的国有土地，可以由集体或个人承包经营，从事农、林、牧、渔业生产；承包经营土地的集体或个人，有保护和按照承包合同规定的用途合理利用土地的义务；土地的承包经营权受法律保护。特别是《土地管理法》第9条规定，国有土地和农民集体所有的土地，可以依法确定给个人"使用"在我国法律中第一次非常明确地规定了农户个体的土地"使用权"，其"土地使用权"这一词汇的出现为我国之后理论研究和立法规范土地权利概念奠定了基础。[①]

1988年《宪法修正案》规定：土地的使用权可以依照法律的规定转让。1993年《宪法修正案》规定：农村中的家庭联产承包为主的责任制和生产、供销、信用、消费等各种形式的合作经济，是社会主义劳动群众集体所有制经济。参加农村集体经济组织的劳动者，有权在法律规定的范围内经营自留地、自留山、家庭副业和饲养自留畜。

1998年修正后的《土地管理法》对集体土地所有权的规定又进一步具体化。其第10条规定，农民集体所有的土地依法属于村农民集体所有的，由村集体经济组织或者村民委员会经营、管理；已经分别属于村内两个以上农村集体经济组织的农民集体所有的，由村内各该农村集体经济组织或者村民小组经营、管理；已经属于乡（镇）农民集体所有的，由乡（镇）农村集体经济组织经营、管理。第14条第一次以法律的形式将农民的土地承包经营权期限界定为30年，极大地稳定了农民的生产积极性，有利于农业投入增长和农业长期发展。第15条赋予了农村集体经济组织以外的单位和个人承包经营农民集体所有的土地的权利，这不仅有利于资本进入农业以实现农业的集约化经营，实际上也是允许了农民向农村集体外部转让其土地使用权。

1999年《宪法修正案》对1993年关于土地承包经营制的规定又进

① 张广荣：《我国农村集体土地民事立法研究论纲》，中国法制出版社2007年版，第35页。

行了修改：农村集体经济组织实行家庭承包经营为基础、统分结合的双层经营体制。农村中的生产、供销、信用、消费等各种形式的合作经济，是社会主义劳动群众集体所有制经济。参加农村集体经济组织的劳动者，有权在法律规定的范围内经营自留地、自留山、家庭副业和饲养自留畜。至此，在农村土地的经营方面最终确立了实行以家庭承包经营为基础的统分结合的双层经营体制。

2002 年 8 月 29 日，第九届全国人大常委会第 29 次会议通过了《农村土地承包经营法》，再次肯定了农村土地的集体所有制，并对农村土地承包中发包方和承包方的权利和义务、承包的原则和程序、承包期限和承包合同、土地承包经营权的保护、土地承包经营权的流转、其他方式的承包、争议的解决和法律责任等问题做了具体规定，为农村土地经营进行了操作层面的正式的法律制度安排，标志着我国农村土地经营进入了一个新的法治化阶段。《农村土地承包经营法》的主要突出点在于：（1）稳定和完善以家庭承包经营为基础、统分结合的双层经营体制。农村土地承包法依据宪法，全面肯定和贯彻了宪法的规定，保障家庭承包在农村占主导地位。（2）赋予农民长期而有保障的土地使用权。首先，对家庭土地承包权实行法律保护，强调承包方享有的权利，包括耕种权、生产经营自主权、产品处置权、收益权、土地承包经营权流转权以及在被征用时，有权获得相应的补偿等权利。其次，农村土地承包应当坚持公开、公平、公正的原则。第 18 条、第 19 条对承包的具体原则和程序做出了规定，以确保公开、公平、公正的实现。公开，是指承包方案要公开，承包的程序要公开，在民主协商的基础上经过本集体经济组织成员村民会议的 2/3 以上成员或者 2/3 以上的村民代表的同意。公平，是指每个集体经济组织的成员，不分年龄、性别、民族、信仰等，依法平等地享有并可以行使承包土地的权利。公正，是指承包的程序要公正，承包的结果也要公正，任何组织和个人不能有法外特权，也不允许任何人以不正当的手段获得非法利益。再次，土地承包法规定了家庭承包土地比较长的承包期限。明确了“耕地的承包期为 30 年。草地的承包期为 30—50 年。林地的承包期为 30—70 年；特殊林木的林地承包期，经国务院林业行政主管部门批准可以延长”（第 20 条）。（3）尊重农户的市场主体地位，保护承包方进行土地流转的权利。明确了土地承包经营权流转应遵循的原则：平等协商、自愿、有偿，任何组织和个人不得强迫或者阻碍承包方进行土地承包经营权流转（第33条）。流转的承包费、租金、转让费等，应当由当事人双方协商确定。流转的收益归承包方所有，任何组织和个人不得擅自截留、扣缴（第36条）。（4）保障妇女的土地权利。农村土地承包立法特别注意保护妇女的土地承包经营权。在法律中体现在：妇女与男子享有平等的权利。承包中应当保护妇女的合法权益，任何组织和个人不得剥夺、侵害妇女应当享有的土地承包经营权（第6条）。承包期内，妇女结婚，在新居住地未取得承包地的，发包方不得收回其原承包地；妇女离婚或者丧偶，仍在原居住地生活或者不在原居住地生活但在新居住地未取得承包地的，发包方不得收回其原承包地（第30条）。《农村土地承包经营法》在稳定农村土地经营秩序、维护农民土地利益方面产生了重要作用。

2002年12月28日，第九届全国人大常委会第31次会议修订通过的《农业法》再次肯定和明确了以家庭承包经营为基础、统分结合的双层经营体制。第5条规定：国家长期稳定农村以家庭承包经营为基础、统分结合的双层经营体制。第10条规定：国家实行农村土地承包经营制度，依法保障农村土地承包关系的长期稳定，保护农民对承包土地的使用权。农村土地承包经营的方式、期限、发包方和承包方的权利义务、土地承包经营权的保护和流转等，适用《土地管理法》和《农村土地承包法》。农村集体经济组织应当在家庭承包经营的基础上，依法管理集体资产，为其成员提供生产、技术、信息等服务，组织合理开发、利用集体资源，壮大经济实力。

2007年3月16日，第十届全国人大第5次会议通过了《物权法》，标志着我国土地承包经营权的保护再次进入了新的阶段。《物权法》对土地承包经营权规定的主要突出点在于：（1）明确了土地承包经营权的性质为用益物权。这是第一次明确规定了土地承包经营权的物权性质。土地承包经营权明确为物权之后，使农民的土地权利具有较高的稳定性，将进一步稳定农村承包经营关系，也为承包经营权的流转奠定了基础。[①]（2）明确了集体所有权内涵，即集体所有指集体组织成员所有

① 王利明：《物权法是社会主义市场经济的基本法律》，《求是》2007年第10期。

（第 59 条）。《物权法》将传统的“集体所有权”改为“集体成员集体所有权”，进一步明确了集体所有权的性质，凸显了农民作为其集体“成员”的法律地位。作为集体的成员，农民的权利主要通过成员权来体现。同时明确规定了须经集体成员议决的重大事项，这是为了保障农民的土地权益，专门规定了集体成员的民主管理权，是成员权的主要内容。（3）明确了征收土地的目的和足额补偿的制度。第 42 条明确规定，征收必须是“为了公共利益的需要”。第 42 条第 2 款规定：“征收集体所有的土地，应当依法足额支付土地补偿费、安置补助费、地上附着物和青苗的补偿费等费用，安排被征地农民的社会保障费用，保障被征地农民的生活，维护被征地农民的合法权益。”第 121 条规定：“因不动产或者动产被征收、征用致使用益物权消灭或者影响用益物权行使的，用益物权人有权依照本法第四十二条、第四十四条的规定获得相应补偿。”特别是第 132 条规定，征收农民土地必须对农民个人承包经营权损失进行补偿。该条款将征收补偿费的受益主体范围由传统的所有人扩张至用益物权人，这是以前的法律未明确的，它对于农民个人权利的保护意义十分重大。（4）明确规定了土地承包权人受侵害时的救济权。第 63 条第 2 款规定：“集体经济组织、村民委员会或者其负责人作出的决定侵害集体成员合法权益的，受侵害的集体成员可以请求人民法院予以撤销。”该条规定了集体成员的撤销权，这是我国现行法律中首次做出这样的规定，而此前这类侵权只能通过信访等行政途径解决，不能进入司法程序。这对于农民土地权益的保护无疑是一项重要举措。总之，《物权法》赋予了土地承包经营权用益物权性质，使土地承包经营权的权力范围得以扩大、巩固和提升，农民的土地利益越来越明晰化，从而在法律上最终确立土地承包经营权作为私权的地位，在保护农民财产权方面，我国立法又前进了一大步。

从我国土地承包经营权的立法变迁可以看出：第一，农村土地承包法律制度实际上是将农民的改革实践在立法层面进行确认，可以说是农民意愿和意志在法律层面的反映与确认；第二，土地承包经营的立法经历了从以确保农民“温饱”为目标立法向促进农民“发展”的更高需求目标立法的转变过程；第三，农村土地制度的政策制定与立法设计以维护农民土地权利与利益为着眼点，并尊重农民的首创精神；第四，农村集体土地所有权和农户土地承包经营权两权分离的状态是当前的最优选择。[①]

二　我国土地承包经营权的发展趋势

土地承包经营权是在我国农业和农村从计划经济体制向市场经济体制转轨的特定历史时期出现的一种复合形态的权利，它实际具有身份权、债权、物权和行政管理权等多重法律性质。我国农村经济的发展状况使得土地承包经营权呈现出以下发展趋势。

（一）由有期限权利向无期限权利发展

《土地管理法》、《农村土地承包经营法》都明确规定土地承包经营权期限为30年，《物权法》延续了耕地承包期30年的规定，并增加了承包期届满，由土地承包经营权人按照国家有关规定继续承包的规定。《物权法》还明确了土地承包经营权的性质为用益物权，用益物权为他物权、限定物权、派生物权、有期限物权。而2008年10月12日党的十七届三中全会通过的《中共中央关于推进农村改革发展若干重大问题的决定》指出，要稳定和完善农村土地承包关系，土地承包关系要长久不变。“长久不变”，就是赋予农民更加充分而有保障的土地承包经营权，现有土地承包关系要保持稳定并长久不变。由过去的“长期不变”，到今天的“长久不变”，虽然一字之差，但政策指向十分明确，即强调承包地对农民的财产权、物权属性，给农民吃长效“定心丸”，这也说明土地承包经营权正由有期限权利向无期限权利发展。

（二）由非商品性权利向商品性权利发展

在改革开放初期，由于生产力水平低下，商品经济几乎不存在，农民对土地有着高度的依赖性，土地在相当程度上承担着养育、就业、保险和生活福利等社会保障功能，远远高于土地作为生产要素的生产功能和实现价值增值的资本功能。农地产权制度的设计在于保证“耕者有其田”。在这一阶段，大部分农民还依靠土地经营来维持生存。随着我

① 董景山：《我国农村土地制度60年：回顾、启示与展望》，《江西社会科学》2009年第8期。

国向市场经济转型，特别是加入 WTO 以后，已加速了与世界普遍的经济规则接轨，现代农地制度已发展到以效率为中心的第二阶段，即规模经营阶段。在这个阶段，社会生产力发展到使人们不再视土地为最终生活保障，因而土地占有、经营方式的选择以追求效益最大化为标准。土地已不仅是自然物品，而且是经济物品，具有稀缺性，设立在土地之上的承包经营权亦有稀缺性而具有商品的特性。在沿海发达城市和大中城市的近郊区，土地不再仅仅被视为生存的手段，而且是获得利润的工具。并且，随着乡镇企业的突起，非农产业在农村经济中占了越来越大的比重，农村产业结构发生了巨大变化。农民可以从非农业生产中获得更大的利润，因此不但不依赖于土地并且不期望被土地束缚，他们希望土地承包经营权进入市场，转化为资金，以支持非农业生产。土地作为最基本的生产要素之一，经济发展才是它最根本、最基础的存在价值。只有在充分发挥土地的经济价值的基础上，土地的保障功能才能发挥更有效、更有意义的作用，否则土地就变成捆绑农民的工具。而土地承包经营权的流转为这种转化提供了可能，使得土地承包经营权逐步由非商品性权利向商品性权利发展。

（三）由非融资性权利向融资性权利发展

现阶段，我国农业的发展长期以来受到资金投入的困扰。《土地承包经营法》颁布后，稳定了土地的承包经营权关系，刺激了农民对土地投资的热情，但农民手中拥有的资金不多，并且可以作为有效担保的财产有限，贷款、融资也很困难。现行的《土地承包经营法》、《物权法》对以家庭承包方式承包的农地的抵押采取了禁止的态度，使土地承包经营权深深打上了非融资性权利的烙印。而承包经营的土地在农民所拥有的财产里占有相当大的比例，如果不允许其抵押，其财产的价值得不到充分的发挥，又无法找到其他合适的财产向金融机构抵押获得融资，难以筹措足够的资金投入承包经营的土地用于发展农业生产，使农业生产长期在低水平和简单的生产结构中徘徊，资源没能得到很好的利用。近年来，许多学者不仅从理论上深入分析了土地承包经营权抵押的必要性和可行性，抵押权的设定、实现、消灭，农地抵押的现实困境以及完善措施。而且实际中山东潍坊市、寿光市，甘肃天水市，安徽庐江县等许多地方已开始了土地承包经营权的抵押试点工作，并取得了一些成效。[①] 土地承包经营权抵押融资有助于农村土地的加速流转，有助于土地向种田能手集中，促进农村土地和劳动力两大生产要素得到更为合理的配置，扩大农业经济的规模和产业结构的调整，提高农业的生产力水平，促进农村城镇化建设步伐的加快，也有利于农业在世界农贸市场上发挥比较优势。但是需要注意的是，即使法律放开了农民承包土地经营权抵押，在实际操作中也必然涉及如价值评估、流转、清偿等一系列非常复杂的环节，需要有配套的方案、条例等加以规范和支持。从农村发展趋势看，农村土地承包经营权抵押是大势所趋，其融资功能将不断增强。

（四）由身份性权利向契约性权利发展

农村土地承包经营权通常情况下是特定的农村集体经济组织成员家庭的权利，非集体经济组织内部成员家庭在通常情况下不能享有这种权利。我国土地承包经营制度的实施以及城乡二元户籍制度的存在，在很长时间内强化了农民与集体基于土地的身份关系。承包期内，承包方全家迁入设区的市，转为非农业户口的，应当将承包的耕地交回发包方。承包方不交回的，发包方可以收回承包的耕地。现行的《土地管理法》、《土地承包经营法》、《农业法》等法律都明确了土地承包经营权为农民的一种身份性权利。随着我国市场经济体制的逐步确立和农村土地改革的日益深化，农民正日益破除身份限制。具体表现有两点：一是发生在我国的农民工潮就是身份破除行动的典型表现。这种农民工潮起到了淡化承包经营权的身份因素作用，并意味着农民由“身份”向“职业”的转变。[②] 二是土地承包经营权的流转，特别是向非集体经济组织成员的流转更加速了土地承包经营权“身份性权利”的瓦解，农户通过契约（即流转合同）的方式将土地承包经营权流转出去获取收益的现象越来越普遍。随着农业产业化的发展和城市化进程的推进，以及农村社会保障体系的逐步建立和完善，土地承包经营权由身份性权利向契约性权利发展的趋势越来越明显。

---

① 张艳花：《农地抵押：争议中的试点》，《中国金融》2009 年第 15 期。

② 陈小君：《农地法律制度在后农业税时代的挑战与回应》，《月旦民商法》2007 年第 16 期。

第二节　农地家庭承包制下的农民土地权益保护

土地承包经营权是农民最重要的财产权利，保护土地承包经营权是保护农民利益的关键所在，对促进农业生产、改善农民生活、化解农村矛盾、维护和谐稳定等方面有着重要的现实意义。当前一个严峻的现实问题是，许多农村正常的土地承包经营关系遭到破坏，农民的土地承包经营权益受到侵害。如何有效维持正常的土地承包经营关系，维护农民的土地承包经营权益，就成为法律层面应当高度重视和着力解决的重要问题之一。

一　土地承包经营权的基本内涵及其性质

土地承包经营权是我国法制体系下的特有概念，1988 年首先出现在我国《土地管理法》中，伴随着我国农村实行土地承包经营政策开始逐渐发展起来，在其存在的相当长的时间里法律未对其做出明确的概念界定。2007 年起实施的《物权法》第一次对于土地承包经营权做了界定，土地承包经营权是土地承包经营权人依法对其承包经营的耕地、林地、草地等享有占有、使用和收益的权利，有权从事种植业、林业、畜牧业等农业生产。根据《物权法》和其他法律的规定，土地承包经营权可以定义为：土地承包经营权人对于其依承包合同而占有的属于集体所有的或者国家所有由农村集体经济组织使用的耕地、林地、草地等享有的占有、使用和收益的权利。

《物权法》将土地承包经营权确立为用益物权。将土地承包经营权定位为物权，可以使土地承包经营权人的利益得到有效的保护。其一，利用物权法定主义原则，运用法律规范来确定农村土地承包经营权的权利、义务内容以及权利的消灭，确定权利的取得或转让规则，以使这种权利的内容更加充实、明确，权利取得的规则更加透明，从而制约行政行为的随意性。[①] 其二，将承包经营权定位为物权，就使承包经营权具

① 麻永萍：《论土地承包经营权的法律保护问题》，《攀登》2009 年第 4 期。

有了对抗不正当干预的效力。特别使土地承包经营权人可以有效对抗以公益性名义进行的非公益性的土地征收征用行为，来保护其合法的土地权益。

二 土地承包经营权法律保护的现状考察

（一）土地承包经营权法律保护的制度保障

新中国成立以来，我国围绕土地使用制度进行了一系列的改革探索，逐步建立了有中国特色的农村土地承包经营权制度，土地承包经营权的法律保护体系已经逐步建立起来。

1982 年《宪法》肯定了农村土地的集体所有制性质。1986 年的《民法通则》使农村土地承包经营权通过民事基本法得到了确认。1998 年修正后的《土地管理法》对土地承包经营权的规定又进一步具体化，第 14 条第一次以法律的形式将农民的土地承包经营权期限界定为 30 年，极大地稳定了农民的生产积极性，有利于农业的长期发展。1999 年《宪法修正案》最终确立了实行以家庭承包经营为基础的统分结合的双层经营体制制度，把家庭承包责任制确立为我国的基本经济制度。2002 年的《农村土地承包法》为农村土地经营进行了操作层面的正式的法律制度安排，标志着我国农村土地经营进入了一个新的法治化阶段。2002 年的《农业法》实现了对土地承包经营权流转方面的突破。2007 年《物权法》把我国农村的土地承包经营权归于用益物权，赋予其物权保护，从而在法律上最终确立土地承包经营权作为私权的地位，在保护农民财产权方面，我国立法又前进了一大步。2010 年的《土地承包经营纠纷调解仲裁法》为土地承包经营权纠纷诉诸仲裁的方式进行解决，提供了法律依据。另外，农业部出台了《农村土地承包经营权证管理办法》、《农村土地承包经营权流转管理办法》等部门规章，最高人民法院出台了《关于审理涉及农村土地承包纠纷案件适用法律问题的解释》等司法解释。

从法律体系上看，当前形成了包括宪法、基本法律、行政法规、地方性法规、部门规章、司法解释等在内的土地承包经营权法律保护体系；从保护内容上看，在土地承包经营权的享有和确认，土地承包经营权的行使、流转，土地承包经营权受侵害时的救济等方面为土地承包经营权提供了保护措施；从保护方法上看，形成了包括私法保护、公法保护在内的保护体系。

（二）土地承包经营权法律保护的现实困境

1. 农民权利意识薄弱

大部分农民对农村土地所有权认识不清，对于土地所有权归属的认识较模糊，相当多的农民认为土地是属于国家的，村委会、乡镇等代表国家可以随意处置。土地承包经营权人没有完全认识到自己所享有的土地承包经营权的各项内容，他们习惯了顺应或服从，一般不会主动去争取自己的权益，当然也不会用法律武器去维护自己的权益。这严重影响了土地承包经营权的保护，究其原因：一方面归咎于农民自身素质，另一方面也反映国家法律政策在农村宣传还不是很到位，国家机关的执法在农村土地承包经营权保护方面的弱化。

2. 土地权益易受侵害

在土地的发包方面，一个重要的原则是公开、公平和公正。公开就是要防止暗箱操作，公布承包方案，接受成员监督。公平是指发包方和承包方，集体成员之间要平等，任何人不能剥夺和限制行使权利。公正是指任何组织和个人不能有特权，程序要符合法律规定。但在实践中这个原则却没有得到很好的贯彻，有的没有召开全体村民会议，也未经2/3以上的村民代表同意。有的地方村干部利用手中权力，私自发包甚至以明显的低价发包。还有的因层层转包甚至一地多包，从中渔利而侵害农民权益。

在土地的流转方面，由于流转主体缺位，以行政权力剥夺农户自主决策权的现象大量存在。有的地方在农业结构调整和产业化发展过程中，以所谓的“规模经营”和“产业化”为名，强行推进土地流转，以低价强行“租用”农户承包地。有的地方在流转过程中政府与农民争利现象比较严重。政府或发包方强行收回农民的承包地，统一对外发包招标，借流转之名，实为与民争利，严重侵犯了农民的土地承包权益，同时又激化了土地矛盾。

在土地的调整方面，虽然《土地承包法》明确规定在承包期内不得调整和收回承包地，但实践中违法收回或调整农户承包地的行为还大量存在。实践中有的地方以划分“口粮田”和“责任田”等为由收回农户承包地搞招标承包，有的地方收回农户承包地来抵消欠款，有的村社违背政策规定随意调整农户承包地，引发矛盾。机动地主要用于解决承包期内的人地矛盾、人口变化、户口迁移等需要调整土地的情形。实践中因机动地处置不当和管理不规范引发了大量纠纷，有的把机动地作为清偿村组债务和增加集体收入的工具，甚至一些村组干部利用机动地谋取私利而侵犯了农民的土地承包权益。

3. 承包纠纷种类繁多

由于土地承包主体的多元化，土地承包方式的多样性而引发土地承包纠纷的多样化趋势越来越明显。实践中土地所有权纠纷、土地收益分配纠纷、土地承包合同纠纷、土地征收纠纷、土地流转纠纷、土地调整纠纷等类型多种多样。随着农民对土地的重视，其他类型的土地纠纷也将涌现，土地纠纷多样化的趋势将越来越明显。加之许多纠纷不是涉及一个或几个人的利益，而是牵涉众多当事人的利益，有些还涉及家族、村寨的利益，纠纷参与人数动辄数十人，甚至上百人，使纠纷变得更加复杂，增加了纠纷解决的难度。同时根据各地法院和信访部门的统计，因土地而引发的纠纷在整个纠纷中所占的比例逐年递增，并呈上升趋势。可以预见，在农业为主的地区，基层政府及其官员和农民双方围绕土地的争夺将会加剧，由土地问题引发的农村土地纠纷将会越来越严重，也将长期存在。

4. 权利救济困难重重

土地承包经营权主体能否得到法律救济以及在多大程度上得到法律救济，在很大程度上决定着农村土地承包经营权的保障状况。实践中土地承包经营权的救济却困难重重，主要表现有：

其一，当纠纷发生时，司法机关、行政机关和村组织对农民的救济请求不作为，相互推卸责任。如基层法院对部分农村土地承包经营权纠纷不受理，农村土地承包仲裁还未普遍建立起来，农业行政主管部门对部分农村土地承包经营权纠纷的信访不受理，村级组织不执行仲裁、司法裁决或名义上执行，实际上拖拉不办。对于土地承包经营权人所能诉诸纠纷解决的各种主体的不作为，也没有明确的应该承担各种民事、行政、刑事责任的严格实施机制。

其二，土地承包经营权的保护在司法上大多是按照承包合同对合同方权利义务进行保护的，很少给予物权法上所规定的物权的保护。

其三，受农村的现实状况的影响，完全利用诉讼程序不利于土地纠纷的顺利解决，一方面不便利农民诉讼，另一方面农民证据保全意识比较薄弱，很少能在纠纷发生之前就对可能发生的纠纷做一定的证据保全等有利于自身诉讼的行为。除此之外，受诉讼时效的影响，不利于土地承包经营权人权利的及时保护和农业生产的顺利进行。

三　土地承包经营权法律保护的路径选择

（一）完善立法的保护

首先，完善土地承包统一登记制度，是解决农村土地的确权、流转等问题所急需的一个问题。虽然《农村土地承包经营法》中有关于权利登记的规定，但是对于解决各种实际中的问题是远远不够的，尽快制定《土地登记法》，构建我国统一的土地登记制度，将土地承包经营权统一到土地登记之中，确认土地承包经营权人的权利，不但能降低发包方对承包方权益的侵害，同时也利于承包纠纷的解决。

其次，建立完善的农村土地所有权的实施程序，使集体所有的农村土地真正实现所有权主体的集体化，为承包经营权的实施奠定良好的环境，防止村委会等擅自以集体的名义进行土地的收回、调整等利用优势地位侵害承包方权益现象的发生。

再次，明确土地承包经营权侵权的定义、种类、责任等的规定，明确侵权行为。对侵权行为制裁及对侵权损害后果设计的各种民事、行政、刑事责任予以更明确的规定，尤其针对发包方及行政主体的侵害，能起到很好的救济作用。

（二）强化执法的保护

现行法律关于农村土地承包经营权保护的法律规定基本成熟，之所以出现土地承包经营权依然受到侵害的状况，更多是实际实施和执行方面的原因，对土地承包经营权的保护关键在于各级部门对法律法规的有效实施和严格执行。

一方面，针对农民知识的欠缺，应当做好普法行为，重点加强农民法律意识、权利意识、证据意识的教育和培养，为保护其权利奠定基础。另一方面，要杜绝各种推卸责任的不作为行为，行政机关应加强农村承包经营关系的指导和监管，要按时发放土地承包经营权证，同时提高行政效率，切实为民服务。司法机关对生效的裁决要结合实际情况尽快强制执行，维护法律的权威。村级组织要协助行政机关、司法机关的执法工作，同时要按程序办事，对各类承包纠纷要尽量通过协商、调解的方式解决，使各类纠纷和矛盾消灭在萌芽状态，维护农村的和谐稳定。

（三）健全司法的保护

对侵犯土地承包经营权的救济程序应结合农村实际，设立符合承包经营关系的司法救济程序。首先，应当便捷诉讼，在农业人口和土地比较集中的地方或者纠纷频发的地方设立派出法庭。其次，在对案件的定性上，不能完全按照平等主体之间的民事案件确定，发生承包人和发包方或国家机关纠纷时，应当参照行政诉讼的规定定性。再次，在举证责任的分配上，应当考虑采取举证责任倒置的方式，由被告方对自己行为的合法性进行举证更能查清事实、准确定案。另外，在诉讼期限方面，应当考虑农村的实际情况，尽量缩短结案时间。[①] 另外，在土地承包经营权的纠纷解决方面，健全调解委员会的设立，以及符合条件的地方严格按照《农村土地承包经营纠纷调解仲裁法》的规定，设立仲裁组织。

总之，农村承包经营权的保护应当从立法、执法、司法等多方面进行，应当完善登记制度，明确所有权实施主体，明确各种法律责任，加强政府主管部门对农村承包经营关系的指导和监督，建立农村土地承包仲裁机构和符合农村承包经营关系的诉讼程序。

第三节　陕西农地流转：问题与建议

一　陕西农村土地流转的现状考察

（一）土地承包经营权流转的含义及特点

根据《农村土地承包法》第二章第五节“土地承包经营权的流转”（第32—43条）和第三章“其他方式的承包”（第49—50条）的规定，

① 马艳平：《农村土地承包经营权的法律保护》，《中共山西省委党校学报》2009年第6期。

并结合民法中的物权法理论：农村土地承包经营权的流转是指在不改变农村土地所有权权属和主体种类以及农村土地的农业用途基础上，在用益物权性质的农村土地承包经营权有效存在的前提条件下，农村土地承包经营权人（即流出方）依法将该用益物权性质的农村土地承包经营权，或者从该用益物权性质的农村土地承包经营权中分离出来的部分权能等具体民事权利移转给他人（即流入方）的行为。其实质就是农村土地占有、使用、收益、部分处分权的流转。

土地承包经营权的流转是非永久性移转。土地承包经营权的流转是原承包人在承包期限内将承包经营权转移给他人的过程，每一次的土地流转，实际上就是在一定时期内土地承包经营权的一次换手，即随着土地占有的改变而转移土地承包经营权。实际的土地占有人享有一定时期内的土地承包经营权，流转方在该期限内不再享有土地承包经营权，而只能分享土地流转收益或有权收取其原来投资于土地上的成本；或有权以农村集体成员的身份参与集体土地收益的分配。当流转结束后，土地承包经营权可以随着土地占有的移转，回归到最初的承包经营权人手中。在我国，土地所有权不能流转，不管土地承包经营权如何流转，流转给谁，土地始终是特定的农民集体所有或国家所有。土地承包经营权是有期限的，期限届满，流转的土地承包经营权归于消灭，新的土地承包经营权必须依照农村土地承包法等法律法规政策重新发包设立。因此，我国土地流转实质上是土地利用关系的流转。土地承包经营权的流转具有以下特点。

1. 流转主体具有特定性

《农村土地承包法》第 34 条规定：“土地承包经营权流转的主体是承包方。承包方有权依法自主决定土地承包经营权是否流转和流转的方式。”根据以上规定，土地承包经营权流转的主体只能是承包方，包括发包人在内的其他任何单位和个人都不得成为土地承包经营权的流转主体。另一方面，根据《农村土地承包法》第 33 条的规定，土地承包经营权的受让主体也具有特定性，即“受让方须有农业经营能力”。对受让主体的这种限制主要基于以下理由：我国人多地少，土地是农民的基本生活来源，企业和城镇居民随意到农村租赁和经营农户承包地，隐患很多，甚至可能造成土地兼并，使农民成为新的雇农或沦为无业游民，危及整个社会稳定。[①] 因此，《中共中央关于做好农户承包地使用权流转工作的通知》中明确规定：不提倡工商企业长时间、大面积租赁和经营农户的承包地。同时要求，地方政府也不要动员和组织城市居民到农村租赁农户承包地。至于外商在我国租赁农户承包地，必须是农业生产、加工或者农业科研推广单位，其他企业或单位不准租赁经营农户承包地。

2. 流转客体是土地承包经营权

土地承包经营权流转的客体是土地承包经营权，并且限于农民集体所有或国家所有依法由农民集体使用的耕地、林地、草地及其他依法用于农业的土地。当然，由于土地承包经营权的载体是承包地，因此，在土地承包经营权流转的情况下，一般也会发生承包地占有的转移，但在土地承包经营权抵押的情况下，土地承包经营权不发生承包地占有的转移。

3. 流转方式具有多样性

从广义上说，只要发生土地承包经营权由另一方行使或行使部分权能的情形，都属于土地承包经营权的流转。土地承包经营权的流转方式呈现了多样性的特点，可以是转让、互换、转包、出租、抵押、入股等方式。《物权法》第 128 条规定："土地承包经营权人依照农村土地承包法的规定，有权将土地承包经营权采取转包、互换、转让等方式流转。"第 133 条规定："通过招标、拍卖、公开协商等方式承包荒地等农村土地，依照农村土地承包法等法律和国务院的有关规定，其土地承包经营权可以转让、入股、抵押或者以其他方式流转。"可以看出，通过家庭承包取得的土地承包经营权的流转方式不同于通过招标、拍卖、公开协商等方式取得的土地承包经营权的流转，区别在于后者的流转方式更加多样化。

4. 流转具有一定的限制性

法律在允许土地承包经营权流转的同时，也设置了一些限制条件。例如，通过家庭承包方式取得的土地承包经营权不得抵押；土地承包经营权的流转不得改变土地所有权的性质和土地的农业用途；流转的受让

---

① 刘成龙：《家庭承包地入股问题研究》，《甘肃农业》2005 年第 11 期。

方须有农业经营能力；土地承包经营权流转时，在同等条件下，本集体经济组织成员享有优先权等等。另外，《农村土地承包法》第 37 条还规定："采取转让方式流转的，应当经发包方同意；采取转包、出租、互换或者其他方式流转的，应当报发包方备案。"

（二）陕西农村土地流转的现状考察

农村土地流转是农村土地承包制度改革的进一步深化，对合理利用土地资源，实现农村土地资源的有效配置具有重要作用。积极推进农村土地承包经营权流转，实行适度规模经营，也是农业产业化、规模化、现代化发展的必然趋势。但大量的调查数据表明，农地使用权的流转率一直偏低，经济不发达的西部地区的农地流转比率低下的情况尤为明显。据农业部经管司统计：截至 2011 年底，全国家庭承包耕地流转总面积达到 2.28 亿亩，比 2010 年底增长 22.1%；占家庭承包经营耕地面积的 17.8%，比 2010 年提高 3.1 个百分点。分省看，耕地流转面积占耕地承包面积比重较大的前 10 个省（市）分别是：上海（58.2%）、北京（46.2%）、江苏（41.2%）、浙江（40.3%）、重庆（38.2%）、黑龙江（30.5%）、广东（25.8%）、湖南（23.6%）、河南（20.6%）、福建（19.3%）。流转面积比上年增长幅度较大的 10 个省（区）分别是：甘肃（88.3%）、河南（50.9%）、山西（49.5%）、河北（45.8%）、宁夏（41.4%）、辽宁（39.3%）、湖北（35.2%）、贵州（29.6%）、山东（27.4%）、安徽（26.8%）。[①] 总体来看，耕地流转面积比重较大的和流转面积比上年增长幅度较大的省、市、区主要集中在东部和中部，西部总体偏低。

陕西地处中国内陆腹地、黄河中游。南北长约 870 公里，东西宽 200—500 公里，状似袋形，面积 20.58 万平方公里，约占全国土地总面积的 2.14%。陕西地貌的总特点是南部、北部高，中部低，有高原、山地、平原和盆地等多种地形。从北到南可以分为陕北高原、关中平原、秦巴山地三个地貌区，其中高原 926 万公顷，山地面积为 741 万公顷，平原面积 391 万公顷。主要山脉有秦岭、大巴山等。陕西横跨三个

① 农业部经管司、经管总站：《全国 2011 年农村土地承包经营及管理情况》（http：//www.caein.com/index.asp？NewsID=79379&xAction=xReadNews）。

气候带，南北气候差异较大。陕南属北亚热带气候，关中及陕北大部属暖温带气候，陕北北部长城沿线属中温带气候。降水南多北少，陕南为湿润区，关中为半湿润区，陕北为半干旱区。2012 年末，全省常住人口 3753.09 万人，城镇人口 1877.3 万人，占 50.02%，乡村人口 1875.79 万人，占 49.98%。土地资源主要特点为山地多而川原少，全省海拔 800 米以下河川、台原、山前洪积扇等仅占土地总面积的 10%，土地类型主要有山地、丘陵、平原、川地、沙地、沼泽等六大类。陕西是我国西部地区的典型农业省份。

为详细了解和掌握陕西农民土地权益法律保护问题，课题组利用 2011 年和 2012 年暑期，先后组织老师和学生根据地理位置和经济发展水平的差异，选取陕西关中、陕南、陕北 17 个县（区、县级市），其中西安、宝鸡各 4 个县，其余地市各 1 个县，每个县选择 1—2 个行政村，在每个行政村中各选 1—2 个村民小组，对村民小组干部和在村民小组中随机选取的 10 个农户进行问卷调查（见表 4—1）。最终共收回村小组干部问卷 45 份，其中有效问卷 40 份；农户问卷 600 份，其中有效问卷 495 份。同时，课题组主要成员还选取西安市长安区、高陵县，宝鸡市岐山县、凤翔县等县（区），对县、乡、村三级基层干部和部分农户进行了访谈调查。本节主要系统研究和分析陕西农地流转的现状、特点、问题及其对策，除非特别注明，本节的数据均来自这些调研数据和省市县农业主管部门统计资料的分析整理。

表 4—1　　**调查涉及的地区位置、名称和数量**　　单位：个

调查涉及省辖市名称	西安	宝鸡	咸阳	渭南	杨凌	铜川	汉中	安康	商洛	延安	榆林
在陕西省的位置	关中地区						陕南地区			陕北地区	
调查涉及县（市）名称	长安 临潼 蓝田 高陵	岐山 凤翔 麟游 千阳	旬邑	合阳	杨凌	耀州	宁强	旬阳	洛南	安塞	横山
调查涉及县（市）个数	4	4	1	1	1	1	1	1	1	1	1

1. 流转总量较小

陕西省农村土地流转处于起步、初始阶段，土地流转面积不大，总体上规模较小。根据省农业厅统计以及笔者调研，截至 2008 年底，全省流转的耕地面积约 90 万亩，仅占家庭承包耕地总面积 4386 万亩的 2%左右。其中，榆林市流转面积最多，为 29.3 万亩，也仅为该市耕地总面积的 3.5%；商洛市流转面积约为耕地总面积的 1.28%，安康为 0.8%，铜川不到 0.1%。2011 年《陕西省人民政府关于促进农村土地承包经营权流转的指导意见》颁布后，土地流转的速度呈加快趋势。2012 年全省农村土地承包经营权流转面积达 456 万亩，占家庭承包耕地面积的 10%，同全国的平均 21.7%相比，仍然非常滞后，土地流转总体上总量较小。

2. 流转方式多样

陕西省常见的农地使用权流转主要有转包、出租、互换、转让、入股等方式。据商洛市农业局 2008 年底的统计，全市共有农村承包耕地 201.3 万亩，流转面积 25676 亩，占 1.28%。共涉及农户 7122 户，其中转包 13285 亩，占 52%；转让 2762 亩，占 11%；互换 3260 亩，占 13%；出租 5010 亩，占 19%；入股 87 亩，占 0.3%；其他形式流转 1272 亩，占 5%。以汉中市宁强县 2010 年土地流转方式为例，转包土地共 6404.6 亩，占流转面积的 47.4%；转让土地共 4718.1 亩，占流转面积的 34.9%；互换土地共 991 亩，占流转面积的 7.4%；租赁土地共 1123.4 亩，占流转面积的 8.3%。此外，还有 269.4 亩采用代耕代种等其他流转形式，占流转面积的 2%。据省农业厅统计以及笔者调研来看，2012 年全省发生流转的 456 万亩耕地中，农户转包约为 214 万亩，占 46.9%；出租的 116 万亩，占 25.4%；互换的 40 万亩，占 8.8%；代耕、转让、入股及其他方式流转的约 86 万亩，占 18.9%。从流转方式的选择来看，以转包、出租、互换等方式为主，流转形式相对单一，多样化的流转方式尚未形成。

3. 流转对象多元

随着农村土地流转进程的加快，目前土地流转的范围已由村集体经济组织内部农户之间的流转，发展到向本集体经济组织以外的单位、个人和工商企业流转。一些专业大户、农业产业化龙头企业、农民专业合作社及社会工商企业等逐渐成为农村土地流转的参与主体。有的地方有不少是跨村组、跨乡镇、跨县区的流转，外来投资开发者逐渐增多。据调研分析，全省农户之间流转约占2/3，企业、合作社、村组集体经济组织等流转主体已占到1/3。

4. 流转期限较短

调查表明，陕西省农村土地流转期绝大多数在1年和2—5年间，这种严重的短期流转行为导致双方缺乏稳定感，流出户不安心、流入户不放心，不能满足新的土地经营权受让方的经营需求，同时也制约了受让方对承包土地的投入，造成地力下降，影响产出率。从宝鸡市的调研情况来看，流转期限为1年的占耕地流转面积的41.5%；2—5年的占30.4%；6—10年的占12.1%；10年以上的占16%。从这当中可以看出有两个特点：一是土地流转的年限一般是耕地流转年限短，非耕地流转年限长。二是城郊农户只愿意土地承包经营权短期限的流转，而注重自身土地长远收益，纯农业地区农户愿意在保持承包权稳定的前提下开展较长期限土地流转。

5. 流转价格较低

陕西省的农村土地承包经营权流转经过多年的发展，虽然政策允许并且鼓励土地承包经营权有偿流转，但是由于土地承包权的商品性不明确，也缺乏历史价格，同时也由于我国农地集体所有，也未能借鉴国外土地价格，所以造成土地流转的价格极低。许多地方出现了农民撂田抛荒现象。土地承包价格体系不建立，内部价格不理顺，土地就不可能有大规模流转。从宝鸡市的调研情况来看，流转价格每亩多在200元以上，300—500元的居多。而商洛市洛南县土地流转租金平均每亩为300元左右，最高达550元；丹凤县最高已达每亩600多元。总体来看，流转价格较低。当然，农地流转的收益与本村经济结构有很大关系，以经济作物、高效益产业为主的村，土地流转价格相对较高。

6. 区域差异明显

陕西农地流转的区域差异比较明显，呈现出以下几个特点：一是社会经济条件比较好的地区，如西安、宝鸡等土地流转的规模较大，土地的产出效率较高。二是在土地流转的区位分布上，距经济相对发达的区域越近，流转趋势越明显，流转的规模也有变大的趋势。如在大城市近郊，土地流转的数量就要比偏远农村土地流转数量多。三是在土地流转的地形分布上，关中平原地区流转的规模就较大，而陕北黄土高原、陕南丘陵山区流转的规模就较小。总体而言，土地流转的规模、速度与当地的社会经济水平、区位优势、地形地貌、农村产业结构、职业教育的发展状况紧密相连。

二　陕西农村土地流转的问题分析

（一）陕西农村土地流转存在的主要问题

1. 流转规模总体偏低

欠发达农区土地流转的规模比经济发达地区小得多，流转面积也较小，农用地流转程度低，限于少数农户。陕西省绝大多数地区人多地少，农村剩余劳动力比较多。一家一户的承包土地地块多、面积小，土地承包时，农村土地基本上是按好、中、差等次和人口多少平均分配，形成了“插花田”的格式，家家户户田块小而分散，土地零碎的问题突出，土地产出率低，无法从事规模种植和经营，制约了土地流转的规模。加之目前农村土地流转绝大多数限于本村流转，在村组内部，流转双方大多又是亲戚朋友关系。土地流转的面积小且分散，没有集中连片形成规模。

2. 流转行为不够规范

从调查中发现，已有土地流转中签订书面协议、合同的极少。在流转行为中有以下问题存在：一是流转合同不规范。内容不够完整，合同条款、期限、标的不具体，双方的权、责、利不够明确，容易引发合同纠纷，甚至农户之间的小规模流转一般只有口头约定。二是流转程序不规范。部分基层干部不尊重农民意愿，甚至直接充当土地流转主体；部分村组未经群众大会同意，就将机动地、四荒地、撂荒地擅自流转，损害了农民利益；部分农民脱离村组监督，流转土地时未按规定报批或备案。三是个别流转主体擅自改变土地用途。个别承租方在租赁土地后，未履行相关手续，擅自改变用地性质。个别地方农村集体经济组织长时间、大面积反租倒包农户承包地，隐患较多；个别地方以流转的名义随意改变土地性质和用途，以观光农业、休闲农业为名搞非农建设。四是由于乡村管理服务不到位，档案管理不完备，给土地的规范流转造成困难。

3. 流转纠纷逐渐增多

近年来，有一些地方在农业结构调整和产业化发展过程中，发包方以结构调整为借口，以各种手段强迫承包方将承包地流转，集中土地搞所谓“规模经营”和“产业化”，导致土地流转纠纷逐渐增多。此类纠纷主要表现在两个方面：一是流转程序不规范。实践中有的地区由乡、村组织代替农民越权对外签订土地流转协议，合同主体不符合相关规定；有的地区违反法律规定，随意将土地转给本集体经济组织以外的单位或个人承包经营；有的地区先将农户的土地租给开发商，事后再找农户办理租地手续，这都为以后出现纠纷及其处理埋下了隐患，从而制约着土地的流转。二是流转形式不规范。实践中土地流转大多数都没有签订书面合同，只是口头协议，双方的权利和义务不甚明确，随意性较大，履约稳定性差。有的即使签订了流转合同，但合同条款不够具体，权利义务不明了，合同格式设定也不规范，由此引发的违约纠纷、侵权纠纷较多。

4. 流转机制尚不健全

陕西省的土地流转处于起步阶段，农地流转尚未建立起规范有序的信息服务系统，在土地流转信息收集、整理、发布方面，缺少制度化的渠道和载体。这样不仅制约了农村土地流转速度，降低了土地资源配置效率，也增加了土地流转交易成本。具体体现为：一是不少地方的土地流转都处于自然状态，不少县乡政府对土地流转的基本情况掌握不清，缺乏积极主动的服务和规范引导。二是还没有形成较成熟的市场化中介服务组织，造成信息不畅。有转让土地意向的农户找不到合适的受让方，而需要土地的人又找不到中意的出让者，土地使用权流转仅局限在村内，不能跨区域流动，流转范围小，交易量小，成交的可能性小。三是缺乏土地流转交易的组织机构。土地流转与一般商品交易不同，其运行的过程比较复杂，涉及估价、谈判、签约、签证、登记等众多环节。而目前农村中为土地流转而建立的相关资产评估机构、委托代理机构、法律咨询机构、土地投资机构、土地保险机构等几乎没有，这给农地承包经营权流转带来较大的障碍。四是大部分地方目前尚未建立土地投资补偿制度、土地流转中农民受益增长机制和保护机制，土地流转缺乏具体的操作办法，流转的程序不规范，手续不完善，农民的利益得不到保障。

5. 流转管理尚不到位

从调研中发现，在流转工作管理上，全省大约1/3的乡镇没有建立农村经济经营管理站，合同管理、信息服务跟不上需要。一是涉及流转工作的一些配套法规和政策，如土地分级标准评估办法、土地股份合作制度、农产品行业协会法、土地中介组织的法律规定等都还很不完善。二是土地流转管理滞后。在笔者调研的许多县，土地流转主管部门都制定了规范的操作规程和土地流转合同文书格式，但缺乏完整的政策体系和现代化的工作手段，在个别地方土地流转仍处于自发、无序的状态。三是管理机构和经费不到位。调查中笔者了解到，陕西省大部分县市还没有统一规范的土地承包和流转管理机构，即使有些地方依托农村经营管理机构成立了土地承包和流转管理中心，但机构规格、人员编制和工作经费同承担的工作职责不相适应，工作正常开展较难。另外，国土、农业等部门在农地流转问题上存在着权责不清、职责不明、服务不到位的现象，影响了土地流转的规模和效益。

6. 风险防范尚不完善

市场风险对农户承包土地流转的影响程度较大，不利于土地流转。在市场经济条件下，农业是兼有自然风险和市场风险的弱质产业。农业产业经营投入资金大，回笼周期长，加之缺乏配套的产业发展风险防范机制，一旦产业受市场波动或遭自然灾害等因素影响，致使产业效益降低甚至血本无归，就难以保障群众土地收益，将造成新的矛盾，影响社会稳定。特别在陕西省农业基础还很薄弱的情况下，表现得尤为明显。因此，在没有完善的农业风险防范机制下，土地的有偿流转就会因巨大的经营风险而难以推行，即使推行也难以达到预期的目的。

（二）制约陕西农村土地流转的原因分析

1. 农业主导产业发育缓慢及农业龙头企业偏少是制约农地流转的主要原因

在陕西农村，传统产业依然占主导地位，加之农业龙头企业偏少成为土地规模化经营的障碍，也是制约农地流转的主要原因。主要表现在以下几个方面：（1）县域二、三产业发展缓慢，经济发展和农民增收对农业经营性收入依赖程度高。据调研统计，截至2008年底，陕西省有39个县的工业产值不到总产值的30%，有7个县不到10%，不少县区的工业才刚刚起步，经济发展依然处在传统农业阶段，农户家庭经济及县域经济发展对种养业依赖程度高，农地流转缺乏经济基础的有力支撑。（2）农村缺乏主导产业，农业主导产业发育缓慢。从一村一品、一乡一品甚至一县一品，各地纷纷提出主导产业口号，实际上真正付诸实施并成气候的并不多。农村发展什么样的产业必须与当地的土壤条件、气候、市场紧密联系起来，仅仅依靠农民自己去寻找适合当地的主导产业是不可行的，农民还不具备这样的能力。（3）农村缺乏具有带头作用的农业龙头企业。不管是“企业+农户”还是其他的经营形式，龙头企业都能够带动农业产业化的发展，继而形成规模经营。目前在农村或乡镇的企业少之又少，企业不愿到条件落后的地区来投资。有的企业也是打着土地流转的幌子，名义上是为了承包土地搞规模经营，实际上是为了分政府的一杯羹，赚取贷款搞其他经营。

2. 农业生产条件差及农业弱势地位的依然存在是制约农地流转的现实原因

农业是兼具自然风险和市场风险的弱质产业，在没有健全的农业风险防范机制条件下，工商资本或农民自有资本通过土地市场化有偿流转实施大规模农业生产的积极性不高。当前陕西省农村生产力整体水平较低，加之农业生产产前、产中、产后服务不到位，又缺少资金、技术、排灌、机耕、农产品加工、销售等配套服务体系，尤其是陕北黄土高原和陕南丘陵山区机械化作业难以推广，大多数农民无力经营较大规模的土地，致使土地流转需求乏力。另外，陕西农业经营规模狭小、农地细碎化的问题仍然较为严重。农户虽然有较为强烈的实现农地连片经营的愿望，但是在农地细碎化问题比较严重的情况下，转入的各块农地以及农户自有农地难以实现“连片”，在建设固定设施、使用农业机械方面仍然面临着种种不便，在田间管理方面实际上变得更为困难。所以，农户转入农地的结果，往往只是规模的扩大，在经营方式、技术水平方面变化很小，实际上不能取得规模经济效益，这必然制约农民转入农地的积极性。因此，土地的细碎化、农业生产条件差及农业弱势地位的依然存在是制约农地流转的现实原因。

3. 农民就业渠道比较狭窄及农村职业教育落后是制约农地流转的直接原因

目前，陕西城乡二元结构状态还没有大的改观，户籍制度改革滞后影响着城市对农民工的充分吸纳。一方面，陕西尚处于工业化和城镇化进程的起步和初级阶段，吸纳农村劳动力的能力有限；另一方面，就业环境仍不宽松，进城创业的农民还存在户籍、保险、就业、子女上学以及工资兑付等一系列问题，而且平均工资水平比较低。加之农村劳动力文化素质普遍偏低，就业竞争力不强，转移就业能力较差。调查发现，有不少农民虽已进城多年，有了城市住房，但仍然属于“农业户口”，无法享受城市居民的社会保障。而城里人，即便有投资农业、到乡下发展的意愿，但也由于相关规定而不能落户乡村。这种城乡分割的二元结构，让耕地这个农业最基本的生产要素在城乡居民之间的流转出现困难。另外，由于农民的受教育和职业培训的现状使得农村劳动力的整体素质没有能够得到大幅度提高，限制了他们的职业转换能力，迫使他们不能放弃土地，从而只能依靠土地生活。这使得土地流转失去了有效的供给方。据安康市人力资源和社会保障局提供的资料和调查统计，安康市目前有67.65万农村富余劳动力需要转移，初中及以下文化程度占90%，高中以上文化程度仅占8.7%，中专以上仅占1.3%。因此，农民就业渠道比较狭窄及农村职业教育落后是制约农地流转的直接原因。

4. 农地流转收益低及农民对土地依赖程度较高是制约农地流转的间接原因

一是农地流转收益较低。从目前陕西省的情况来看，流转价格每亩多在200—500元，流转价格较低。从农民自身来看，认为土地流转赚不到钱，流转一亩地收入200—300元钱，不如自己耕种划算。农忙回家收、种，农闲打工两不误，收益更多。在渭南的白水、蒲城、大荔，农民更多的是种植果树和蔬菜，如果不受灾害影响，每年每亩地的收益至少也在2000—3000元，流转不划算。[①] 二是农民普遍存在浓厚的恋

① 王茹：《论当前西部欠发达地区农村土地流转的现实性》，《新西部》2009年第20期。

土情结。大多农民对土地具有深厚感情，甚至外出务工、经商也舍不得将土地流转出去，在土地投入很低的情况下仍然坚持种植，造成土地流转困难。三是农民对土地的依赖性依然较大。部分农民仍然主要依靠土地维持生活。他们由于自身文化或者年龄因素，并没有外出打工，经营土地所得是其主要收入来源。他们对于土地的珍惜超过其他人，所以不愿意轻易流转自己的土地。加之近年来各项补助不断增加、土地税赋免除，农民对土地的预期收益和依赖性有所增强。四是土地对于农民来说具有就业和安全保障作用。在没有任何安全保障的前提下，土地成了农民唯一的经济来源和可靠保障，即使有些农民外出就业，甚至其非农收入超过了农业收入，他们也不愿意放弃土地。因为绝大部分农民工都是兼业型、临时性务工人员，他们视土地为“避风港”、“保命田”，不愿也不敢彻底离开土地走进城市（镇）。“转营他业是出路，回家种地是退路”，“宁可抛荒、不可失地”成为农民的普遍心态，阻碍着农用土地流转。

5. 基层政府及相关部门在管理上的缺位与越位是制约农地流转的重要原因

政府在农村土地流转过程中扮演着政策制定者、探视者、实施者或服务者的重要角色，但是在追求地方经济发展和缓解本级财政困难的双重动力之下，一些地方政府试图争取更多的农村土地流转利益，核心问题就是与民争利。而党政不分、政出多门更给农村土地流转的管理带来了利益部门化和权力寻租等新问题。主要表现在两个方面：一是缺位。部分地区土地流转缺乏必要的组织引导。土地流转基本上是民间行为，乡（镇）政府、村委会基本不介入。原因是乡、村干部对土地使用权流转的重要性认识不足，有些干部认为土地承包到户，使用权归农户，流转不流转与干部没关系，因此在实际工作中采取不支持、不引导，无所作为，听其自然的放任自流的态度。二是越位。一些乡村组织出于调整种植结构、扩大招商引资、建设小城镇等种种原因，直接充当土地流转的主体，不尊重农民的意愿，随意改变土地承包关系，搞强制性的土地流转。有的把土地使用权流转作为增加乡村财政或集体收入的措施；有的用行政手段将农户的承包地转租给企业经营，严重影响了农民正常的生产和生活；有的为了降低开发成本，更多地招商引资，借土地流转之名，随意改变土地的农业用途，并强迫农民长时间、低价出让土地经营权，土地强制流转严重损害农民的利益。

三　陕西农村土地流转的未来趋势

土地适度规模经营是提高农民收入、促进农业调整、发展农村经济、推进新型城镇化建设的一个重要途径。根据陕西省农业大省的省情，结合农村发展实际，现阶段甚至在未来较长时间内土地流转仍将呈现快速推进和发展的趋势。

（一）较长时间内仍会有数量较多的农民生活在农村

据第六次全国人口普查公布的数据，全国总人口为13.39亿人，居住在城镇的人口为66557万人，占总人口的49.68%；居住在乡村的人口为67415万人，占50.32%。2010年陕西省总人口为3752万人，全省居住在城镇的人口为1714万人，占常住人口45.7%，比10年前的32.26%上升了13.44个百分点。全省居住在农村的人口为2037万人，占常住人口54.3%。表明近十年陕西省城镇化进程加快，城乡统筹发展取得明显进展，但仍低于全国平均水平3.98个百分点。推进工业化和城镇化进程还有较大空间，统筹城乡是陕西省今后加快发展、科学发展、和谐发展的重要任务。[①] 即使未来十年，陕西省政府决定启动“陕南地区移民搬迁安置”和“陕北白于山区扶贫移民搬迁”工程，分别涉及搬迁居民240万人和39.2万人，[②] 但这只占农村人口的13.7%，仍是很小的比例。很显然，陕西在较长时间内仍会有大量的农业人口生活在农村。

尽管未来城镇化程度会逐渐提高，但多方面的原因决定了仍然会有大量农民生活在农村，依靠土地生活。一是农民自身素质偏低，只能从事以简单体力劳动为核心特征的一些工作，难以适应城市生活。二是城市无法在短期内容纳大量农民进城生活，大学生就业的压力，居高不下

---

① 丁云祥：《陕西省人口发展呈现十大特点——陕西省第六次人口普查公报解读》，《陕西日报》2011年5月11日。

② 王朝宇：《陕西省今年将启动百万移民扶贫搬迁工程》（http://news.cntv.cn/20110328/104706.shtml）。

的房价，高昂的生活成本都导致进城农民无法在城市稳定生活下来。三是社会保障体系的不完善也影响着农民对于生产、生活方式的选择。农村土地仍然承担着我国数亿农民的社会保障功能，即便是进城务工的农民也将土地作为生存的最后底线、最后退路，把承包地看作生存的“活命田”、养老的“保险田”和就业的“副业田”，土地是他们在异地规避风险的手段，轻易不会放弃。

（二）事实证明土地规模化经营能够提高农民的收入

经过多年探索和实践，采用规模化经营这种新的农村土地组合经营方式能够有效提高农民收入。主要原因有以下几个方面。

一是规模化经营加快了农业结构调整。土地流转激活了农业产业结构调整的大循环，在连片的土地上，有利于农户根据自己的意愿，以市场为导向，调整农业生产结构，进而使农业增效、农民增收。农户将承包地转出后，既可获得流转土地收益（转包费、转让费、租金等），又可为转入方提供劳力，获得劳务收入。

二是规模化经营优化了土地资源配置。土地流转使土地与其他生产要素的结合突破了地域、行业、身份和所有制界限，面向社会，广泛吸纳和借助土地转入方在资金、技术、信息、管理等方面优势，使生产要素达到优化组合和合理配置。

三是规模化经营提高了土地利用效率。对农村土地进行依法合理流转，使宝贵的土地资源得到了有效利用，最大限度提高了土地利用效率。土地规模化是一个从分散到集中、从粗放到集约的过程，是一个企业追求效益最大化的过程。规模化经营将会利用每一块可以利用的土地，以提高规模化效益。

四是规模化经营促进了农业技术推广。转入户普遍掌握可靠的生产技术，其生产过程无形中为当地群众进行了技术示范。当地群众通过为转入户务工、向其请教等方式，学习和掌握实用技术，并运用到自己的家庭经营，从而走上科技致富之路。同时，土地流转适应了一些科研和推广单位兴办试验基地和示范园的需要，这些示范园区，引进了新的品种和先进的种植技术，增加了农业的科技含量，也对周围村及农户起到了良好的示范带动作用。

四　陕西农村土地流转的基本原则

（一）依法自愿原则

依法原则是指政府及转出、转入各方要遵守《土地管理法》、《农村土地承包法》等法律法规，要尊重各方的主体地位。自愿原则，就是土地承包经营权的流转应建立在农户自愿的基础上，任何组织和个人不得强迫或阻碍农户流转土地。土地承包经营权是用益物权的一种，具有独立性。土地流转是农民实现自己经济利益的一种形式，这种利益是农民依据土地承包法享有的土地承包经营权。我国农村土地属于农民集体所有，农户在承包期内拥有土地使用权、经营权和处置权。因而该权利的法律主体即承包方在承包期内有权自主决定承包地是否流转以及流转的形式，这是农民长期拥有土地使用权的具体体现，任何组织和个人，即使是政府也不得非法干扰或强迫土地承包经营权流转以及选择流转形式。任何违背农民意愿的土地流转，无论采取何种形式，都是应当避免的。

（二）平等有偿原则

土地流转的目的是为了提高土地的利用率，提高生产经营效率。土地流转双方要在平等有偿基础上，进行充分协商，公平交易，充分体现其承包权的价值。必须遵循价值规律，坚持有偿流转，实行必要的、双方协商而定的合理经济补偿。逐步按市场规则实现合理定价，确保公平、公正。政府及转出、转入各方不管是谁，都是平等的，不能强行要求对方。农民承包土地使用权是有价值的，土地流转的条件和补偿完全由农户与受让方自主平等协商，流转的收益归农户所有，乡镇不得干预，不能搞行政定价，流转收益乡镇不得擅自截留。

（三）因地制宜原则

由于陕西各县甚至各乡镇经济条件参差不齐，二、三产业发展水平不一，劳动力素质即使转移也有差异，因此，各县甚至各乡镇的农用地使用权流转必然具有较强的地域性，在推进时必须要因地制宜，切忌“一刀切”。各地必须结合本地的实际情况，机动灵活地选择流转形式，充分发挥农民的创造性，调动农民的积极性，实现土地最大的效益。可以把多种流转形式结合起来，把农民的自发流转与集中流转结合起来，扬长避短，只要是能够改进农业生产方式、提高农业生产效率、增加农民收入，都可以积极探索实践。如陕西省近年来加大产业规划力度，通过土地流转规模化经营，建成了渭北黄土高原苹果产业带、秦岭北麓猕猴桃产业带、秦岭南坡浅山柑橘产业带、陕南丘陵山区干杂果产业带、黄河沿岸红枣产业带、大中城市近郊时令水果产业带，区域特色和优势不断凸显。截至2011年底，陕西省水果总面积1714万亩，成为全国水果生产第一大省。其中苹果面积959万亩，产量960万吨，面积、产量均居全国第一；猕猴桃面积90.9万亩，产量70万吨，成为全球最大的猕猴桃生产基地。全省果业发展呈现面积稳中有增、总产量不断提高、农民收入持续增加的良好态势。[①] 这说明，在土地规模化经营过程中，因地制宜，结合本地的实际情况发展特色产业，是提高农业生产效率、增加农民收入的主要途径。

（四）循序渐进原则

陕西省的农村经济发展水平低、农村产业结构调整缓慢、职业教育欠缺，农村还有大量的剩余劳动力，这就决定了土地流转必然是一个长期缓慢的过程，只能采取“渐进式”的策略，因势利导，稳妥推进。不能定指标、赶进度。防止不顾客观条件，一哄而起，损害农民利益。农业规模经营是促进农业经济发展、提高农业竞争力的重要途径。纵观世界各国的农业现代化发展历程，农地的适度集中和规模经营是经济社会发展到一定阶段的必然要求和选择。同时，农地使用权的流转与土地规模经营具有一种内在的逻辑关系，即农地使用权流转的结果往往都会导致土地的适度集中和规模经营。但是，选择土地流转的方式所要达到的规模化的目标，并不是越大越好。因此，无论选择哪种形式的土地流转，都应注重发挥土地规模效益的最大化，注意循序渐进、适度规模的原则。

（五）市场主导与政府引导相结合原则

土地流转强调的是由市场来配置资源，强调各方利益最大化，强调增加农民收入，但由于市场变幻莫测，因此，市场必须与计划结合起来，单靠市场调节，就会失去市场配置的积极作用，要有政府引导才能

---

① 元莉华：《我省成为全国水果生产第一大省》，《陕西日报》2012年1月2日。

和谐发展。要探索建立长效机制，健全土地流转市场，保障土地转出方和转入方能够共同获得长久利益。从国外农地流转和规模经营的特点来看，在农地流转中，无论从政策的制定、农业法规的出台与修改，还是实际流转中对流转的支持和对农民的保护，政府都发挥了非常重要的作用。从现阶段陕西省农村经济发展的实际状况看，推进土地使用权的流转，不可能完全依靠农民自身的行为来实现，主要原因是，农民由于地域、科技文化、利益冲突等因素的影响，在土地流转形式的选择上，往往缺乏高瞻远瞩，容易犯急功近利的错误。在这种情况下，比较现实的出路是应加大政府推动和引导的力度，联合有关部门、聘请有关专家对当地土地流转的具体形式进行详细的优化论证，选出适合当地的流转形式，在村民中加以引导和推广。

五　陕西农村土地流转的完善建议

尽管 2011 年 3 月 31 日颁布了《陕西省人民政府关于促进农村土地承包经营权流转的指导意见》，意见就流转的重要性、指导思想和基本原则，流转的范围、方式、期限与行为规范，促进农村土地流转的措施，强化农村土地流转服务管理，加强农村土地流转组织领导等六方面提出了具体的要求。但综观该意见，仍比较原则，操作性不强。结合调研资料和数据的系统分析，借鉴国外和外省的成功经验，经过笔者的思考和梳理，提出以下五方面具体完善建议。

（一）探索创新农地规模经营的有效形式

根据陕西农村经济发展的新形势，在稳定家庭联产承包经营体制的基础上，积极探索土地适度规模经营体制，创新土地流转的有效形式。

一是龙头企业带动土地流转。坚持“外引”、“内育”并重，着力培植农业产业化龙头企业，以项目整合农村资源，把产业链条延伸到土地，带动农村土地经营权流转。以主导产业和特色农业基地为依托，实行“公司+农户”、“公司+基地+农户”、“公司+中介组织+农户”、“订单农业”模式，带动当地农户进行有方向的土地流转，发展规模经营。鼓励龙头企业以转包、租赁、参股等方式扩大规模，培育发展一批大中型龙头企业集群。鼓励和支持龙头企业加强与农民联合，加大发展规模经营，提高产业集中度。鼓励并大力支持工商资本、民间资本、外来资本依法进入农村土地流转市场，引进业主集中发展设施农业、观光农业、都市农业等现代农业，促进土地规模化经营和集群化生产。

二是建立农民专业合作社和家庭农场，带动土地流转。在条件成熟的地方进行土地集中耕种试验，将几户甚至几十户家庭承包的土地，由政府引导农民自愿联合起来，形成民主管理的互助性经济组织。通过规模化生产，产业化经营，企业化管理，实现土地资源、资金、技术等生产要素的合理配置，达到较高的劳动生产率和商品率，形成较高的规模效益。各地要选择条件成熟的村、户先行试点，探索发展农民专业合作社和家庭农场的新路子。各级政府在政策、资金、农村信贷等方面给予重点倾斜，争取形成一批有影响的农民专业合作社和家庭农场。

三是以业主租赁经营加入股的方式，实现土地集约化经营。实行“大户承包模式”带动土地流转。农村土地流转，尤其是对荒土荒坡等闲置土地资源的利用，直接目的是充分发挥土地利用效率，实现土地集约化经营，由单一的粮食种植向多种经济发展。由政府引导、找好业主，将土地集中成片地承包过来。土地租金由业主按实际可耕地面积以每亩产值计算，每年按市场价格以现金形式补偿给农民。在经营方式上统一规划、统一经营，用市场化手段进行资本运作和资产经营，实行自主经营、自负盈亏、自我服务、自我发展，实现资产保值和增值。

四是积极推行整村连片流转。对承包农户自己经营土地少、流出意向多的村组，积极引导开展整村连片流转。对不愿流转的农户，可以在保证农户权益不受损失，承包土地数量、质量不下降的前提下，采取“土地互换”等方式，调整种植田块，促进连片流转。

五是探索建立农村土地流转信用合作社。借鉴银行货币存贷机制，探索建立农村土地流转信用合作社。土地流转信用合作社对农户存入的承包土地，可直接经营，也可采取转包、出租、入股等形式与农业龙头企业合作经营，使土地流转更加方便灵活。流转形成规模化土地，组织开展标准化生产，建设优质农产品基地，积极发展“订单农业”、“农超对接”等生产形式，推动产业优化升级，不断提高生产水平和效益，充分发挥土地规模经营的优势与潜力。

六是不断探索季节性流转方式，解决季节性抛荒问题。在鼓励流转主体选择中长期流转的同时，不断探索季节性流转方式。土地流入主体根据生产需要，季节性向农户租用土地，一季或一个周期结束后，将土地及时归还给承包户耕种。陕西省关中地区县域土地面积较大，大多数农户实行土地轮作和间歇式作业。轮歇土地以租赁的形式流转给本村种植大户，农户既从中收取租金，又可以给种植大户打工，挣取双份收入。这种流转土地的形式既化解了季节性抛荒问题，又给农闲期间农村劳动力增加了就业途径，提高了土地产出效率。

（二）加快城镇化建设和农村剩余劳动力的转移

从当前陕西省的实际情况来看，陕西是一个发展中的大省，全省3752万人口中，居住在农村的人口为2037万人，占常住人口的54.3%，这是陕西省"三农"问题的根本所在，也是陕西省人口城市化进程缓慢的一个重要原因。城镇化、土地流转与解决农村剩余劳动力转移问题三者之间相互联系、相互促进、共同发展。城镇化的发展会导致大量的农村劳动力向城镇转移。农村的稳定与发展是影响经济发展的决定性因素，农村剩余劳动力的转移，将是未来陕西省经济可持续发展的最大制约因素。而城镇化正是解决农村剩余劳动力转移和实现农村工业化的最佳途径，也是农村剩余劳动力转移的主渠道。所以必须抓住关中—天水经济区的建设和发展中心城镇化的有利契机，积极推进农村城镇化进程，完善城镇基础设施，增强城镇对农村人口和产业的吸引能力，加快农村人口向城镇转移，推动农民离乡离土。大力发展农村二、三产业，促进乡镇企业的复苏与发展，增加农民收入来源，扩大非农收入在农民总收入中所占的分量，减少农民在经济上对土地的依赖。

加强农村职业教育和基础教育，采取多种形式，走出去请进来，切实加强对农民的技术培训，努力提高农民科技文化素质，增强农民的竞争能力和在市场中的应变能力。在加强技能与提高素质的基础上，各级政府都应建立专门机构，研究和组织农村劳务输出，做好劳动力需求的市场调查，根据市场需求对劳动力进行就业培训。积极进行劳动力转移的组织指导工作，把有组织、成建制的劳务输出与农民自发性转移输出结合起来，依法保护外出务工人员的合法权益。把劳动力市场与土地流转市场结合起来，以劳动力的有序流动促进承包经营权的合理流转，为推进农地使用权流转创造良好的外部环境。通过不断做大劳务输出产业，不仅开辟农民就业的"第二渠道"，而且有力地推动土地向种田能手、产业大户集中，既解决外出务工人员的后顾之忧，使他们安心在外挣钱，又更好地发挥种田能手的特长，提高了土地产出效益。

（三）加强农地使用权流转的机制建设

推进农业适度规模经营，重在完善土地流转机制，创造流转条件。

一是搭建服务平台。成立了农村土地流转管理服务中心，形成上下贯通、分工明确的县、乡、村三级农村土地流转服务机构。由农村土地承包合同管理人员、农经站技术员、村委会成员和村民小组组长组成协同配合、步调一致的农村土地流转服务队伍，提供全方位、多层次的土地流转服务。

二是发展中介组织。完善土地流转价格评估机制，对流转土地评级定等，制定包括土地区域差异、级差收入、道路水利等因素在内的基准价格。建立符合各地实际、较为准确的流转土地价格评估方法和最低保护价制度。积极培育资产评估、法律咨询、土地融资和合同范本等社会服务，促进农村土地承包经营权流转市场的发育完善。

（四）健全政府对农地流转的指导、管理、监督职能

农村土地承包经营权流转是在政府主导下进行的，要合理界定政府与市场的功能，充分有效地发挥政府的指导、管理、监督职能。

一是做好宣传引导工作。广泛宣传《农村土地承包法》、《农村土地承包经营权流转管理办法》等法律法规，对基层干部进行深入培训，让广大干部群众了解掌握有关土地流转的政策精神，逐步消除传统思想观念的束缚。及时总结、推广通过土地流转发展特色高效产业、助农增收的典型经验，使广大农民看到土地流转带来的规模效益，积极、主动、自愿地参与到土地流转中来。

二是实施财政资金扶持。省政府每年应安排一定数量资金扶持农村土地流转，对流转规模较大的农业项目用地给予补贴。在土地资源条件好、用地需求旺盛的地区补贴转出土地的农户，对土地资源条件差、用地需求不足、缺少带头经营主体的地区扶持受转土地达到一定规模的经营者。市、县人民政府也应安排资金，对土地流转规模大、连片集中地区的相关农户给予鼓励。

三是加大项目支持力度。对通过土地流转形成的种粮大户、农民专

业合作社和农业产业化经营组织等规模经营主体，各级相关部门要在安排农田水利设施建设、中低产田改造、优势农产品基地、农业综合开发、沼气能源、土地整理、测土配方施肥、农业科技入户等项目时予以倾斜，充分利用规模经营主体组织优势，更好地发挥项目的经济社会效益。

四是创新金融支持政策。各金融机构应创新对农村土地流转中受转经营者的金融产品和金融服务，大力发展小额信贷和各类方便可行的金融服务。积极开展权属清晰、风险可控的农用生产设备、土地承包经营权、受转土地经营权和地上设施等抵押贷款，丰富“三农”贷款增信的有效方式和手段，发展融资性担保公司，解决农业生产贷款难问题。把规模经营主体作为信贷支农的重点，引导农村信用社等金融机构加大信贷支持，解决规模经营主体资金不足问题。对于实力强、资信好的，给予足够的信贷授信额度，简化贷款手续，实行利率优惠。

五是建立风险防范机制。探索建立农业保障与财政投入政策相结合的农业风险防范与救助机制。防范产业发展不利因素，减少农业产业受灾害等原因造成的损失，为农业大户的壮大营造良好的发展环境。并通过财政给予一定补助的方式，积极引导商业保险公司参与农业产业化项目的保险工作。建议将政策性农业保险纳入各级财政预算常规项目，明确每年财政预算对农业保险的投入比例。对农业保险的补贴投入要按照一定比例逐年增长。尝试建立省市县农业保险保费补贴统筹制度，省市财政拿一部分，其余部分根据各县（区）财政状况，分配农业保险保费统筹数额，财政状况好的多拿，差的少拿或不拿，统筹起来的农业保险补贴资金由省里统一管理、统一使用，进一步分解经营过程中的自然灾害和市场风险。

六是强化村集体的职能。村集体经济组织对农地流转的引导和管理负有重要的责任，在合同管理、组织协调、招商引资等方面发挥着重要的作用。村集体经济组织有两个方面的工作不可忽视：其一，土地整理。在农地流转前后，村集体对承包地进行成片改造、整理。通过土地整理，增加有效耕地面积，优化土地利用结构，改善农业生产条件和生态环境。其二，监测管理。土地流转后村集体经济组织要进行相应的监测管理，同时对土地流转中出现的矛盾和纠纷，及时出面化解，消除不安定因素。①

七是加强流转跟踪监管。其一，各级农业和农村经济管理部门要加强对流转受让方的资质审查，尤其对流转受让方的资信情况、经营能力、履约能力以及拟经营项目进行审查。其二，各级农业和农村经济管理部门要会同有关部门监管土地流转后的土地农业用途，严禁借流转之名将农用地用于非农用途或转为建设用地。制止各种强占、寻租行为和随意改变土地用途、侵害农民土地权益的违法违规行为。其三，加强对已流转农村土地的清理整顿，凡流转手续不完备的必须按要求进行规范，凡流转程序不合法的要坚决予以制止和纠正。

（五）强化农地流转纠纷的多元化解决机制

伴随着近年来国家支农、惠农政策的推行进而带动土地经济效益的提升，当前农村土地流转纠纷案件数量逐年增多。不仅牵涉农民利益，也牵涉政府和企业利益，其基本特点是政策性强、涉及面广、敏感度高、处理难度大。

土地承包经营权流转纠纷不同于其他民事纠纷，纠纷的调处不仅要充分考虑当地农村生产、生活的实际情况，更要在兼顾公平合理的同时，充分考虑流转关系的成因与现状、土地的合理利用、生产生活的便利、邻里关系的和谐等因素，尽可能地降低对抗性，最大限度地化解矛盾纠纷。第一是确立调解优先机制。县、乡（镇）、村层级建立调解组织，农业、林业、畜牧、国土、司法等职能部门建立相应调解机构，土地承包、经营权流转纠纷先行调解，调解为主，裁决为辅，民间调解为主，行政调解、司法调解为辅。第二是健全仲裁解决机制。县、乡（镇）建立仲裁机构，村设仲裁员，配备专职人员，保障经费投入，明确仲裁原则，扩大仲裁范围，简化仲裁程序，强化仲裁效力，充分发挥仲裁简便、快捷，矛盾冲突缓和的优势，最大限度地化解矛盾纠纷，缓解法院诉讼压力。第三是提升司法保障水平。人民法院应以维护农民土地承包经营各项权益和保持土地承包关系稳定和长久不变为核心开展审判和执行工作，稳定和完善农村基本经营制度。实施并完善农村人民陪审员选用机制，从农村中逐步吸收威信高、品质好、有本领、讲奉献的

① 宗泊、谭振波：《河北省农村土地流转调查与分析》，《河北企业》2010年第1期。

农村基层干部、退伍军人、返乡创业的经商务工人员，充实到人民陪审员队伍，不断提高人民司法在广大农村的公信力，增进司法裁判的社会效果。第四是建立社会化纠纷化解机制。土地流转纠纷涉及面广、政策性强、利益关系复杂，仅依靠个别职能部门及专门人员或单一手段、渠道，还不能完全达到息诉止纷，需要民间组织、社会团体、有威望人士等社会各界力量共同参与，相互支持、密切配合，形成社会化调处、化解格局。

第四节　农地流转中的政府角色及其实现的法制保障

农业是国民经济的基础，土地是最基本的要素，是农民乃至全民的基本生活保障。因此，能否有效利用土地，关系着国计民生。土地制度是农村的基础制度，加强土地承包经营权流转的管理和服务，发展多种形式的适度规模经营是当前新农村建设的重要内容之一。而政府作为政策制定者和土地管理者，必须优化其在农地流转中的职能，积极推动土地流转，切实保障农民权益。

一　政府在农地流转中的角色与定位

（一）政府及其角色

政府是一个政治体系，于某个区域订立、执行法律和管理的一套机构。广义的政府是指国家的立法机关、行政机关和司法机关等公共机关的总和，代表着社会公共权力。政府可以被看成是一种制定和实施公共决策，实现有序统治的机构，它泛指各类国家公共权力机关，包括一切依法享有制定法律、执行和贯彻法律，以及解释和应用法律的公共权力机构，即通常所谓的立法机构、行政机构和司法机构。而狭义上的“政府”仅指国家权力机关的执行机关，是国家政权机构中的行政机关，即一个国家政权体系中依法享有行政权力的组织体系。在运行机制上，政府权力的行使表现出自上而下的垂直性和强制性；在组成形式上，政府具有一定的组织结构，主要组成为中央政府与地方政府的区域层次结构，主要组成为不同部门的职能结构以及与此相关的各级各类不同职别的结构。弄清政府的构成，有助于界定政府行为的范围、方式及其所承担的职能，探寻政府在农地流转中的角色及其在应有角色定位下的应然职能问题。

从逻辑上讲，政府角色是指政府在一定时期内根据国家和社会发展的需要应该承担的职责和功能，指的是“政府需要干什么”和“政府应该干什么的问题”。在农地流转方面，我们要更加注重政府角色的定位，按照正确的角色定位来行使政府的职能，这是因为土地上所蕴含的利益不仅为个人而存在，而且为集体组织成员而存在，这决定了土地公益性和私益性并存的属性，土地私益性和公益性并存的属性决定了单独强调公益性而不谈私益性就使得土地束缚太多，影响了土地流转功能的实现；而单独强调私益性不谈公益性也会出现诸多问题，这个时候就需要政府出面予以调整，缓解土地公益性和私益性的矛盾。

政府在农地流转方面的角色应该是：一方面强调在土地流转过程中的宏观调控，在政策执行及职能操作上实现职能由管制型政府向服务型政府的转变，以实现土地的顺利流转和维护流转双方利益平衡为目的积极地、主动地行使职能，具体表现在为土地流转提供各种政策的咨询解释服务；提供有关土地流转的各种信息资源等等。总之，政府要尽量为土地流转提供全方面的服务，以确保土地流转双方在一个公平、合理、有序的环境中展开利益的博弈。① 另一方面政府在贯彻宏观调控的同时，要逐步退出市场，减少对市场的微观干预，转由市场机制实现基础性配置，做好土地流转的监督、协调及服务工作，当好裁判员，处理好各方面的利益关系，为土地流转创造良好的环境。

（二）农地流转中政府的不可或缺性

1. 农业基础地位及土地的功能

农业是国民经济的基础，不仅为整个社会经济的发展起到基础支撑作用，更是关系 13 亿中国人吃饭的重大问题。现代农业的发展一定程度上依赖现代土地制度的稳定性和规范性。不仅如此，土地是宝贵的不可再生的自然资源和重要的生产资料，土地作为生产要素之一，是经济活动和各项建设最基本的空间。在任何国家，土地都是一个非常重要的

① 史志强：《国外土地流转制度的比较和借鉴》，《东南学术》2009 年第 2 期。

问题，与世界其他国家相比，土地的重要性在我国显得尤为突出，我国目前处于社会主义市场经济的初级阶段，真正实现城镇化和工业化必将是一个较为漫长的历史过程，在这个漫长的历史过程中，土地仍然是农民的安身立命之基，是农民最后一道生活安全保障。农地流转关系到农民利益的保障、农村乃至全社会的稳定，政府必须凭借行政力量合理干预农地流转市场，转变政府职能，使农地流转适应经济的正常发展。

2. 农地适度规模化经营的需要

农地规模化经营是农业现代化的重要标志，农地规模化经营既能够提高土地产出效率，又能提高机械化的利用率，降低生产成本，还能推广新技术、新品种，推进农业现代化进程，提高农民的人均收入。规模化经营是一个长期的发展过程，合理、规范的土地流转是实现农村土地适度规模经营的有效途径。在保障土地承包经营权的前提下，实现土地使用权在供需双方之间的有效流动，即农地流转问题，是优化土地资源配置，实现规模经营和农村剩余劳动力转移的重要途径。现阶段农地流转的规模小且分散，政府对基层政府和村集体的激励不当都增加了农地交易成本，从而不利于农地规模化流转的实现。为实现土地规模化经营，政府在农地流转中的作用不可或缺。

3. 农地流转市场发育的不完全

一个完整的市场构成需要自主平等的交易主体、价值化的交易客体、健全的交易组织、完善的交易规则以及完善的信息服务系统。目前我国农地流转的市场化机制尚未形成，大部分地区的流转处于无序状态，各地农地流转存在较大的差异。有的地方对农地流转放任自流，流转行为无人监管，流转纠纷无人受理；在农户自发组织的土地流转中，流转后的土地利用效率未有改观，甚至有所下降；加上缺乏必要的服务和管理，流转双方的纠纷较多。至于流转价格，由于没有规范的服务组织以及科学的价格评估体系，造成土地承包经营权流转价格的低廉和不规范。[①] 鉴于此，农地流转市场本身存在种种不足和缺陷，农地流转不可能完全依靠市场机制发展完善，只有通过政府干预才能解决其自身矛盾。因此，必须行使政府的服务和管理职能，通过培育公共服务机构、

① 李文政：《论优化农村土地流转中政府的管理职能》，《改革与战略》2009 年第 7 期。

建立公共服务体系的方式履行其职责，以促进农地流转市场的尽快形成和健康发展。

（三）农地流转中政府角色的具体分析

政府在土地流转中的角色和作用到底是什么？这一问题值得我们深思。实际上，土地承包经营权的流转是一个经济问题，应尊重市场规律，由市场来解决。在市场经济体制下，如果农户从事其他非农产业的边际产出效益远远高于土地上的边际产出效益，农民就会自愿放弃农业生产而从事其他产业，反之农民会有顾虑，不会主动进行土地流转。外在人为的强制和行政权力的干预并不能为农民带来更多实际利益。基层政府和乡村组织凭借土地所有者代表的身份和行政权力，过度干预农民的生产行为，甚至直接充当土地流转的主体，损害了农民的生产经营自主权，否认了农民在市场经济中的主体地位，使土地家庭经营变成集体经营或政府经营。这些错误的做法混淆了市场和政府的职能界限。政府在市场经济中主要是制定规则，而不是直接介入经济主体的微观经济行为，在农村土地流转过程中，政府应该做好自己职责范围内的事情，有所为有所不为。[①] 具体而言，政府在农地流转中应是农地流转制度的提供者，农地流转运行的指导者，农地流转服务的提供者，农地流转过程的监督者。

1. 农地流转制度的提供者

制度作为一种公共产品由政府供给，法律制度是国家意志的表现形式，需要由代表国家的政府提供，制度需要跟随社会的发展不断地创新、变更、打破，实际上是一种效益更高的制度替代另一种制度，即当一种新的制度被提供以后，它的效益会逐渐增加，然而随着时间的推移，其效用递减，这时候就需要不断的制度供给和制度创新。我国目前农地流转中存在的种种问题决定了农地流转需要政府提出新的制度供给，同时提供法律和秩序加以保障，其中政府应该是农村土地交易市场制度的制定者，尤其是流转规则的制定者，流转规则是农地流转得以有序进行的前提。除此之外，农地流转纠纷的解决也需要政府制定相关的法律法规。各国农地流转制度的建立都无一例外地遵循了这一基本规

---

① 杨丽丽：《论农村土地流转中应注意的问题》，《当代经济》2011 年第 9 期。

则，通过国家政府的权威性及立法形式实施，建立合理的农地流转制度来指导农地流转。

2. 农地流转运行的指导者

农地流转市场的不完全和不成熟决定了农地流转不能完全依靠市场的作用获得发展，政府必须充分发挥其相应的作用，对农地流转进行必要的指导。从经济学的角度来说，政府干预经济活动的前提是存在市场失灵这一市场不能自我解决的缺陷，但政府干预应该在一定的规模和范围之内，政府干预应该适度，即政府在资源配置过程中不要包揽一切，不要去做本来应当由市场去做并且实践已经证明市场能够做好的事情。政府对市场进行干预的目的在于通过对市场的引导和指导，使市场更健康地独立发展，自行发挥市场的作用，而不是加强政府在市场中的影响力度，最终使其随着市场的逐步完善而逐步减弱直至退出市场。

土地流转是一个复杂而系统的运行过程，完全依靠农民自身的行为来推进土地使用权流转还受种种内外部因素的制约，比较现实的出路是加大政府推动和引导的力度，根据各个地区的实际情况对农地的流转进行分类指导，消除农地使用权流转中外部条件的制约，促进土地合理流转，实现农地规模经营。

3. 农地流转服务的提供者

政府是公共服务的提供者，需要政府提供的公共服务是任何单方面的个体所无法提供的。在农地流转交易中，其服务机构具有典型的公共性，从而决定了农地流转服务体系的公共服务性，私人提供的高成本使得私人不愿通过市场的方式提供农地流转服务，所以农地流转服务体系的建立只能依靠政府或其他团体直接提供，而不是市场自发地形成。

政府在农村土地流转中要培育和发展中介服务组织提供信息、咨询、评估等服务，建立相应的中介服务体系。同时要在政府的引导下，建立一个开放、公平、规范的农地使用权流转市场，积极探索建立农村土地流转市场的运行机制，通过市场机制及时实现农村土地使用权的流转。

4. 农地流转过程的监督者

政府监督是国家行政机关对其负责相应事项的全过程依法监视、督促和管理。农地流转中也需要发挥政府的监督职责。土地流转中需要遵守的法律、遵循的程序、中介组织的构建和运作的规范、流转双方权利义务的保障等都需要地方政府加以管理、约束，减少土地违法流转现象，遏制随意改变土地用途的现象，以保障土地流转的方向不能偏离土地流转制度变革的宗旨，损害国家的粮食安全和农民的切身利益。

二　国外农地流转中政府的作用分析

（一）国外农地流转中政府的作用考察

1. 美国：产权边界清晰，政策支持流转

美国的土地分为私人所有、联邦政府所有和州政府所有三种。美国农地市场是在完全的市场经济条件下形成的，政府通过经济手段和法制手段管理农地流转，农地市场是一种“准完全竞争性”市场。美国土地管理机构对私人土地买卖的管理只限于登记收费，土地交易纠纷一般都通过法律程序来解决，政府只对如土地买卖投机这些行为进行必要的监管。实际上，其农村土地流转，通常都是土地使用权、经营权的有偿转让，一般不涉及土地的所有权。流转的目的主要在于扩大农场的规模，加快生产要素的有序组合以及促进先进科技与管理知识在农业方面的运用。美国政府通过信贷支持、政策引导、利息调节、价格补贴等经济手段以及各种优惠性的政策来鼓励家庭农场规模的适度扩大。美国的土地流转制度因其有效的制度保障，以及以土地私有权为基础的家庭农场制度，使得土地在流转过程中能够达到产权边界明晰，在市场上的买卖出租都有很大的自由度，能够很好地得到市场的调节，而且对于农地的权利方面有很好的法律保障，促进了美国的农地合理地进行流动，农地经营规模能够随着经济的发展而不断扩大，形成了比较稳定的农地流转制度。①

2. 英国：市场调节为主，行政干预为辅

英国的土地名义上为国家所有而且市场经济高度发达，政府计划与自由市场相结合、政府干预与自由竞争相结合是英国经济体制的主要特点。在农地市场经济中，英国政府以指导性计划、法律、经济政策等间

---

① 李威：《立法为先　市场是本　中介组织助发展——浅谈国外土地流转的经验及对我国的一些启示》，《中国合作经济》2009年第11期。

接手段指导和干预农地市场。同时，政府通过中央和地方双层管理体系，在宏观和微观两个层面对市场进行监管。中央政府在宏观上对农地市场进行干预管理，包括制定各种相关的法律、条例和法令，实施无偿或有偿资助政策和减免税收政策，建立国有化开发机构和公共组织机构等。在微观层面，地方政府对农地市场的干预管理分为三个方面：编制土地利用规划、审核批准“规划许可”和强制征购土地。① 因此，在政府鼓励、市场竞争等因素的共同作用下，英国的农用土地得到了顺利的流转，农场的规模也逐渐地扩大，小农场的数量也在逐步地减少，形成了规模化、现代化、科技化的农业现状。

3. 法国：法律体系健全，政府直接干预

法国是拥有传统小农经济结构、土地分散、人地矛盾较为突出的国家。为解决这一问题，法国政府主要采取以下几方面的改革措施：一是改革土地继承制度，以保证土地不再继续细碎化。二是采取积极干预的政策和措施，扶持中等规模的农场发展，促进小规模农场转移，稳定大农场。如建立“土地整治与农村安置公司”，这是一种不以营利为目的、由国家代表实施监督的股份有限公司，其作用在于购买土地，经过整治后转让给需要土地的农民，便于发展中等类型的家庭农场。三是有完善的法律、法规体系。法国先后颁布《农业指导法》、《农业指导补充法》等一些法律来保护土地，促进土地的流转。如私有土地一定用于农业，不准用于非农用途。国家有权征购弃耕和劣耕者的土地，同时还固定土地转让不可分割，只能整体继承或出让。法国土地流转主要通过用益权制度来处理土地的租佃关系。法国农地用益权可通过转让、出租、抵押等方式流转。另外，还设置土地事务所和土地银行等相关机构促进土地的有效管理和流转；对于土地市场的管理和规范，法国采用直接干预的方式，控制土地的收购和转卖。②

4. 日本：政府积极推动，农协提供服务

日本耕地稀少，人口多，人地矛盾紧张，是典型的小农制模式。为

---

① 吴春宝：《国外农地流转市场监管的经验与借鉴》，《长春工程学院学报（社会科学版）》2009 年第 2 期。

② 陈丹、唐茂华：《国外农地规模经营的基本经验及其借鉴》，《国家行政学院学报》2008 年第 4 期。

促进土地自由转让和扩大经营规模，日本政府采取多种措施推进土地流转和规模经营。日本的土地流转主要通过买卖和租赁两种方式。1952年制定的《农地法》，不允许拥有土地的农户离开村落，从法律上确立农户对土地所有的永久地位，凡是那些离村就职的农户必须出售他们所持有的土地；战后日本经济高速发展，离农人口激增，农业抛荒现象严重。为此，日本政府再次鼓励农户土地流转，由小农经济向农业规模经济转变，将土地集中在有能力的农业生产者手中，从而提高农地使用效率，实现农业高效、稳定的经营。20世纪70年代至今，日本的农地流转主要通过租赁方式进行，通过经营权由农户向企业或合作组织流转，实现农业规模化和农业现代化。[①] 除此之外，日本还建立合作经济组织等中介机构，来促进农地的流转。日本农协的良好发展是各国农民组织发展中一个比较典型的例子。它不仅促进了农民的合作，也成为农地流转过程中最重要的媒介，加快了流转的速度，保证了流转的成功率，为农民提供了有效的保障。[②]

（二）国外农地流转中政府的重要作用

1. 政府强有力的管理和控制

尽管各个国家土地流转的程度和方式不尽相同，但在一点上是相同的，那就是土地的流转都不同程度地受到国家的管理和制约，国家享有对土地的管理权和规划权。无论从政策的制定、农业法规的出台与修改，还是对农民的保护，政府都发挥非常重要的作用。即使是在私有制的国家里，土地流转也不是完全自由的，要受到国家强制力的干涉，土地流转必须按照国家的制度规定进行，国家的介入有利于对土地流转的行为进行规范和引导，一方面可以防止土地兼并现象的产生，另一方面还可以提高土地流转的规划程度，提高土地的利用效率。[③]

2. 流转的法律体系比较完善

国外农地流转的法律体系比较健全，各国基本上形成了一套农地使用权流转的法律规范体系。如法国先后颁布《农业指导法》、《农业指

---

① 龚继红、钟涨宝、孙剑：《论近代日本农地流转过程、政策和措施》，《生产力研究》2008年第9期。

② 余志刚：《日本农地流转制度的中国启示》，《中国乡村发现》2010年第1期。

③ 史志强：《国外土地流转制度的比较和借鉴》，《东南学术》2009年第2期。

导补充法》等一些法律来保护土地，促进土地的流转。日本先后制定和出台了《农地调查法》、《建立自耕农特别措施法》、《农地法》、《农业基本法》、《农振法》和《农促法》，这些法律制度相互补充，形成规范农地流转的系统政策保证措施。另外，各国的民事法典或判例中也有具体的农地使用权流转规范。各种法律法规的出台规范了农地流转双方的权利和义务，减少了谈判成本和履约成本，也降低了农地流转的交易费用，促进了农地的有效流转。

3. 流转的服务体系比较健全

国外土地流转中，各国都比较注重支持和促进农地流转的服务体系的建设和发展。如法国的土地整治和农村安置公司，通过这种中介组织去收购和转卖，使得法国的农地得到了流转。日本的农协不仅促进了农民的合作，也成为农地流转过程中最重要的媒介，加快了流转的速度，提高了流转的效率。通过培育农业经营主体，来引导农地流转的方向和发展农地经营规模，并发挥了较好的作用，值得我国借鉴。

三 我国农地流转中政府角色的偏离

（一）流转法律法规不健全

目前，土地承包经营权流转的法律法规不健全。虽然我国《农村土地承包法》、《物权法》等法律对农地流转做出了规定，但限制性规定较多，过于原则和笼统，缺乏对各种流转形式的运行法律机理和操作规程的规定，对于流转的具体范围、形式、程序、价格、管理等无明确具体规定，缺乏操作性。农业部颁布的《农村土地承包经营权流转管理办法》因其效力等级不高、规定不完善等缺陷对农地流转并未发挥明显的促进作用。2008 年 10 月，十七届三中全会通过了《中共中央关于推进农村改革发展若干重大问题的决定》，使土地流转方式发展到转让、互换、入股、抵押、继承等多种方式并存。强调要加强土地承包经营权流转管理和服务，建立健全土地承包经营权流转市场，按照依法自愿有偿原则，允许农民发展多种形式的适度规模经营。但这只是政策上的规定，立法也必须跟上。由于我国现行法律体系中没有专门针对土地流转的国家立法，导致土地流转带有明显的自发性、盲目性和随意性，农地流转立法明显滞后于实际中大规模开展的农地流转的现实状况。

（二）流转服务体系未建立

目前，我国的农地流转尚未建立起规范有序的信息服务系统，在土地流转信息收集、整理、发布方面，缺少制度化的渠道和载体。这样不仅制约了农村土地流转速度，降低了土地资源配置效率，也增加了土地流转交易成本。具体体现为：一是不少地方的土地流转都处于自然状态，不少县乡政府对土地流转的基本情况掌握不清，缺乏积极主动的服务和规范引导。二是还没有形成较成熟的市场化中介服务组织，造成信息不畅。有转让土地意向的农户找不到合适的受让方，而需要土地的人又找不到中意的出让者，土地使用权流转仅局限在村内，不能跨区域流动，流转范围小，交易量小，成交的可能性小。三是缺乏土地流转交易的组织机构。土地流转涉及估价、谈判、签约、签证、登记等众多环节。而目前农村中为土地流转而建立的相关资产评估机构、委托代理机构、法律咨询机构、土地投资机构、土地保险机构等几乎没有，这给农地承包经营权流转带来较大的障碍。

（三）农村金融支持不到位

农业固有的弱质、高风险、低收益率等产业特性以及生产周期长、投资大、比较效益低等投资特征，决定了需要大量的资金投入，土地流转后集约经营更需要大规模的金融支持。但从目前情况看，流转后受让方获取资金相对较难，农村金融对农地流转的支持仍不到位。究其原因，一是农村资金外流较严重，土地流转所需资金渠道不畅。长期以来，由于农村经济发展相对落后，农户与农业企业资信不足、农业投资风险大等原因，很难得到金融机构的资金支持。资金的逐利特性使得多数县域金融机构只存不贷，资金系统内上存或转存，金融资源不断从贫困地区流向发达地区、从农村流向城市、从农业流向非农产业的外流现象比较明显，很难通过正规渠道从农村金融机构获得贷款。与此同时，信用体系的缺乏和政府对民间金融的抑制，流转受让方靠亲友和民间借贷等非正规金融渠道也很难大规模融资。[①] 二是农村抵押担保体系建设不到位。我国的农业发展长期以来受到资金投入不足的困扰，而农民贷款难的主要原因在于缺乏银行认可的抵押财产。土地承包经营权作为农

---

① 梁万泉：《农村土地流转与金融支持的探讨》，《海南金融》2010 年第 8 期。

民最基本的生产资料和重要财产权利，我国《物权法》、《土地承包法》、《农村土地承包经营权流转管理办法》等现行法律法规对以家庭承包方式承包的农地禁止抵押，导致农村企业与居民缺乏符合金融机构要求的抵押担保品，并且专业提供第三方保证的信用担保机构较少，使得农业企业与居民融资抵押担保能力不足，难以从金融机构获得信贷支持。

（四）社会保障措施不完善

我国目前缺乏健全的农民社会保障和失业保险体系，土地承包经营权担负的不仅仅是生产职能，更重要的是农民的社会保障和失业保险职能。土地作为农民的基本收入来源和重要的生存保障，使得农民对土地具有极大的依赖性，制约着土地的流转。即使在非农产业就业的农民，尽管其主要收入来源不是农业生产，但其绝大部分的工作处于不稳定状态，随时面临失业的风险。进城务工的农民在失业之后又不能享有和城市居民同等的失业补偿和再就业保障措施，农民在失去工作后只能重新务农。农村社会保障体系的不完善使得土地仍然承担着我国数亿农民的社会保障功能，即便是进城务工的农民也将土地作为生存的最后底线、最后的退路，把承包地看作生存的“活命田”、养老的“保险田”和就业的“副业田”，他们宁愿闲置土地或短期流转，也不愿意将其长期流转出去。可见，没有健全的社会保障制度，就不可能从根本上增强农民流动的安全感和适应市场风险的能力，农地流转的规模化和市场化将受到严重制约。

四　政府在农地流转中应着力解决的几个问题

（一）健全流转的法律法规是前提

目前，针对我国农村土地流转的法律基础薄弱、农地流转立法相对滞后、配套法律法规不完善的现状，需要尽快完善土地流转的具体法律法规。关于农地流转立法的完善路径选择，有学者建议要制定《农村土地承包经营权流转法》，[①] 笔者认为这种方案成本较大，时间较长，

① 刘玉荣：《新农村建设中土地使用权流转的瓶颈及对策分析》，《经济与管理》2009年第1期。

不是一种切合实际的理想方案。由于《物权法》通过时间较短，加之作为基本法修改难度较大。而2002年通过的《农村土地承包经营法》在第二章第五节用12个条文对土地承包经营权的流转进行了原则规定，可以考虑在此基础上结合近年来政策的最新规定和现实中的实践情况对《农村土地承包经营法》进行修改，将土地承包经营权的流转单独作为一章进行规定，就土地承包经营权流转的基本原则、条件、范围、方式、程序、中介服务、利益调节、监督管理等重要问题做出系统的明确的规定，以此来适应和推动经济发展对土地承包经营权流转的要求。这种方案成本较小，时间较短，可以说是一种符合实际的方案。当然，短期内可以由各地结合当地实际先行制定和实行农地流转的地方性法规，通过积累经验，在条件成熟时再系统修订《农村土地承包经营法》中流转的规定。

（二）明确政府的服务职能是核心

农地流转中要合理界定政府与市场的功能，充分有效地发挥政府的管理和服务职能。在政府的引导和推动下，明确政府的服务职能是核心。一是完善服务机构。县级建立土地流转指导中心，开通土地流转信息网站，负责土地流转信息发布、政策法规咨询、流转规范程序制定等工作；乡镇建立土地流转服务中心，具体负责流转供求信息的收集及发布、土地评估、合同签订、档案管理等工作，积极建立土地承包经营权流转市场，引导各类农村土地中介服务组织的发展；村级建立土地流转服务站，主要做好流转信息收集、审查、登记管理和合同签订等工作。通过县乡村三级服务网络建设，提供全覆盖、多层次的土地流转服务。二是健全服务机制。开展农村土地分等定级，建立价值评估体系，合理确定土地流转交易价格，为农用地市场流转双方的公平交易提供合理参考依据。积极培育资产评估、法律咨询、土地融资、土地保险和合同范本等社会服务，为农用地流转交易双方提供地价评估等咨询和跟踪服务，完善流转的中介服务机制、价格形成机制，促进农村土地承包经营权流转市场的发育完善。三是规范流转行为。规范土地流转合同，推行规范文本，对形成稳定流转关系尚未签订流转合同的，积极督促流转双方签订流转合同，对已签订的流转合同按照规范文本要求加以完善。规范土地流转程序，坚持“公开、公平、公正”的原则，做到程序合法、合同规范、资料完备。建立土地流转台账，切实加强流转合同等资料的档案管理，推动土地流转规范、健康、有序发展。

（三）加大流转的金融支持是关键

农村金融制度在促进农地资源合理配置、增加农业信贷收入、提高农业效率与竞争力以及促进农村经济发展等方面发挥着十分重要的作用。因此，我国在农地流转中，加大流转的金融支持是关键。一是健全服务组织。政府要加大金融政策的扶持力度，发展多种形式、分工合理的农村金融服务组织，允许农村小型金融组织从金融机构融入资金。加快建立商业性金融、合作性金融、政策性金融相结合，且资本充足、功能健全、服务完善、运行安全的农村金融体系，并发挥其对农村经济的支撑性作用，从组织机构上贴近农村经济，支持土地流转。[①] 二是对农村信用社进行改革，补充资本金，使之成为农村金融服务的主力军。使其围绕土地流转、农业结构调整和产业化经营做好金融服务，发放优势农业和特色农业开发等贷款项目，为土地流转提供强有力的金融支持。三是鼓励建立村镇银行和小额贷款公司，加大对农村土地流转的资金支持。四是把规模经营主体作为信贷支农的重点，引导农村信用社等金融机构加大信贷支持，解决规模经营主体资金不足问题。对于实力强、资信好的，给予足够的信贷授信额度，简化贷款手续，实行利率优惠。五是开展土地承包经营权、受转土地经营权和地上设施等抵押贷款，丰富“三农”贷款增信的有效方式和手段。从理论上看，土地承包经营权具备了作为抵押担保的抵押物一般应符合的特定性、可转让性、价值权性条件；从逻辑上说，既然允许家庭承包取得的土地承包经营权转让，自然就不应该限制抵押。因此，应对现行立法进行修改完善，从法律上明确农村土地的担保物权性质，放宽农村土地承包经营权抵押的客体范围，逐步将家庭土地承包经营权纳入抵押设定，从法律上创新土地抵押权制度，使土地由原来的传统社会保障属性向资源属性和资本属性转化，并真正成为农民的创业资本，实现其土地财产权益。同时，应对土

① 陈金明、吴淑娴：《农村土地流转：目标、问题与对策》，《江西社会科学》2010年第3期。

地承包经营权抵押的设定、实现、消灭等进行明确规定，促使土地承包经营权抵押向规范化方向发展。

（四）完善农村的社保体系是保障

没有健全的社会保障制度，就不可能从根本上增强农民流动的安全感和适应市场风险的能力，农村土地市场发育的进程也将严重受阻。因此，完善农村的社保体系是推进农地流转的坚实保障。一是要加快建立农民个人缴费、集体补助、政府补贴相结合的新型农村社会养老保险制度、新型农村医疗保险制度等社会保障体系，彻底解决农民依赖承包土地养老防病的问题，消除农民离土的后顾之忧。① 二是在其出让土地经营收益权的同时，将经营收益权转让所带来的收益部分用作基本生活保障费，使被转移的农户在出让土地经营权的过程中，实现由土地保障形式向社会保障形式的过渡。三是要加大财政对农民工养老保险体系建设的扶持力度，逐步扩大农民工养老保险覆盖范围，加大对农民工参保的资金支持，逐步提高享受待遇和标准。将工作相对稳定、已经市民化的农民工，纳入城镇社会养老保险体系；对工作不稳定、流动性较大的农民工，可实施低缴费、低标准享受的养老保险政策。四是要积极推进户籍制度改革，放宽中小城市落户条件。探索建立城乡一体化的户籍管理制度，降低农村居民进城落户门槛。同时将进城农民工作为市民管理，在就业、子女教育、医疗卫生、养老、最低生活保障以及住房等方面逐步让他们享受市民待遇，从制度上保障农民工进得来、留得住。积极实施匹配完善的土地处置、住房保障、养老保险等配套改革，把农村居民进城落户后的就业、社保、住房、教育、医疗纳入城镇保障体系。

第五节　土地承包经营权入股公司的法律规制

土地承包经营权入股对推动规模经营、优化土地资源配置、保障农民土地权益有着重要作用。我国《农村土地承包法》和《物权法》对

① 黄金文、熊吉陵：《规范农村土地流转保护农民合法权益》，《改革与开放》2009 年第 5 期。

土地承包经营权入股尚无明确规定。2007 年重庆在全国率先开展农地入股设立公司试点工作，这是第一次明确了农村土地承包经营权可以入股设立公司，在全国尚无先例。然而，土地承包经营权入股公司与我国现行《农村土地承包法》、《公司法》的规定有较为明显的冲突，如何从法律上对农地入股进行规制显得尤为重要。本节结合《农村土地承包法》、《公司法》的相关规定，对农村土地承包经营权入股公司从出资要件上进行分析，对其法律缺位和与相关法的冲突提出完善建议，为实践中土地承包经营权入股公司提供参考。

一　土地承包经营权入股的现行规定

2002 年颁布的《农村土地承包法》对以家庭承包方式承包的农地未规定可以采用入股形式。对以招标、拍卖和公开协商的方式承包的农地规定可以采用入股或者进行股份合作制形式。

农业部于 2005 年颁布的《农村土地承包经营权流转管理办法》对农村土地承包经营权入股的界定是："入股是指实行家庭承包的承包方之间为发展农业经济，将土地承包经营权作为股权，自愿联合从事农业合作生产经营；其他承包方式的承包方将土地承包经营权量化为股权，入股组成股份公司或者合作社等，从事农业生产经营。"

2007 年 3 月颁布的《物权法》延续了《农村土地承包法》的规定，没有新的突破。

2007 年 6 月，重庆市在统筹城乡综合配套改革试验中进行了土地承包经营权入股公司的试点。重庆市工商局在出台的《关于全面贯彻落实重庆市第三次党代会精神服务重庆城乡统筹发展的实施意见》中明确提出："允许以农村土地承包经营权出资入股设立农民专业合作社，经区县人民政府批准，在条件成熟地区开展入股设立公司和独资、合资等企业的试点工作。"随后，重庆市工商局又出台了《关于以农村土地承包经营权入股设立公司工商登记的有关问题的通知》，对有关问题做了细化。但后来被中央叫停了该项改革，转而要求重点进行土地承包经营权入股农民专业合作社的改革探索。

2008 年 10 月党的十七届三中全会通过的《中共中央关于推进农村改革发展若干重大问题的决定》中提出允许农民以股份合作等形式流

转土地承包经营权，发展多种形式的适度规模经营。

从现行的法律和政策可以看出，对以家庭承包方式承包农地的入股应采用股份合作制形式，不允许采用股份公司形式；以招标、拍卖和公开协商的方式承包的农地的入股既可采用股份合作制形式，也可采用股份公司形式。

二　土地承包经营权入股的实践探索

土地承包经营权入股经过近十年的探索与实践，形成了很多模式，如南海模式、上海模式、江苏模式、重庆模式等。如果单从入股的组织形式来讲可将这些模式归为两种：一种是农民将土地作价入股给村集体形成合作社，由合作社统一支配，即股份合作制，以南海模式为代表；另一种是由农民和企业对土地进行市场估价，然后农民将土地直接入股给企业，即有限公司制，以重庆模式为代表。

（一）南海模式

1992 年，广东省南海市在不改变生产资料集体所有制的前提下，将土地分区规划以后，将土地以及村集体财产作价出资入股，由行政村或者村民小组将土地统一规划以后进行管理和经营，村民凭借土地作价后的股权分享土地的增值收益。作为土地股份合作制的南海模式就此诞生。由于南海模式以村集体为对外单位将土地进行流转，因此又被称为社区型股份合作组织模式。

南海模式是当地农民在市场经济大潮下探索出来的实现土地价值的新方式，从经济发展看，土地股份合作制的制度绩效明显：促进了农业适度规模经营和农业结构调整，提高了农业生产效率；促进了第一、第二产业的全面发展和农业劳动力的转移；农村集体经济实力增强，使大部分村社有能力为农民提供社会保障和社会福利。从实践经验看，土地股份合作制是地方、政府、社区、农民“共赢”的制度安排。

但是南海模式毕竟是初次对土地的股份合作制进行探索，其有着自身的缺陷：一是股权固化之后，由于婚丧嫁娶，各村人口发生变化，分红数量急剧分化；二是在保障农民土地权益上仍然有很多不足，在征地方面仍相当程度上损害了农民的土地权益；三是由于信息缺乏和专业经验不足，股民对管理者无法进行有效监督；[①] 四是南海模式依赖二、三产业比较发达的区域，它是因为经济发展需要厂房建设和吸纳农村剩余劳动力才得以产生的，因此内陆边远山区无法实行该模式；五是南海模式改变了土地的用途，将农业用地转变为工业用地，这意味着农民一旦获得股权，就永久失去了土地承包权，这是我国法律和政策所不允许的。以上弊端使得该模式很难在全国推广，因此自南海模式以后，全国掀起了各个地方针对自己的情况所进行的土地股份合作制的创新与探索。

（二）重庆模式

2005 年作为城乡统筹发展试验基地的重庆市经过多方面探讨，最终做出土地承包经营权入股有限责任公司的决定。该种新的模式首先由重庆市江津区李市镇牌坊村进行实践，该村在长寿区政府承诺贴息、担保的前提下，选举相应股东并于 2005 年 9 月成立重庆市仁伟果业有限公司。为了引导这种新的农地入股形式，2007 年 7 月 1 日，重庆市工商局出台了相应的《实施意见》以及《关于农村土地承包经营权入股设立公司注册登记有关问题的通知》，明确规定农村土地承包经营权可以入股设立有限责任公司。重庆的探索实践收到了积极、显著的现实效果：有利于推进农业产业化、规模化经营，实现农业增产、农民增收；有利于引导金融资本、工商资本、民营资本等多元化资本投入农村，解决农村融资难问题；有利于促进农村土地资本化，充分实现撂荒地的使用价值。[②]

重庆通过政府行为将土地资本化的试验，一方面在全国开创了土地承包经营权入股有限责任公司的先河，另一方面也引起了学界对这方面的重视。学者们担心土地入股带来农民失地问题，认为土地被资本化将使得农民失去赖以生存的土地保障。此外，学者们更担心此项制度创新，不但使得土地面临着企业的市场经营风险，而且也考验着公司企业家与农民之间的有效管理协调能力。重庆的这一实践是当代农民为了融入市场经济对土地承包经营权入股进行的深度探索，体现了城乡经济发

① 马健：《南海模式：创新与困局——对南海土地股份合作制发展状况的调查》，《农村工作通讯》2008 年第 17 期。

② 重庆市工商局：《农村土地承包经营权入股的理论与实践研究》，《新重庆》2008 年第 11 期。

展不平衡下农民对土地资源融入市场的迫切希望，我们应当正确引导它的探索方向，而不是禁止。

三　土地承包经营权入股公司的出资要件

土地是人类赖以生存的最重要的资源和现代社会最贵重的财产。土地使用权可以提供最基本的生活经营场所，而且具有高度的保值增值性，尤其在我国随着市场经济发展，土地需求的快速增长和土地资源的紧缺，使得土地因其量的有限性正在成为一种稀缺资源并具有很高价值。《公司法》规定："股东可以用货币出资，也可以用实物、知识产权、土地使用权等可以用货币估价并可以依法转让的非货币财产作价出资；但是，法律、行政法规规定的不得作为出资的财产除外。"由此可知，作为公司出资的财产必须符合特定性、可评估性、可转让性的要件。而土地承包经营权符合这三个要件，其入股公司不存在理论上的障碍。

1. 特定性

即出资的财产必须是明确的、特定的，或者具有特定的范围，通常不允许以其他种类的价值物来替代。土地承包经营权作为一种土地的用益物权，承包人可以通过对土地的占有、使用取得收益，是承包人特定的财产。

2. 可评估性

即用来出资的非货币财产不仅要有财产价值，而且还必须能够用货币量化。土地承包经营权是以土地使用为客体的权利，具有财产性不言而喻。正如孟勤国教授所言，土地承包经营权的价值由三部分构成：农户的生存保障价值、农业生产经营者对土地的投入、土地流转的增值分成。[①] 可见，土地承包经营权是农民的一项重要财产，具有重要价值。对土地的评估作价可依据其类型、位置、自然条件、基础配套设施等因素进行综合评估。作价的形式可以是全体社员协商估价，也可以是聘请专业评估机构进行评估。

---

① 孟勤国：《物权二元结构论》，人民法院出版社 2004 年，第 243 页。

3. 可转让性

即土地承包经营权人对其拥有的土地有处分权，可以在不同的主体之间进行转移。现行《农村土地承包法》、《物权法》都明确规定转让是土地承包经营权流转的主要形式之一，虽然转让受到一定的限制，但可以肯定这种权利能够依法转让。

农地入股如同其他非货币资产入股一样，一旦入股公司之后，入股者的股权与货币出资者的股权没有任何差别，入股者不再对入股的土地享有实际支配权，入股的土地由公司统一管理支配。

四　土地承包经营权入股公司的现实困境

（一）土地承包经营权入股公司的法律缺位

1. 农村土地承包经营权的评估作价问题

土地承包经营权入股公司首要的问题就是评估作价。《公司法》规定用来入股的土地使用权必须可以用货币估价，因此如何对农村土地承包经营权进行评估成为土地承包经营权入股的关键所在。长期以来我国对农村土地承包经营权一直采取严格限制的态度，更多考虑的是土地的保障功能，而忽视其财产功能，从而导致农村土地的资本价值缺失。倘若土地承包经营权不能评估作价，就无法确定其注册资本，公司也就不能成立。

此外，定价标准也是土地承包经营权入股公司的一大难题。《公司法》规定：对作为出资的非货币财产不得高估或者低估作价。农民作为弱势群体希望土地有着对自己有利的价格。相反地，作为公司当然希望土地价格符合自己的心理价位。而不管是高或者低都会损害农民或者公司一方的利益，从而在作价上难以达成一致意见，导致公司难以成立。

2. 土地作价入股公司后的转让问题

土地承包经营权入股后的股份转让问题，不仅要受《公司法》的调整，同样亦应该受《农村土地承包法》的调整。而《公司法》与《农村土地承包法》关于股份转让的规定存在明显的差别。第一，根据《公司法》的规定，股份转让无任何限制，只要是合法的股东，都可以转让自己的股份；而《农村土地承包法》却规定，土地承包经营权的转让方必须具有稳定的非农职业或者有稳定的收入来源。第二，《公司法》规定股东内部可以自由转让，不受限制；而《农村土地承包法》规定农村土地承包经营权的转让仅限于向其他从事农业生产的农户。实践中入股的公司中股东身份比较复杂，既有以土地承包经营权入股的农户，也有以货币、实物等出资的其他法人或自然人，那么其他法人或自然人能否成为受让主体也值得考虑。第三，《公司法》规定，股份转让时其他股东在同等条件下有优先受让权，而《农村土地承包法》却规定，土地承包经营权流转时本集体经济组织的其他农户有优先权。因此，股份转让时到底是优先转让给本集体经济组织的其他农户，还是该公司的现有股东，也是一个较难处理的问题。[①]

3. 土地入股公司后的破产问题

农业经营自然和市场风险较大，预期收益不稳定。对业主而言，经营农业与从事二三产业相比风险更大，一旦遇到风险，企业经营就可能陷入困境，甚至面临破产。无论政府在设立时考虑得多么周密，给予多大的优惠政策，只能将经营风险降至最低，不存在“只赚不亏”的说法。[②] 市场经济本身就是风险和利益的集合体，将农业资本纳入市场领域必然会使其遭受市场风险，倘若公司陷入资不抵债的境地，可能会使入股农民丧失土地承包经营权。

现阶段，农村社会保障不完善的情况下，土地依然是农民的最终保护伞。土地入股公司后即意味着农民要以土地对自己的生活保障承担风险。土地入股公司后该公司能否进行破产申请以及作为股份的土地去向问题就成为法律规制的重点内容。同时，公司破产意味着农民失业，那么“失业+失地”农民如何进行妥善安置，也成为影响社会稳定的重要因素。我国农村土地担负着农村社会保障的功能，因此必须将破产引发的法律冲突纳入立法的考虑范畴。

---

① 丘国中：《家庭承包经营权股权化的法律障碍及解决思路》，《乡镇经济》2009 年第 7 期。

② 肖富义：《土地股份合作存在的法律问题与应对方略》，《农村经济与科技》2009 年第 3 期。

（二）土地承包经营权入股公司的法律冲突

1. 入股期限与公司存续期限的冲突

公司具有财产独立的属性，并以其所有的财产对外承担责任，股东一旦将财产投入公司，便失去对财产的控制权。同时，公司有着追逐利润的天性，一旦农地的投资价值显现，其必然希望公司股权呈稳定增加态势，因此，土地承包经营权的稳定性必然影响到公司的稳定性。

现行法律规定农村土地承包经营权流转不得改变土地的农业用途，流转期限不得超过承包期的剩余期限。期限届满之后，国家会根据农村人口数量和土地政策的变化，对土地承包经营权的经营期限进行相应调整。土地承包期限的不稳定会造成公司股东的投资期限不稳定，影响技术和资金投入者的投资信心。此外，在村民入股的土地承包经营权的剩余期限长短不一致的情况下，如何平衡不同村民的利益也是个问题。仅仅因为某个人或某部分人入股的土地承包经营权到期而解散公司，对其他村民股东来说显然是不公平的。

2. 入股人数与公司股东人数的冲突

《公司法》明确要求有限责任公司由 2 人以上 50 人以下股东共同出资设立，然而我国农村人口基数较大，很容易突破法律规定有限公司 50 人的上限，这样便造成了入股农民人数与公司股东人数在法律上的冲突。

3. 能否作为公司资产进行清算的法律冲突

为了保护债权人利益，公司在面临解散、破产时都必须成立清算组进行清算。当土地承包经营权入股的公司面临解散、破产，也应当对公司资产进行破产清算，将作为公司资产的土地承包经营权偿还债务。然而，农村土地属于集体所有，其他任何组织和个人均没有任意处分的权利。《农村土地承包法》规定："国家保护集体土地所有者的合法权益，保护承包方的土地承包经营权，任何组织和个人不得侵犯。"即作为公司资产的土地承包经营权与国家对集体土地的保护存在法律上的冲突。

土地承包经营权入股公司是农民在市场经济下所探索出来的道路，不可否认，该制度在法律方面有着重重障碍，但是国家并不能因为其在法律方面的困难而禁止这方面的探索。国家有必要尽快制定相关法律，对农业企业的出资、股东人数、破产、土地用途、企业治理、退股

(股份转让)、土地流转的中介机构、农业企业保险以及农业企业用工制度等特殊问题进行详细规定，为规范农地入股提供有力的制度支撑。[①]

五　土地承包经营权入股公司的基本原则

(一) 因地制宜

土地入股发端于广东南海，南海市是广东省最早推行农村土地股份合作制的地区，也是全国农村土地制度改革的试验区。早期的南海模式主要采用土地股份合作制形式，将土地以及村集体财产作价出资入股，由行政村或者村民小组将土地统一规划以后进行管理和经营，村民凭借土地作价后的股权分享土地的增值收益。江苏省苏州市也积极探索农村土地股份合作制。苏州市的股权设置主要有两种形式：一种是农民以纯土地入股的土地股份合作社。土地一般不作价，入股土地由合作社统一整合后实行对外发包或租赁，所得收入按入股土地份额进行分配。另一种是以农民土地入股为主，资金、技术等参股的股份合作社。入股土地一般要作价折股，合作社经营收益按股份进行分配。[②] 重庆市既有土地股份合作社的探索，也有土地入股公司的探索。从这些试点地区的情况来看，土地入股主要是在沿海发达地区和大中城市郊区推行。我国地域广大辽阔，经济发展千差万别，各地农村在地理、经济和社会条件上差异较大。在东部沿海经济较为发达的地区，土地经营收益在当地农民所有收益中所占比重较低，农民的土地情结相对淡薄。但在广大的中部欠发达和西部不发达地区的农村，土地依然是农民生活的基础和生存的主要保障。因此，土地入股一般适用于有稳定的非农收入来源的农民群体，经济发展水平较高相对发达的地区，具有一定的资金力量和技术力量的农业龙头企业引领，农民市场意识和管理意识较强的地区。否则会取得适得其反的效果。在推进土地入股时必须要因地制宜，切忌“一刀切”。各地必须结合本地的实际情况，机动灵活地选择流转形式，充分发挥农民的创造性，调动农民的积极性，实现土地最大效益。

---

① 黄忠：《农地入股面临制度障碍》，《中国土地》2008 年第 11 期。

② 王建华：《苏州市农村土地股份合作制的实践与思考》，《农村经营管理》2005 年第 8 期。

（二）农民自愿

土地承包经营权是农民的一项重要财产权，通过土地流转是推进规模经营、实现自己经济利益的一种重要形式。现行法律规定农户在承包期内拥有土地占有、使用、收益和一定的处分权。农民对自己占有的土地是否决定流转以及如何流转应遵循自愿原则，任何组织和个人，即使是政府都不能非法干预或强迫土地流转以及选择流转形式。任何违背农民意愿的土地流转，无论采取何种形式，都是应当避免的。另外，入股是一种投资行为，市场风险很大，如果入股者无法承受较大的市场风险，一旦入股公司破产，入股农民可能连基本生活都无法得到保障。因此，在土地入股前，必须向农民讲清楚入股的潜在风险，由农民自己决定是否将土地入股。

（三）不得改变土地用途

以土地承包经营权入股的承包地，只能用于农业生产，而不能用于发展收益较高的工业或商业，不能作为企业或合作单位的厂房或其他设施。农用地改变为建设用地必须由有批准权的人民政府按照土地管理法的规定批准，任何单位和个人未经批准不得将农用地改作他用。土地入股只是经营性行为，不能取代或变相取代人民政府对农村土地的管理权。因此，入股企业应当遵守“不得改变土地的农业用途”的要求。在设立之初，企业的经营范围就必须是与农业生产经营有关的项目，在经营过程中也不能为了追求利润随意改变土地的农业用途而作他用。

六　土地承包经营权入股公司的法律规制

（一）变通土地入股公司设立过程的相关规定

1. 作价出资

土地承包经营权要作为资本进入市场领域，必须有评估标准和评估机构。

土地作为一种特殊的财产，其评估标准应该包括自然属性和社会属性。自然属性表现为：肥沃程度、零星化情况、地上附着物价值；社会属性表现为：运输条件、入股期限、地理位置等。

土地承包经营权作价入股必然得有其权威的评估机构。一般来说，对非货币财产出资的，可由全体成员评估作价，也可由专业评估机构评估作价。土地承包经营权若由全体社员评估作价很难实现，一是入股农民较多的情形下很难达成一致意见；二是资产评估专业性很强，入股农民作为非专业人员，无法做到公平合理地评估，土地承包经营权的真实价值很难体现。目前，虽然有些地区的中介服务组织发展迅速，但从整体情况看，大部分地区还未形成统一规范的土地流转市场，流转中介组织较少，流转信息不畅，未形成有效的农村土地供需信息网络，大部分的土地流转是在本集体经济组织内部进行的，市场化程度很低。唯有评估机构具有权威性，农民等其他投资主体才会对最后的评估结果没有异议，根据资产评估结果再进行验资登记。以土地承包经营权作价出资的，建议由独立的第三方——专业资产评估机构进行评估为宜，既能保护土地承包经营权人的利益，也能保护相对人的利益。目前，可由区（县）政府对本区域范围内农村承包经营权基准价格、集体建设用地使用权基准价格和最低保护价格进行规定，供资产评估机构评估土地承包经营权价值时使用，来解决土地承包经营权的评估作价问题。

2. 股东人数

《公司法》规定有限责任公司的股东是 2—50 人，农民将土地入股成立有限责任公司，股东人数一般会突破 50 人的限制。考虑到农村集体经济组织人数较多的实际，建议可以突破 50 人的上限规定。同时，应在股东人数限制上做灵活变动。一方面，允许多位村民在自愿的情况下，可以书面委托同一集体内入股的村民代为行使“股东共益权”，该代表对外表现为一个股东，其权利应该包括除让渡土地承包经营权之外的所有股东权利。另一方面，根据股东自愿，实行信托持股，一个受托人可以接受多个入股人的委托，在公司登记时只需要将受托人登记为股东即可，从而避免与法定上限人数规定冲突。

3. 经营范围

土地承包经营权入股公司必须以农业生产经营为主，不得从事非农产业，同时可以兼营一些与农业产业化相关的农产品加工、销售、广告经营等业务，也可因地制宜地发展农业观光旅游、果蔬采摘等经营活动。[①] 假如允许农地入股的公司从事非农生产，就意味着大量耕地变相地从事非农生产，势必会减少我国的耕地总量，突破18亿亩耕地红线的规定，这对我国的粮食安全也是非常不利的。

（二）明确土地入股公司存续期间的相关制度

1. 经营期限

土地承包经营权的承包期限直接决定着公司的经营期限，因此必须处理好二者的关系。通常来讲，如果在公司存续期间出现土地承包经营权到期现象，只要公司经济效益好，新的土地承包者必然愿意将自己土地作价入股公司，这样仅需公司与新的土地承包者在土地进行作价后签订新的股权合同即可。如果在土地承包剩余期限内，公司经营不好，则入股村民会考虑自己的利益，决定是否收回土地经营权，此时涉及退股问题，因退股涉及各方利益，需要深入研究。

2. 组织机构

为了保障入股农民的切身利益，公司应当严格按照《公司法》的规定设立股东会、董事会、监事会，聘任业务良好、认真负责的经理、财务负责人等高级管理人员，建立健全公司治理结构。股东会定期讨论和决定重大事项，董事会根据章程从事经营管理活动，监事会依法进行监督。考虑到作为弱势群体的农民，农民股东有权选择自己的代表进入董事会，监事会必须要有农民或者农民代表保护其利益，且不得低于2/3。使农民股东能够参与公司章程制定以及公司合并、分立、增资、减资等重大事项，及时掌握和监督土地承包经营权的使用情况及公司运营情况。

3. 股份转让

公司成立后股东想要转让自己的股权，一般情况下要符合受让人必须是村集体经济组织或者村民委员会的村民的法律规定。特殊情况下也可以向外流转。此方面可以借鉴重庆的《关于以农村土地承包经营权入股设立公司工商登记的有关问题的通知》的规定：以农村土地承包

① 李东侠、郝磊：《土地承包经营权入股公司问题的法律分析》，《法学论坛》2009年第4期。

经营权入股的股东在全额置换其出资之前，不得向农民以外的单位或者个人转让其股权。有特殊原因确需向农民以外的人转让股权的，受让人应当以货币、实物等符合法律法规规定的出资形式置换转让人出资的农村土地承包经营权；公司应同步申请办理股东、出资形式等事项的变更登记。股权转让应遵循自愿原则，允许入股农民根据公司利润分配、经营状况以及风险情况及时做出自己的选择，股份转让时原企业的土地经营权不受影响，只是受让人获得了转让人的股权而已，转让人不再从公司取得收益，也不再承担风险，收益和风险转而由受让人承受。因此，对股权转让，法律不应做出过多限制。

4. 农民退股

如果入股企业经营管理不善，效益较差，入股农民从企业获取的收益连基本生活都无法保障，甚至低于农民自己经营的收益，农民可能会主动要求退股。由于土地属于不动产，价值较大，这类退股不仅会影响企业的正常生产经营，也不利于债权人利益的保护。特别是土地集中经营后，部分土地股份想要中途退出单独经营，这在操作上是行不通的，退股的农民也难以拿到属于自己的那块土地。[①] 因此，应原则上不允许退股，除非公司章程另有规定。即使允许退股，企业也只能退回与入股土地价值相当的货币资产而并非原入股土地。

（三）完善土地入股公司的破产、清算制度

1. 承包地清偿问题

土地承包经营权入股的前提之一包括入股资产对公司债务的清偿。入股土地作为公司资本，公司有权将其列入公司破产资本的范围，国家不能为了维护农民利益而赋予其免受市场风险的豁免权。按法定清偿顺序，企业应优先支付职工工资和劳动保险费用，需要对农户清偿时，农户有权选择货币形式或按评估价返还其入股的承包地的形式；按上述方式农户未能全部收回入股的承包地的，应赋予其按评估价赎回承包地的权利；农户仍无力回购的承包地，清算组可以依法拍卖或变卖处理。[②]

---

① 陈志、李丽：《构造农村土地承包经营权入股制度的法律思考》，《武汉理工大学学报（社会科学版）》2012 年第 1 期。

② 刘成龙：《家庭承包地入股问题研究》，《甘肃农业》2005 年第 11 期。

2. 允许农民享有“土地赎回权”

随着城市规模的迅速扩大，城市对农民工的需求量不断加大，然而城市相对农村较高的收入只能满足农民的日常生活需求，而且城市工作的不稳定性让农民对农村土地不能完全放手。因此，土地依然是农民生活保障的最后底线——一旦城市无法容纳农民工的存在，他们就会回到农村。同样，农民对土地承包经营权入股的公司也有着这样潜在的需求，一旦入股企业破产，农民将会失去最基本的生存保障。对他们而言，土地是唯一可以和社会讨价还价的资本，如果因为不小心失去了这一唯一物质资本，那么这一中国最大弱势群体将何去何从？所以，在农民尚无市场判断能力的情况下，一方面我们提倡农民将土地承包经营权入股公司进行资本增值，另一方面也要设法保障农民在企业破产之后对土地承包经营权的重新获得。在这样的前提下，建议让农民“赎回”自己的土地承包经营权，即在企业破产的情况下允许农民或者集体用合理的资金向公司购买曾经属于自己的土地承包经营权，这样既能维护农民的生存利益，又有利于债权人债权的实现。至于资金的合理性要考虑该土地在企业发展的过程中所进行的投资成本、市场发展潜力等因素。

第六节　农地流转中农民土地权益的法律保护

土地是农民赖以生存的根本，土地权益是农民最大、最重要的权益，是农民根本利益的集中体现。切实保障农民的土地承包经营权，保护农民的土地权益，是对农民最直接、最具体、最实在的保护。而土地流转是农民土地财产权实现的内在要求和发展现代农业的现实要求。近年来，农村土地流转的速度在不断加快，规模在不断扩大，形式在不断创新，有效地促进了农业结构调整和产业化经营，拓宽了农民增收渠道，促进了农村经济的发展。然而在土地流转中农民土地权益受损现象以及由此引发的矛盾时有发生，如何既能有效实现土地的适度规模经营、解放和发展农村社会生产力，又能尊重农民的主体意愿、切实保障农民权益，就成为建设社会主义和谐新农村必须予以重视和解决的重大现实问题。

一　农地流转与农民土地权益保护的内在联系

（一）制定土地流转政策应以农民权益保护为中心

党的十八大报告中提出要“着力促进农民增收，保持农民收入持续较快增长。坚持和完善农村基本经营制度，依法维护农民土地承包经营权。发展多种形式规模经营”。促进和规范农村土地流转是当前新农村建设和推进城镇化进程的重要内容之一，而政府解决“三农”问题的关键是如何促进农民增收。土地承包经营权是农民的重要财产权之一，把土地财产转化为现实收入的前提是土地使用权要能够流转，通过流转实现向现实收入的转化。如果土地承包经营权滞留在农民手中而不能流转，就不能转化为现实收入。通过农地流转，既能实现农地流转中土地的增值收益，也能解除土地对农民的束缚在非农产业工作中带来的工资收入，有利于增加农民的财产性收入。

“三农”工作是党和政府工作的重中之重，农民是我国社会的主体，中央一再强调土地流转必须切实保障农民权益，始终把实现好、维护好、发展好广大农民根本利益作为农村一切工作的出发点和落脚点。因此，不管是制定土地流转的相关政策，还是制定修订土地流转的法律法规，都必须以保护农民权益为中心，使农民从土地流转中得到实惠，使土地流转中农民权益能够得到最大限度的实现。

（二）保护好农民权益可以促进和加速土地的流转

土地是我国农民最基本的生产资料和重要的社会保障。保护农民的土地权益，实际上是保证了农民最基本的生存权利和发展权利。家庭联产承包责任制的实行，解放了生产力，推动了农业经济的快速发展。但家庭联产承包制以户为单位的小规模、低投入、粗放型的农业经营模式的弊端越来越明显，已成为农业进一步发展的瓶颈障碍。而要突破这一瓶颈，就需要通过土地流转和规模经营来实现，农业适度规模经营是提高农业生产力的内在要求，也是推进农业产业化、规模化、集约化发展，促进农民增收的重要途径。

土地流转实践中侵害农民土地权益的事件经常发生，挫伤了农民流转土地的积极性。农民流转土地的积极性不高，土地流转政策在实际执行过程中就会遇到许多困难和障碍，也就很难实现土地的适度规模经营和提高土地的产出效益。因此，加强农地流转中农民土地权益的保护，才能调动农民对土地流转的支持力度和加大投入的积极性，促进和加速土地的流转，提高农业经济效率，增强农业发展后劲。

二　农地流转中农民土地权益保护的国外考察

在土地流转过程中对农民的土地权益进行保护，保证土地流转双方利益分配的公平是土地流转的核心内容。在保护农民土地权益方面，美、英、法、日四国都采取了很好的做法，值得我们高度重视。

（一）美国

美国农村土地流转过程中对农民土地权益的保护主要是保证其土地所有权不受侵犯。一是美国的土地立法和土地政策包含了土地产权制度和管理制度的各个方面。土地的所有权、使用权的获得，土地的转让、租佃、登记、抵押及其他相关权益的获得以及夫妻、家族、邻居之间的土地关系，社区发展及土地规划等方面应有尽有。从而保证了农村社区以土地为中心形成稳定的社会关系，进而使农业经济稳步发展和农村社区的长久稳定。私有土地的侵权行为和土地纠纷的案件是罕见的。二是政府即使是用于公共目的的土地征收征用，也需征得社区社员的同意，并给土地所有者以市场价值的补偿。如果社区成员坚决反对，土地征收征用也是很难实现的。三是土地所有者有土地收益分配和处分的权利。土地收益除了按国家和地方政府的规定交纳较为固定的土地税、农产品销售所得税、房产税等之外没有任何其他税费。而且，土地税和其他税收一样，税率必须遵循规定，征税者必须为纳税人提供良好的服务。①

（二）英国

英国农地流转过程中对农民土地权益的保护主要是侧重于对失地农民的利益补偿。为了实施土地开发权国有化而进行国家强制购买时，政府必须向丧失开发权的土地所有者支付补偿金。土地征收征用补偿的范围包括：（1）土地（包括建筑物）的补偿；（2）租赁权损失补偿——契约未到期被征用而引起的损失；（3）迁移费、经营损失等额外补偿；（4）其他必要费用支出的补偿。而最早的补偿金制度，并不能适应所

---

① 邵彦敏：《美日现代农地制度的比较与借鉴》，《东北亚论坛》2004 年第 4 期。

有时期的需要，所以，政府不断出台相应政策，相继出现了开发费、改善金、开发价值税等项目，不断调整和提高补偿的内容和标准。另外，英国政府一直致力于保护公众利益，将土地开发利益回馈给公众，值得借鉴。①

在土地流转制度与所有权的关系方面，英国将土地权利制度的重心由土地的权利归属转移到土地利用上，将关注的焦点转移到土地资源使用效率、土地收益分配公平上。英国真正的土地权利为各种不同形式的土地保有权，其具体包括两种形式：其一，英国土地租用保有权，其大部分根据土地协议而产生。英国土地所有权制度保护土地权益的次序为土地租用保有权—自由保有权—所有权，其重视保护土地资源的动态利用，侧重保护土地使用者的权益。其二，英国土地自由保有权，一般以契约、居住或者耕作使用等形式为基础确定，他人土地上居住或者使用12 年，土地则被视为使用者保有。从法律角度看，英国的全部土地都归英王或者国家所有，英王将土地分给功臣、国民，他们拥有的只是土地保有权，而一般居民没有土地的所有权。②

（三）法国

法国农地流转过程中对农民土地权益的保护主要有两点：一是保证土地的农业用途不得改变。法律规定私有土地必须用于农业，不准弃耕、劣耕和在耕地上搞建筑。对于弃耕和劣耕的土地，国家有权征购，提高土地税或让其出租。同时规定土地转让时不可分割，只准整体继承或出让。二是实行土地集中政策，保护农民合法权益。成立土地整治与农村安置公司来负责收购小片土地，以优惠的价格卖给大农场，并通过租赁经营（土地使用权流转）的方式加速土地集中，提高农业生产率；政府对中等农场在土地购买、贷款和税收上给予优惠政策；对年老农民发放终生养老金，鼓励他们离开农业，优先安置达到中等规模的青年农民，达到改善农场结构的目的等。另外，法国设有土地事务所和土地银

① 朱怡、杨新海：《借鉴英国经验完善中国土地产权流转》，《国家城市规划》2007 年第 22 期。

② 徐丽峰：《中西部地区农村土地流转中农民经济权益保障法律问题研究》，硕士论文，华中农业大学，2011 年，第 24 页。

行，为农民进行土地流转提供便利。①

法国的农地流转也受到一定的管制，如法国县土地利用结构规划；法国县农业方向委员会由政府部门、农业工匠、专业农业机构、消费者、环境保护组织等组成，负责提供公共补贴、分配奖金以及防止农场的细碎化等；对不同农作物、其他农业生产给予参考适合发展的面积等等。

（四）日本

日本农地流转过程中对农民土地权益的保护主要体现在以下三方面：一是明确农地流转的主体。日本早期农地流转的主体为自耕农和佃农，农地流转主要在自耕农和自耕农社区内部进行。后来逐步放宽获取农地权利最高面积的限制条件，创造农业生产法人制度，确定农地流转中农户、农协以及与农业生产相关或支农的股份企业都可成为农地流转的主体，扩大了农地流转的主体范围。明确农地流转主体，实际是明确农地流转过程中各方的责任和权益，保护流转主体的利益。二是强化农户权益的保护。在不同的经济发展时期，日本政府确定了不同的倾向“自耕农”的权益保护政策。从《农地调查法》、《佃农管制令》、《创设自耕农特别措施法》到《农业基本法》，这些政策和措施主要通过保护和强化农地耕作者地位，对农地进行全面且有力的管制，提高农耕者收入。三是建立完善的中介服务组织。代表农户权益的中介服务组织是实施农地流转的关键组织保障，为农民进行土地流转提供了平台，通过生产合作组织或委托经营，帮助农地经营权向“中心户”流转，有利于提高土地的利用效率。②

实现土地承包经营权的自由流转，须建立健全土地承包经营权流转市场。二战以后，日本法律严格规定了非农业生产者不得拥有农地，规定农民拥有土地不得超过 3 公顷、出租土地不得超过 1 公顷，超过部分

① 李威：《立法为先　市场是本　中介组织助发展——浅谈国外土地流转的经验及对我国的一些启示》，《中国合作经济》2009 年第 11 期。

② 龚继红、钟涨宝、孙剑：《论近代日本农地流转过程、政策和措施》，《生产力研究》2008 年第 9 期。

须由政府强制收购等。[①] 当前，日本现行法律至今仍对公司进入农业直接生产领域有着一系列严格的附加条件。

从以上美、英、法、日四国在土地流转中保护农民权益的做法可以看出，美国主要通过土地所有权的保护来保障农民权益，英国主要通过对失地农民利益的补偿来保障农民权益，法国侧重流转的用途来保障农民权益，日本侧重流转的过程来保障农民权益。尽管各国保护农民权益的侧重点不同，但共同点都是农民的土地权利和利益补偿，这也是土地流转的核心内容。只有实现了对农民土地的全面保护和利益的公平分配，土地流转才是公平的，才能够顺利地发展下去，这是美、英、法、日四国土地流转中农民土地权益保护给我们的重要启示。

三　农地流转中农民土地权益保护的现实困境

（一）政治权益限制重重

农地流转中农民的政治权益主要是农民在土地流转中应享有的自主决策权、知情权、参与权、监督权等民主权利，而这些权益却受到重重限制。第一，土地流转决策权受到侵害。农地流转中农民是流转主体，有权自己决定土地是否流转和以什么方式流转，任何组织和个人都不得强迫流转或阻碍流转。而现实生活中有些地方政府和村级组织为了集中土地搞对外招商，搞硬性流转，强迫性流转，甚至操控土地流转。把土地流转作为增加当地收入的手段，或作为突出地方政绩的形象工程，使农民自主决定流转土地的意愿受到重重阻碍。实践中，政府强制流转的表现主要有以下四个方面：一是县乡两级政府制订流转计划，多数都没有征求村民意见，而是由计划编制人员坐在办公室里拍脑袋定下的；二是县乡政府招商引资中无原则地屈从外地资本和老板的意愿，随意答应要受转某村土地林地的要求条件，根本不考虑与征求当地村民意愿，就把土地流转出去了；三是有些地方的一些基层干部凭借土地所有者代表的身份和行政权力，不顾条件盲目对流转下指标定任务，违背农民意愿强行流转的问题，在少数地方仍时有发生，甚至土地流转出去了，广大

---

① 李长健、徐丽峰：《村民委员会在土地流转中的职责研究》，《延边大学学报（社会科学版）》2009 年第 8 期。

农民还不知情，最后到农民手中的，只是很少的一点补偿；四是甚至动用警力逼迫农民，搞强制性的土地流转。把土地流转作为增加当地收入的手段或者作为突出地方政绩的形象工程，严重损害了农民利益。[①] 第二，土地流转的知情权、参与权、监督权缺失。农村一事一议的民主议事机制不健全，流转中的一些重大事项未按程序经村民大会或村民代表大会讨论通过，农民对土地流转的知情权、参与权往往被“干部”代表了。农地流转不透明，财务不公开，村民无法行使监督权。据薛婷婷、王生坤在2010年7—8月，对江苏省苏南、苏中、苏北有关土地流转的调查数据，对于开展土地流转的决策过程，关于土地流转的决定方式，除了5个人没有回答外，近40%的人不清楚，6.9%的为私下流转，16.7%的人表示经过民主决策，22.1%的人说未经民主决策，还有14.3%的人指出是政府要求村集体这么做的。[②]

（二）经济权益损害严重

农地流转中农民对土地的经济权益主要体现在把承包地转让给他人经营所获得的补偿收入以及增值收益，而这些利益却受到来自基层政府、村委会、村集体经济组织、受让方等强势群体的严重侵害。一是基层政府、村委会及村集体经济组织对农民流转收益的侵蚀。实践中，有些基层政府部门、村委会及村集体经济组织在推进土地经营权流转和保护农民利益之间，往往倾向于迁就投资者的意愿，说服农民以低价出租甚至转让土地，低价强行长期“租用”农民承包地，严重地侵害了农民的土地承包权和收益权。二是受让方对农民利益的侵吞。拥有资本优势和信息优势的受让方有些以发展农村经济、推进农业产业化经营为幌子，利用种种手段强迫或欺骗农民流转土地，有些甚至利用承租的土地变相搞房地产开发，对农民的补偿标准极低，从中获取不正当利益，挤压农民的利益空间，农民的长远利益受到损害。[③] 三是土地流转的增值收益受到侵害。地方政府以较低的价格得到农民的土地而以较高的价格

① 赵俊臣：《警惕基层政府操纵农地流转》，《改革内参》2011年第10期。

② 薛婷婷、王生坤：《土地流转中的农民权益保障研究》，《经济研究导刊》2011年第12期。

③ 宋菊香：《论土地流转中农民权益保障机制构建》，《湖南行政学院学报》2010年第2期。

出让给建设用地者，形成了一个明显的收益剪刀差。农民从中只是得到了土地征收补偿金，与土地进入流转市场获得的收益相比，是微乎其微的，就土地补偿费有时还存在着层层截留现象，[①] 严重侵害了农地流转中农民对土地的增值收益。在六指街道金咀村调研的国务院办公厅陈治佳对土地流转的看法是喜中带忧。他与农业龙头企业家座谈、与土地流转农民访谈，担心农民利益受损。陈治佳提到，在土地流转的利益博弈中，农民与政府、企业相比处于弱势地位，缺乏议价能力。在目前的分配体系下，资本所占的比重过高，而农民的土地收益被以每年 400 元流转费的形式固定下来。与之对比，现代农业基地建设的经营者，每亩一般可获得 5000 元到 1 万元的补助。[②]

（三）法律权益保护乏力

农地流转中农民的法律权益主要是农民在土地流转中产生流转纠纷，合法权益受到侵害时请求法律救济和保护的权利。现实生活中对流转纠纷的救济方式虽然很多，但因机构不健全，机制不完善等原因使农民流转中的权益保护显得非常乏力。目前，农地流转的收益比较低，加之操作不规范，经常发生违约或侵权的情况，引起流转利益纠纷。大多数农民不知道怎么救济自己的权利，很多时候就求助于上访，希望能够保护自己的权利。协商、调解、仲裁、诉讼是救济农民权益的有效机制，但是目前农村并没有比较完善的调解和仲裁机构，用诉讼解决农地流转纠纷不但费钱费时费力，而且执行比较困难。如何根据实际情况，采取综合性的多种多样的方法，把信访、协商、调解、仲裁、诉讼结合起来，建立多元化纠纷解决机制，发挥协同作用，及时有效地解决农地流转纠纷值得我们深入思考。近年来，因土地流转而引起的土地征收补偿纠纷频发。此类纠纷有以下几个特点：一是参与人数多。一个案件少则几户多则几十户，还有观望诉讼结果以决定是否起诉的其他人，每个案件涉及数十人或上百人，易引发群体性矛盾。二是调处难度大。此类纠纷由于涉及农民的根本利益，一旦形成纠纷当事人对立情绪大，互不

① 李淑慧、张子任：《农地流转中农民土地权益保障问题探究》，《安徽警官职业学院学报》2009 年第 4 期。

② 董伟、白雪：《农民对住着小洋楼的打工生活不买账》，《中国青年报》2011 年 7 月 11 日第 5 版。

相让，调解工作难以进行。三是易引发其他纠纷。由于当事人一般都是同村村民，有的因争抢土地，抢种抢收，导致庄家毁坏，影响正常的生产；有的还引起群殴，引发财产、人身损害。[①] 据薛婷婷、王生坤在2010年7—8月，对江苏省苏南、苏中、苏北有关土地流转的调查数据，关于在土地流转过程中出现问题后的处理方法，66.8%的农户选择通过村委会解决，其次是通过合同进行协商，占13.7%，通过上访和法律途径解决问题的都只占6.5%，不知道该怎么办的有4.1%，其余的选项人数较少，不足0.1%。[②]

（四）发展权益保障不足

农地流转中农民的发展权益主要是农地流转后农民的就业、社会保障等权益，由于城乡二元体制不可能在短期内消除，农地流转后农民依靠土地的这些发展权益明显保障不足。目前农村土地仍具有较强的综合性保障功能，养老、医疗、失业和最低生活保障都附着其上，土地流转后，这些都有了后顾之忧。大部分农民由于没有专业技能，在劳动力市场中处于边缘性地位，重新就业比较困难。农民进城由于户籍制度的制约，也受到很大限制。即使依靠流转的收益或补偿能够进城，但能否在城里住稳以及下一步的发展也是问题。现阶段在城镇化、工业化水平还不能完全吸纳农村剩余劳动力的情况下，失地农民的就业和社会保障问题就显得非常突出。因此，解决农地流转者的后顾之忧，更好地保障农民的发展权益就显得非常重要。

四　农地流转中农民土地权益保护的价值取向

农地流转的核心问题是农民的利益问题。保护好农地流转中农民的各项权益，既能使农民支持和推进土地流转，又能使农民获得财产性收入，促进农村经济的快速发展和农村社会的和谐稳定。因此，农地流转中一定要让利于民，遵循平等保护和确保收益的价值理念。

---

① 钱文卿：《农村土地流转纠纷增多，易引发群体性矛盾》（http://www.dffy.com/sifashijian/sw/201106/23418.html）。

② 薛婷婷、王生坤：《土地流转中的农民权益保障研究》，《经济研究导刊》2011年第12期。

（一）平等保护

农地流转中的平等保护指的是转让方和受让方的法律地位是平等的，对流转收益的享有和流转纠纷的解决是同等受法律保护的，不能偏袒任何一方。土地流转实质上是一种自由交易行为，交易双方要遵循民法的平等原则。现实中拥有资金优势和信息优势的农业企业和其他经济组织却不愿和农民就流转价格进行谈判，而是借助政府的力量尽量压低价格，节约自己的成本。有些地方政府为了招商引资，不惜以损害农民利益为代价，为受让方提供价格低廉甚至免费的土地。出现纠纷后，还往往充当中间人去协调解决，一味迁就投资者的意愿，而忽视农民的利益。现阶段农地流转虽然需要政府的引导和推动，但政府绝不能为了自己的政绩偏袒受让方，损害农民利益。农地流转中政府一定要平等对待转让方和受让方，在合同签订、价格确定、纠纷解决等方面一视同仁，认真建构相关方的利益格局，平衡好农地出让方与受让方的合理权益。同时，鉴于农民在流转中的信息不对称、自身分散性、谈判能力低等情况，政府必须旗帜鲜明地担当起保护弱势一方——农民利益的责任。

（二）确保收益

土地流转关系到农民的切身利益，土地流转收益的高低会直接影响到农民生活水平的高低。农地流转中，农户的目标是争取获得高于或者至少不低于目前务农的各项收入，而且会考虑到土地未来的增值收益和自己的生活保障费用。[①] 因此，无论选择哪种形式的土地流转，都应以增加农民的收益为目标，而且这种农民收益的增加不是一次性的和短期的，而是长期的。这就意味着，土地流转以后，一方面，农民的基本物质生活必须有长期的可靠保障；另一方面，土地流转后的农民应拥有基本的社会保障。防止出现土地流转后的农民成为贫困人口的现象发生。[②]

---

① 李长健、梁菊、杨婵：《农村土地流转中农民利益保障机制研究》，《贵州社会科学》2009 年第 7 期。

② 史卫民：《农地流转方式的比较分析与法律完善》，《广西社会科学》2011 年第 9 期。

五　农地流转中农民土地权益保护的完善建议

（一）落实决策知情自主权利，维护农民政治权益

农地流转中的主体是农民，而不是村集体及地方政府，落实好农地流转中农民的决策权、知情权、参与权、监督权，严格贯彻“自愿、有偿、依法、规范”原则，维护好农地流转中农民的政治权益。一是尊重农民的自主决策权。土地流转是农民实现自己经济利益的一种形式，他们对自己土地的意愿必须得到尊重。农民在承包期内有权自主决定是否流转以及流转的价格、形式，任何组织和个人，即使是政府也不得非法干扰、限制或强迫流转。地方政府在农地流转过程中扮演着政策制定者、实施者或服务者的重要角色，他们的职责应是创造良好的土地流转环境，提供良好的公共服务职能，强化流转的公共管理职能，而不是直接参与甚至与民争利。二是保证农民的知情权。知情权是指公民知悉、获取信息的自由与权利。农地流转中农民的知情权包括获取、知悉与土地流转相关的信息，了解与土地流转相关的法律法规政策，明确流转的价格、权利和义务等事项。这就要求加强土地流转市场体系建设和培育流转中介服务组织，保证农民的知情权。尽快建立农地流转交易信息网络，及时登记汇集可流转土地的数量、区位、价格等信息资料，定期公开对外发布可流转土地资源的信息，接受土地供求双方的咨询。对于涉及村民切身利益的统一流转、征地补偿等重大事项，必须及时公开所有信息。同时，应积极培育农地流转的中介服务组织，大力发展农地流转咨询、资产估价、土地融资、土地托管等中介服务组织，完善中介服务体系，从而更好地保护农民的知情权。三是完善农民的参与权和监督权。土地流转必须遵循流转程序规范流转，要吸收村民代表参与流转，适当增加村民代表人数，让他们能够直接表达和充分维护自己的合法权益。对流转中的一些重大事项，须经村民大会或村民代表大会的2/3以上多数通过，对于违反村民意愿或损害村民利益的决定，农民有权决定不予执行，并通过合法形式进行申诉，甚至向法院起诉请求撤销，以确保参与权和监督权落到实处。

（二）建立合理利益分配机制，保障农民经济权益

利益分配机制的确定有利于农民权益保护的明晰化，重点要理顺政

府、村级组织和农民三者之间的收益分配关系。对于农户与受让方达成协议流转的小块土地，流转收益全部归农户所有。对于按照土地利用规划或发展现代农业统一流转以及征用征收土地的，一是分配比例应向农民倾斜。根据流转土地的用途、区位及预期收益，综合采用成本法、收益法、市场法等多种方式，根据土地等级和基准地价，分类制定流转价格的标准，流转收益的分配比例农民应占到70%左右，确保农民的收益占大头；二是村级组织可提取20%左右的收益，主要用于道路、农田水利等村内公用事业的发展；三是基层政府可提取10%左右的收益，主要用于耕地复垦、占补平衡、公共道路、农田水利建设等支出，以调节土地走向和保证土地利用符合国家总体规划。同时，要完善具体可行的收益分配操作程序，避免因收益分配过程中程序不明确而暗箱操作损害农民权益现象的发生，加强村集体资产和土地流转收益的监督管理，切实保障农民在土地流转中的经济权益。

（三）构建纠纷多元救济机制，保护农民法律权益

目前，农地流转中的纠纷主要是因流转形式不规范、流转内容不合法、流转程序不合法等引起的纠纷，严重侵害了农民的土地权益。构建多元的纠纷解决救济机制，及时有效地化解纠纷，是农民土地权益保护的重要保证。一是加大调解解决流转纠纷的力度。调解具有成本低、效率高、贴近群众、不伤和气的独特优势，在现实中长期以来被普遍使用，有较好的社会基础。加之最高人民法院的司法解释明确了人民调解协议具有民事合同的性质，这对于强化人民调解协议的约束力，推动流转纠纷的及时解决具有重要意义。二是完善农地纠纷的仲裁解决机制。认真贯彻落实《农村土地承包经营纠纷调解仲裁法》，尽快建立健全以县（市、区）仲裁为主的农村土地承包经营纠纷仲裁体系。聘请农业、林业、水利、土地、法制、司法、法院等相关部门人员为兼职仲裁员，明确仲裁员的职责任务以及权利和义务，做到责、权、利一致。使仲裁工作逐步法制化、规范化、经常化、制度化，充分维护农民的土地权益。三是构建多元的纠纷解决机制。结合实际情况，采取综合性的多种多样的方法，把信访、调解、仲裁、诉讼结合起来，建立多元纠纷解决机制，发挥协同作用，及时有效地解决土地流转纠纷。构建以人民调解、行政调解、司法调解为轴心，以定分止争为目标，以行政处理、仲

裁裁决、诉讼判决为保障，相互协调，相互补充，及时高效地处理流转纠纷的纠纷解决体系。①

（四）完善农村社保就业体系，保证农民发展权益

完善和健全的农村社保就业体系是推进农地流转，保护农民权益的坚实保障，要尽快健全覆盖城乡所有居民的多层次社保就业体系。一是要建立多层次的农村社会保障体系。采取“因地制宜，量力而行，农民自愿，形式多样”的原则，多渠道、多层次地举办养老、医疗、最低生活保障等保险，切实落实好目前推行的新型农村养老、医疗保险等制度，逐步提高保障水平，逐渐实现由土地保障形式向社会保障形式的过渡，彻底解决农民依赖承包土地养老防病的保障功能，解决农民土地流转的后顾之忧，更好地保障农民的发展权益。二是要加大对农村社保资金的投入。在拓宽农村社保资金来源渠道的同时，中央和地方财政要提高社保资金支出比例，做到逐年递增。积极探索从土地流转收益中拿出一部分资金缴纳社会保障费，专款专用，使土地使用权的流转与农村社会保障形成良性互动。三是构建城乡统一的就业体系。加强农村职业教育和基础教育，强化农村剩余劳动力的技能培训，提高农民的竞争能力和在市场中的应变能力，使他们能够更好地适应就业市场的需求。政府要利用引导性政策，拓宽农民的就业渠道，对工作相对稳定、已经市民化的农民，应在制度上使其真正转变为市民，平等解决他们的住房、社保、就业、教育、医疗等问题。四是创新农民就业的市场机制。积极促进土地转出农民的就业，特别是土地转入的大户和企业，要优先考虑聘用土地长期、全部转出的农民，建立长期聘用关系。② 政府要积极进行劳动力转移的组织、指导、引导工作，把有组织、成建制的劳务输出与农民自发性转移输出结合起来，充分保护外出务工人员的合法权益。同时，政府要出台适量奖励农民就业的政策，鼓励农民自主创业，支持农民工返乡创业，提供良好条件和优惠政策，使他们积极主动地参与市场化就业，尽快走上富裕之路。

---

①　史卫民：《农村土地承包纠纷：特点、类型及其解决》，《理论探索》2010 年第 1 期。

②　穆瑞丽：《农村土地流转中农民权益保障的风险分析与规避对策》，《农村经济与科技》2010 年第 1 期。

第五章　宅基地使用权制度改革中农民土地权益保护研究

宅基地使用权是农民财产权的重要部分和居住权的基本保障，农村宅基地使用权制度改革与创新是当前新型城镇化进程中备受社会各界关注的热点问题，如何做到既保障农民安居乐业，又能促进农村经济社会的可持续发展，就成为新时期宅基地制度改革创新的重要命题。本章通过对宅基地使用权法律法规政策历史演变的梳理，揭示宅基地使用权制度形成与变迁的特点，深入分析宅基地使用权制度的缺陷与改革取向，深入研究了宅基地使用权初始取得制度，通过实地调研研究了陕西省农村宅基地使用权与农民权益保护的现状与问题，研究了宅基地使用权流转与农民土地权益保护问题，并对陕西高陵宅基地整理置换与新型农村社区建设进行了调查分析，提出了宅基地使用权改革创新中的一些建议。

第一节　宅基地使用权法律法规政策的历史演变

农村宅基地作为与房屋不可分割的组成部分，是指农民因居住生活而建造房屋等建筑物所占用的土地，包括住房、辅助用房与房前屋后庭院用地等。宅基地使用权是指农民及部分城镇居民在依法取得的国家所有或农村集体经济组织所有的宅基地上享有建造住宅（或房屋）及其居住使用的有关权利的总称，包括对宅基地的占有、使用、收益与有限处分的权利。农村宅基地是农村土地的重要组成部分，关系到我国农民的居住保障和切身利益，关系到农村社会稳定和长治久安。宅基地使用权作为土地上的一项重要用益物权，其形成与发展经历了一个长期的历史过程。宅基地使用权萌芽于合作化运动时期，初步形成于人民公社运动时期，并在改革开放前后得到进一步发展和深化。我国没有农村宅基地使用权的专门立法，长期以来农村宅基地使用权由法律和政策共同规范和调整。当前，我国大多数农村地区宅基地利用粗放，浪费严重，纠纷多发，管理混乱，亟须进一步规范和完善。回顾我国宅基地使用权制度产生、发展与变迁的历程，揭示宅基地使用权制度形成与变迁的特点，对于宅基地使用权制度的规范和完善具有重大的理论与实践价值。

一　宅基地使用权法律法规政策的变迁历程

我国农村宅基地的归属从新中国成立开始经历一系列变迁，根据土地制度演变和土地管理体制演变，可将我国的宅基地法律法规政策的变迁历程归纳为以下五个阶段。

（一）第一阶段（1949—1956年）：新中国成立初期：农民私人所有，农民享有宅基地所有权

1949年10月到1956年是中国新民主主义向社会主义转变的时期，包括土地改革时期与合作化前期两个阶段。这一时期，土地属于农民个人所有，宅基地作为土地的一部分也属于农民个人，国家承认农民对宅基地的所有权，可以自由买卖和租赁以及继承等而不受政府限制。这一阶段，有关宅基地的标志性文件有：1950年《土地改革法》与1954年《宪法》。

1950年6月30日中央人民政府公布《土地改革法》规定：（1）废除地主阶级封建剥削的土地所有制，实行农民的土地所有制（第1条）；（2）所有没收和征收得来的土地，统一地、公平合理地分配给无地少地的贫苦农民所有（第10条）；（3）土地改革完成后，由人民政府发给土地所有证，并承认一切土地所有者有自由经营、买卖及出租其土地的权利（第30条）。这样，新中国成立以来农村宅基地制度发生第一次重大变革，由地主私有制转变为农民土地所有制，真正实现了“耕者有其田、居者有其屋”的目标。

1954年9月20日第一届全国人民代表大会第一次会议通过《宪法》规定：（1）国家依照法律保护农民的土地所有权和其他生产资料所有权（第8条）；（2）国家保护公民的合法收入、储蓄、房屋和各种

生活资料的所有权（第11条）；（3）国家依照法律保护公民的私有财产的继承权（第12条）。这样，新中国第一部《宪法》以根本法的形式对农民的土地所有权进行了确认。鉴于这一时期农民对土地享有完全所有权，没有必要单独规定宅基地使用权。

1956年6月30日第一届全国人民代表大会第三次会议通过的《高级农业生产合作社示范章程》要求：入社的农民必须把私有的土地和耕畜、大型农具等主要生产资料转为合作社集体所有（第13条第1款）。同时规定：社员原有的坟地、房屋地基不入社（第16条第2款），显示出高级合作社并没有改变农民对宅基地与地上房产的私人所有权。

（二）第二阶段（1956—1978年）：人民公社时期：生产队集体所有，农民享有宅基地使用权

1956年9月党的八大召开，我国开始了社会主义建设道路的初步探索。以人民公社的产生为标志，开始了农村宅基地由私人所有转为集体所有的第二次变革序幕。这一时期，农村宅基地归生产队集体所有，一律不准出租和买卖；农民原始取得宅基地使用权，国家承认农民对宅基地的长期占有和使用，社员有买卖或者租赁房屋的权利。这一阶段，有关宅基地的标志性文件有：1962年《农村人民公社工作条例修正草案》、1963年《中共中央关于各地对社员宅基地问题作一些补充规定的通知》、1978年《农村人民公社工作条例（试行草案）》。

1962年9月27日党的八届十中全会正式通过并颁布了《农村人民公社工作条例修正草案》（简称《人民公社六十条》），该草案规定：（1）生产队范围内的土地，都归生产队所有。包括社员的自留地、自留山、宅基地等等，一律不准出租和买卖（第21条第1款）。（2）社员的房屋，永远归社员所有。社员有买卖或者租赁房屋的权利（第45条）。可见，农民对宅基地由原来享有土地所有权转化为只享有宅基地使用权。自此以后，农村宅基地所有权与使用权相互分离。

1963年3月20日发布的《中共中央关于各地对社员宅基地问题作一些补充规定的通知》第一次明确使用了“宅基地使用权”和“宅基地所有权”的概念，并就宅基地的相关问题做了比较详细的规定：（1）社员的宅基地，包括有建筑物和没有建筑物的空白宅基地，都归

生产队集体所有，一律不准出租和买卖。但仍归各户长期使用，长期不变。（2）宅基地上的附着物，如房屋、树木、厂棚、猪圈、厕所等永远归社员所有，社员有买卖或租赁房屋的权利。房屋出卖后，宅基地的使用权即随之转移给新房主，但宅基地的所有权仍归生产队所有。（3）社员需建新房又没有宅基地时，由本户申请，经社员大会讨论同意，由生产队统一规划，帮助解决。（4）社员不能借口修建房屋，以随便扩大墙院、扩大宅基地来侵占集体耕地，已经扩大侵占的必须退出。至此，我国农村"房地分离"的宅基地制度正式确立并沿用下来。需要强调的是，这个通知中有关宅基地取得、使用等条款至今对农村宅基地管理还有着重要影响。

1978 年 12 月 22 日党的第十一届三中全会通过的《农村人民公社工作条例（试行草案）》规定：（1）农村土地包括宅基地一律不准出租和买卖（第 7 条第 3 款）。（2）在发展生产的基础上，逐步改善社员居住条件。按照有利生产、方便生活、合乎卫生、尽量不占耕地的原则，做出建设居民点的统一规划，可以由集体建房，社员居住交房费，也可以由社员自己建房（第 48 条）。（3）社员合法所有的房屋、农具、工具等生活资料和生产资料，以及在银行、信用社的存款，永远归社员所有，任何人不得侵犯（第 50 条）。

（三）第三阶段（1978—1985 年）：改革开放初期：农民集体所有，农民和城镇居民享有宅基地使用权

1978 年党的十一届三中全会后，开始改革开放，土地实行联产承包责任制。1978 年至 1985 年属于农村经济体制改革初期，土地管理模式实行的仍是城乡土地分割、用地部门分散的多头管理体制。这一时期，农村居民和城镇居民可原始取得宅基地使用权，都可以使用农民集体所有的农村宅基地，但以农村居民使用农村宅基地为主。这一阶段，有关宅基地的标志性文件有：1981 年《国务院关于制止农村建房侵占耕地的紧急通知》、1982 年《宪法》、1983 年《城镇个人建造住宅管理办法》、1985 年《村镇建设管理暂行规定》。

1981 年 4 月 17 日《国务院关于制止农村建房侵占耕地的紧急通知》规定：（1）农村建房用地，必须统一规划，合理布局，节约用地；（2）必须重申，农村社队的土地都归集体所有；（3）分配给社员的宅

基地、自留地（自留山）和承包的耕地，社员只有使用权，既不准出租、买卖和擅自转让，也不准在承包地和自留地上建房、葬坟、开矿、烧砖瓦等。

1982 年《宪法》规定：农村和城市郊区的土地，除由法律规定属于国家所有的以外，属于集体所有；宅基地和自留地、自留山也属集体所有。任何组织或者个人不得侵占、买卖、出租或者以其他形式非法转让土地。至此，宅基地集体所有权以宪法的形式予以正式确认，并一直延续至今。

1983 年 5 月 25 日《城镇个人建造住宅管理办法》规定：（1）凡在城镇有正式户口、住房确有困难的居民或职工，都可以申请建造住宅；但夫妇一方户口在农村的，一般不得申请在城镇建造住宅（第 3 条第 1 款）。（2）城镇个人建造住宅需要征用土地的，必须按照国家有关规定，办理征地手续，禁止任何单位和个人未经批准擅自占地建造住宅（第 4 条第 2 款）。（3）城镇个人建造住宅的建筑面积，由各省、自治区、直辖市人民政府根据实际情况确定，但按城镇正式户口平均，每人建筑面积一般不得超过 20 平方米（包括在本城的异地住宅）。禁止用围墙筑院的方式扩大宅基地（第 5 条）。

1985 年 10 月 29 日城乡建设环境保护部《村镇建设管理暂行规定》规定：（1）村镇居民使用宅基地和建设单位使用规划区范围内的土地，应遵照国家《村镇建房用地管理条例》、《城市规划条例》的有关规定，严格审批制度（第 11 条）；（2）村镇居民使用宅基地和建设单位使用规划区范围内的土地，必须经建设主管部门核定建设项目的建址和用地范围，并办理用地手续（第 12 条）；（3）严禁任何部门、单位和个人在村镇规划区范围内擅自占地建设，或直接购买、租赁和变相购买、租赁集体土地用于建设，或将自留地用于建设（第 12 条）；（4）住宅建设，由村（居）民委员会根据居民和单位的建房申请提出年度计划，报镇（乡）人民政府批准后执行（第 16 条）；（5）村镇居民新建、改建、扩建住宅，必须履行申请审批手续，由本人向所在村（居）民委员会提出申请，报镇（乡）人民政府审批，建设主管部门核发准建证件，领证后方可进行建设（第 17 条）。

（四）第四阶段（1986—1996 年）：土地统管初期：农民集体所有，农民和城镇居民享有宅基地使用权

1986 年 3 月，党中央、国务院做出了建立城乡地政统一管理新体制的重大决定。到 1996 年底，初步建立了中央、省、地（市）、县（市）、乡（镇）五级管理体系。这一时期，农村居民和城镇居民都可以使用农民集体所有的农村宅基地，但以农村居民使用农村宅基地为主。这一阶段，有关宅基地的标志性文件包括：1986 年的《土地管理法》、1991 年的《土地管理法实施条例》、1995 年的《担保法》等。

1986 年 6 月 25 日制定、1988 年 12 月 29 日修订的《土地管理法》规定：（1）任何单位和个人不得侵占、买卖或者以其他形式非法转让土地（第 2 条第 2 款）。（2）农村和城市郊区的土地，属于集体所有；宅基地和自留地、自留山，属于集体所有（第 6 条第 2 款）。（3）农村居民建住宅，应当使用原有的宅基地和村内空闲地。使用耕地的，经乡级人民政府审核后，报县级人民政府批准；使用原有的宅基地、村内空闲地和其他土地的，由乡级人民政府批准。农村居民建住宅使用土地，不得超过省、自治区、直辖市规定的标准。出卖、出租住房后再申请宅基地的，不予批准（第 38 条第 1 款）。

1991 年 1 月 4 日《土地管理法实施条例》规定：（1）农村村民建住宅需要使用土地的，应当先向村农业集体经济组织或者村民委员会提出用地申请，经村民代表会或者村民大会讨论通过后，报人民政府批准。其中需要使用耕地的，由乡级人民政府审核，经县级人民政府土地管理部门审查同意后，报县级人民政府批准；需要使用原有宅基地、村内空闲地和其他土地的，报乡级人民政府批准（第 25 条）。（2）单位和个人承包经营的土地和依法确定给个人使用的自留地、自留山，应当按照规定用途使用，不得擅自建房、建窑、建坟、采矿、采石、挖沙、取土（第 15 条第 1 款）。

1995 年 10 月 1 日起施行的《担保法》规定：宅基地使用权不得抵押（第 37 条）。

（五）第五阶段（1997 年至今）：深化改革时期：农民集体所有，农户享有宅基地使用权

随着改革的进一步深化，原有土地管理体制下的土地管理法律及政

策已难以满足“加强土地管理，切实保护耕地”的需要。这种情况就对土地立法提出了更加严格的要求，不仅要改革现行“条块结合体制”，还要改变现行滞后实践的土地管理法律政策。① 这一时期，宅基地归农民集体所有，农户享有宅基地使用权。这一阶段，有关宅基地的标志性文件包括：1998 年和 2004 年《土地管理法》、2004 年《国土资源部关于加强农村宅基地管理的意见》、2007 年《物权法》、2008 年《国土部进一步加快宅基地使用权登记发证工作通知》、2010 年《国土资源部关于进一步完善农村宅基地管理制度切实维护农民权益的通知》、2013 年《中共中央关于全面深化改革若干重大问题的决定》、2014 年《关于全面深化农村改革加快推进农业现代化的若干意见》等。

1998 年 8 月 29 日《土地管理法》与 2004 年 8 月 28 日修订的《土地管理法》均规定：（1）土地归全民所有，即国家所有土地的所有权由国务院代表国家行使（第 2 条第 2 款）。任何单位和个人不得侵占、买卖或者以其他形式非法转让土地。土地使用权可以依法转让（第 2 条第 3 款）。（2）农村和城市郊区的土地，除由法律规定属于国家所有的以外，属于农民集体所有；宅基地和自留地、自留山，属于农民集体所有（第 8 条第 2 款）。（3）农村村民一户只能拥有一宅基地，其宅基地的面积不得超过省、自治区、直辖市规定的标准（第 62 条第 1 款）。（4）农村村民建住宅，应当符合乡（镇）土地利用总体规划，并尽量使用原有的宅基地和村内空闲地（第 62 条第 2 款）。（5）农村村民住宅用地，经乡（镇）人民政府审核，由县级人民政府批准。（6）农村村民出卖、出租住房后，再申请宅基地的，不予批准（第 62 条第 4 款）。2004 年 8 月我国对《土地管理法》的第三次修订中有关宅基地的规定与 1998 年相似，没有变动。但 1998 年《土地管理法》第 62 条规定与 1988 年《土地管理法》第 38 条相比，增加或修改的规定主要有：第一，实行一户一宅制；第二，农村村民建住宅用地应当符合乡（镇）土地利用总体规划和土地利用年度计划；第三，涉及占用农用地的必须先行办理农用地转用的审批手续；第四，将宅基地的审批权限统一定为县级人民政府；第五，首次规定以户为单位分配宅基地的原则。特别是

① 韩俊：《中国农村土地问题调查》，上海远东出版社 2009 年版，第 94 页。

1998 年的《土地管理法》已将其 1988 年《土地管理法》第 41 条“城镇非农业户口居民建住宅，需要使用集体所有的土地的，必须经县级人民政府批准，其用地面积不得超过省、自治区、直辖市规定的标准，并参照国家建设征用土地的标准支付补偿费和安置补助费”删除，至此，城镇居民在农村建房买房的大门被关闭，只有农户可原始取得宅基地使用权。目前，《土地管理法》正在进行第四次修订，而重点是征地制度改革。

2004 年 11 月 2 日国土资发〔2004〕234 号《关于加强农村宅基地管理的意见》规定：（1）抓紧完善乡（镇）土地利用总体规划；（2）按规划从严控制村镇建设用地；（3）加强农村宅基地用地计划管理；（4）改革和完善农村宅基地审批管理办法；（5）严格宅基地申请条件；（6）规范农村宅基地申请报批程序；（7）健全宅基地管理制度；（8）加强农村宅基地登记发证工作；（9）加大盘活存量建设用地力度：（10）加大对农村建设用地整理的投入；（11）要重点加强城乡接合部地区农村宅基地的监督管理。

2007 年 3 月 16 日《物权法》规定：（1）宅基地使用权人依法对集体所有的土地享有占有和使用的权利，有权依法利用该土地建造住宅及其附属设施（第 152 条）。（2）宅基地使用权的取得、行使和转让，适用土地管理法等法律和国家有关规定（第 153 条）。（3）宅基地因自然灾害等原因灭失的，宅基地使用权消灭。对失去宅基地的村民，应当重新分配宅基地（第 154 条）。（4）已经登记的宅基地使用权转让或者消灭的，应当及时办理变更登记或者注销登记（第 155 条）。（5）为了公共利益的需要，依照法律规定的权限和程序可以征收集体所有的土地和单位、个人的房屋及其他不动产。征收单位、个人的房屋及其他不动产，应当依法给予拆迁补偿，维护被征收人的合法权益；征收个人住宅的，还应当保障被征收人的居住条件（第 42 条）。（6）宅基地使用权不得抵押（第 184 条）。《物权法》首次以基本法形式对宅基地进行了规范，并确立了宅基地使用权的用益物权性质。总体来看，《物权法》对宅基地的规定没有大的突破，与《土地管理法》基本一致。

2008 年 7 月 8 日国土资源部《国土部进一步加快宅基地使用权登记发证工作通知》发布，其提出三个“严格”：（1）严格落实农村村民一户只能拥有一处宅基地的法律规定。除继承外，农村村民一户申请第二宗宅基地使用权登记的，不予受理。（2）严格执行城镇居民不能在农村购买和违法建造住宅的规定。对城镇居民在农村购买和违法建造住宅申请宅基地使用权登记的，不予受理。（3）严格执行宅基地面积标准。宅基地面积不得超过省（区、市）规定的标准，对宅基地超占面积的，在办理登记时按有关规定做出处理。并要求，力争在2009年底前，基本完成全国宅基地使用权登记发证工作，做到权属纠纷基本解决，农民合法使用的宅基地全部发证到户。对宅基地使用权登记发证，是保护宅基地使用权人合法权益的重要措施。

2010年3月2日《国土资源部关于进一步完善农村宅基地管理制度切实维护农民权益的通知》发布，除约束土地节约利用外，针对愈演愈烈的“小产权房”，特别指出，农村的土地不得用于商品住宅开发。禁止农村土地用于商品房开发，可有效防止乱占滥用耕地，促进土地的节约集约利用和有效管理，有利于维护农民的合法权益。

2013年11月12日党的第十八届三中全会通过的《中共中央关于全面深化改革若干重大问题的决定》中提出：保障农户宅基地用益物权，改革完善农村宅基地制度，选择若干试点，慎重稳妥推进农民住房财产权抵押、担保、转让，探索农民增加财产性收入渠道。

2014年1月20日中共中央、国务院印发《关于全面深化农村改革加快推进农业现代化的若干意见》（2014“中央一号文件”）规定：完善农村宅基地管理制度。改革农村宅基地制度，完善农村宅基地分配政策，在保障农户宅基地用益物权前提下，选择若干试点，慎重稳妥推进农民住房财产权抵押、担保、转让。有关部门要抓紧提出具体试点方案，各地不得自行其是、抢跑越线。完善城乡建设用地增减挂钩试点工作，切实保证耕地数量不减少、质量有提高。加快包括农村宅基地在内的农村地籍调查和农村集体建设用地使用权确权登记颁证工作。

通过对农村宅基地制度历史演变的梳理与回顾，可以发现，在新中国成立初期农村宅基地属于农民个人私有，经过人民公社以后，农村宅基地的所有权逐渐转变为农民集体所有，最后在1982年以《宪法》的形式确定下来。申请主体由农村居民、城镇居民逐渐转变为农户，在1998年的《土地管理法》中明确下来。改革开放30多年来，农村宅基地的产权、主体、内容没有发生明显的改变，只是朝着节约利用、规范管理、保障权益的方向纵深发展。

二 宅基地使用权法律法规政策的变迁特点

纵观新中国成立后宅基地法律法规政策蜿蜒曲折的演变历程，可以发现不同时期的宅基地制度有着深刻的政治、经济、社会和历史内涵。总结宅基地制度变迁历程所蕴含的特点，对于探索未来农村宅基地使用权制度的改革和完善具有重要的启发意义和帮助作用。

（一）政治因素与国家设计在宅基地制度变迁中的决定作用

从新中国成立到人民公社时期，农村土地制度的重大变革，其基本动因主要是政治的而非经济的因素。新中国成立后，我国政府恢复和发展经济的基本策略是优先发展重工业，而大量的资金积累则是优先发展重工业的首要条件。在当时的条件下，要想在短时间内获得大量资金，只有向农业和农村索取，即全面提取农业部门的经济剩余，集中投入必须优先发展的重工业领域。宅基地私有权制度之所以在轰轰烈烈的合作化进程中岿然不动，根本原因在于农业合作化运动的根本目的是国家通过集体化运动加强对社会生活的全面干预，支持社会主义工业化计划。因此，疾风骤雨式的农业合作化仅仅涉及土地、耕畜、大型农具等主要生产资料的集体使用和集体所有问题，并未触及农民住房、宅基地等纯属生活资料的领域。宅基地与社会主义道路关联性的缺失是合作化运动将农村土地制度改革聚焦在农地制度而并未波及宅基地制度的根本原因。①

（二）土地制度与户籍制度在宅基地制度变迁中的交织互动

新中国成立初期，以限制人口流动为目的的户籍管理制度的诞生根源于特殊年代适应工业化发展道路的需要，随后诞生的宅基地使用权制度在控制人口流动、稳定社会秩序方面与户籍管理制度可谓相辅相成。两者无论在制度生成的时间上，还是在制度的功能上都具有内在的关联

① 喻文莉、陈利根：《农村宅基地使用权制度嬗变的历史考察》，《中国土地科学》2009年第8期。

性与互动性。①

梳理新中国成立后的发展历史，可以发现户籍制度的变迁与土地制度的改革如影相随。“户籍制度与土地制度是相伴随而产生和发展的，二者呈现互动性，一方的变革往往会引起另一方的变革，而表现出动态上的相互适应性。”② 在城乡二元体制下，农民不只是一种职业，而是一种制度化了的身份，户口就是这种身份的记录簿。为了保障农民享有基本的生存条件，就只有通过平均分配宅基地的办法来解决其宅基地问题。这种每户分配一处宅基地的措施，被认为是单位对其成员的一种福利措施，其成员除了享有在其宅基地上居住的权利之外，并不对宅基地享有其他权利。在当时的社会条件下，除了居住于宅基地上的权利之外，农民事实上也不会对宅基地产生其他的权利诉求。③ 加之宅基地使用权的流转直接关系农民的迁徙问题，宅基地使用权制度与户籍制度的联系更为密切。相对于土地承包经营权制度改革，宅基地使用权制度改革的力度较小。随着城乡统筹发展和新型城镇化战略的推行，宅基地不再仅仅具有生存保障功能，其经济发展功能也必将进一步加强。

（三）资源保护与加强管理在宅基地制度变迁中的逐渐渗透

改革开放以后，工业化和城市化的推进以及人民生活水平的提高，人们对改善住房的需求也逐渐释放，农村兴起了建房热，集体对宅基地的管理较弱，出现了乱占滥占耕地、在承包地上盖房等问题。20世纪90年代中后期，随着农村进城打工人数增加，农村闲置房屋也随之增加。2000年以来，随着人口向经济发达地区和城市不断聚集，城市周边郊区的人口密度迅速增加，加上城市和农村土地级差地租的存在，客观上造成农村尤其是城郊农村宅基地流转的空前活跃，“小产权房”大量增加，并愈演愈烈。这一严峻形势不得不令管理层在其后的宅基地政策法规中逐渐渗透“强化土地资源保护”和“加强宅基地管理”的可

① 王菊英、王晓明：《城乡户籍制度改革与农村土地集体所有权变革的思考》，《吉林省经济管理干部学院学报》2008年第4期。

② 汤玉权：《论户籍制度改革与农村土地制度的变革》，《东南学术》2006年第1期。

③ 宋宗宇、王热：《宅基地使用权的制度缺失与现实选择》，《科学经济社会》2008年第1期。

持续发展理念，遏制宅基地资源浪费与耕地资源非农化的趋势。并采取了“一户一宅”、“限制面积”、“严格程序”、“收回注销”、“集中建房”、“严打小产权房”、“登记颁证”等一系列政策措施，稳定和深化现行的宅基地使用权制度。

第二节　宅基地使用权制度的缺陷分析与改革取向

农村宅基地不仅关系到广大农民的切身利益，也关系到国家的经济建设和社会的稳定发展。农村宅基地使用权制度改革与创新是当前新型城镇化进程中备受社会各界关注的热点问题，如何做到既保障农民安居乐业，又能促进农村经济社会的可持续发展，就成为新时期宅基地制度改革创新的重要命题。农村宅基地制度改革是整个农村土地制度改革的重要组成部分，深入分析宅基地使用权制度的现行特征和存在问题，把握宅基地使用权制度的改革原则，提出宅基地使用权制度的改革建议对充分发挥宅基地的财产功能，节约利用土地资源，维护农民的合法权益，促进农村社会稳定发展都具有重要意义。

一　宅基地使用权制度的现行特征

（一）权利主体的身份性

宅基地属于集体所有，有权取得宅基地使用权的主体只能是农村集体经济组织的成员。宅基地使用权与农村集体经济组织的成员资格紧密联系在一起，具有很强的身份性，这就决定了集体经济组织以外的人员一般不能申请宅基地。另外，集体经济组织成员不能以个人身份申请宅基地，必须以户为单位，户是一个集合体，它的成员往往是因亲属关系形成的家庭成员，且一户只能申请一处宅基地。

（二）权利客体的特定性

宅基地依附于农村集体土地，权利客体为农村集体经济组织所拥有的土地。土地作为客观存在，它与国家所有的土地在物质属性上并没有什么差别。但从法律上讲，国有土地的所有者为国家，政府代表国家行使土地所有权。农村土地的所有者为集体，包括乡集体、村集体和村民小组，它是集合体，而不是单一的。农村村民的宅基地使用权，只有向其所属农村集体经济组织申请才能初次取得。

（三）权利取得的无偿性

宅基地使用权的无偿性体现在其权利的取得是通过申请，通常是与成员权联系在一起的，每一个成员都有权以农户的名义申请宅基地，不需要缴纳土地使用费。宅基地使用权体现着集体对村民住房的保障，其取得不需要村民付出土地价值的对价，其取得由国家法律和相关行政法规所认可和保障。实践中，虽然在有些地区，农村宅基地使用权的取得需要支付一定的费用，但我国相关法律法规并未明确规定实行有偿使用制度。农村宅基地使用权的无偿取得使广大农民获得了最基本的居住生活条件，从而维护了农村的稳定。

（四）权利行使的限制性

鉴于农村宅基地使用权在主体上的身份性、客体上的特定性、取得上的无偿性、政策上的保障性等特点，国家在宅基地权利行使上设置了诸多限制，这些限制主要表现在以下方面：（1）数量上的限制性。农村村民一户只能拥有一处宅基地。农村村民出卖、出租房屋后，再申请宅基地的，不予批准，即我国宅基地实行“一户一宅”原则。（2）面积上的限制性。宅基地的面积不得超过省、自治区、直辖市规定的标准。我国人多地少的矛盾决定了农户不可能无限制地获取宅基地使用权，为了合理利用土地和节约用地，各省、自治区、直辖市都结合实际因地制宜地规定了不同的宅基地面积标准。（3）用途上的限制性。农户所建住房是自用住房，而不包括工商业住房。用途上的限制性是因为宅基地使用权代表着国家对农民居住的保障，其使用用途应受到国家严格控制，即只能用于建造住宅和附属设施，而不得用作生产性或者营利性的活动。（4）流转上的限制性。从目前我国的法律法规和政策的规定来看，宅基地使用权的流转是受到严格限制的。农民的住宅不得向城市居民出售，城镇居民即使购买了农村住宅，也不能取得宅基地使用权。同时还明确禁止城镇居民在农村购置宅基地。《担保法》也规定，宅基地使用权不得抵押融资。

（五）权利期限的永续性

宅基地使用权是无期限限制的，宅基地使用权获得后可以世代使用，不会因为户主的更替或某个家庭成员的死亡而丧失。并且这种使用也是受法律保护的，任何单位和个人不得随意侵犯。用益物权属于他物权，是在他人的不动产之上设立的以使用收益为目的的物权，一般都是有期限的，如果没有期限限制，就会弱化其所有权的属性，让所有权有名无实。宅基地使用权的无期限性规定是出于保障农民生存和农村稳定的考虑，所以法律并未对宅基地使用权设定期限，只要宅基地使用权的属性未发生变化，它就不会消灭。[①] 即使宅基地上的房屋灭失后，使用人对宅基地的使用权仍然存在，可以重新建造房屋。当然，农村宅基地使用权人必须服从国家和集体的统一规划，国家基于公共利益征收土地，或者由于村镇规划需要改变住宅选址、用途等情形，可以依据法定程序进行合理的变动或重新安排。

（六）权利享有的保障性

农村宅基地以“人人有其居所”的社会保障性为其基本目标，是国家基于对农民生存和居住保障的考虑和关怀而分配给农民的一种惠益，具有明显的社会福利性和保障性，也成为维系我国几亿农民基本生存权利的基础。当然，对于不同地域的不同农民群体而言，宅基地所具有的社会保障功能的侧重点不同。对于欠发达地区的广大农民而言，宅基地是一种最基本的生存保障；而对于外出务工以及从事经商活动等非农化的农民而言，宅基地为他们提供了一种基本的失业保障；而对于农村的老人们来说，宅基地又是一种特殊的养老保障。当然，宅基地的社会保障功能不仅表现在实物保障，有时还表现为心理保障。[②] 在目前我国社会保障体系尚不健全的现实条件下，保障功能依然是宅基地使用权的首要功能。土地承包经营权解决了农民的基本生活问题，而宅基地使用权则解决了农民的基本居住问题，这两项制度以其鲜明的福利色彩成为维护农村社会稳定的重要制度。从宅基地法律法规政策的变迁可以看出，这种福利性和保障性始终贯穿农村宅基地使用权的制度设计。

① 杨治业：《我国宅基地使用权问题研究》，硕士论文，吉林财经大学，2011 年，第 10 页。

② 陈希勇：《农村土地社会保障功能：困境及其对策分析》，《农村经济》2008 年第 8 期。

二　宅基地使用权制度的缺陷分析

（一）立法滞后，系统性差

现行宅基地使用权制度的规定主要分布在《宪法》、《土地管理法》、《物权法》以及一些行政法规及部门规章中，并且内容分散，系统性差，有的相互间存在大量的矛盾、冲突、权责不清等问题，导致其可操作性较差。在法律层面上，还没有一部系统、规范、统一、全面的专门的宅基地使用权法律法规。与国有土地使用权的立法相比，我国有关宅基地使用权的立法应当说是非常滞后的。关于国有土地使用权，我国《宪法》、《土地管理法》、《城市房地产管理法》以及相关行政法规等都有明确而具体的规范。立法资源的丰富使得我国国有土地使用权无论从其取得、行使及消灭等方面都能做到有法可依，从而极大地促进了我国城市房地产市场的发展。而我国现行的农村宅基地使用权制度的框架主要是由《宪法》第 10 条和《土地管理法》第 62 条及《物权法》第 152—155 条构成。《宪法》第 10 条仅对农村宅基地的集体所有性质做出了确认，而《土地管理法》也只对农村宅基地的取得程序及使用做了笼统的原则规定。《物权法》虽然将宅基地使用权纳入用益物权体系，但 247 条的法律规范仅有 4 条规定宅基地使用权，且采用援引性的规范，仍显得过于单薄和粗陋。特别是，一方面物权法将宅基地使用权界定为一种用益物权，确认了其私权的本质属性，从而为宅基地使用权人行使权利、保障权利人的利益提供法律依据；但另一方面却规定其取得、行使和转让等权利规则适用土地管理法的规定，最终将不可避免地沦落为强大公权掌控下的名义上的“私权”。[①] 立法资源的匮乏和相互矛盾的规定使得法律的统一性和严肃性无法充分体现，也使实践中对宅基地的执行和管理造成很大的困难。

总体来说，我国现行宅基地使用权制度并没有形成一套层次分明、逻辑严密、结构完整、协调统一的法律规范体系，仍然沿袭原来的计划经济体制，以行政管理的方式进行规范，这是造成现行宅基地使用权制

① 曹泮天：《现行宅基地使用权制度的困境与出路》，《河北法学》2010 年第 3 期。

度在实践中存在问题较多的重要原因之一。[①]

（二）权能不实，保障性差

《物权法》虽然以法律的形式确认了宅基地使用权用益物权的法律地位，但是从有关立法的具体内容来看，其用益物权的地位仍是有名无实，是一项权能并不充分的用益物权。

1. 产权主体虚置

按照法律规定，农村宅基地产权的所有者代表包括乡镇、村、村民小组所有。集体所有权按其本义，应当是全体集体成员共同所有。但宅基地究竟归哪一级集体所有却没有明确的规定，"集体"是一个集合的概念，在行使所有权的问题上，它只具有抽象的意义，很难成为实践层面上的所有者主体。而事实上的"集体所有"则表现为无实际内容的集体"空壳"，集体所有使所有者处于"虚位"状态，[②] 这必然导致产权主体不明晰、不规范。同时，农村集体虽是法律上的产权主体，但实际上国家凭借其政治权力，往往凌驾于农村集体之上，掌控着实际的所有权。在此情况下，宅基地使用权主体在名义上拥有了相对独立的自主权，但仍无法拒绝各级政府对其土地使用权的干预，[③] 导致宅基地使用权人的权益得不到保障。

2. 收益权能缺失

《物权法》第 117 条对用益物权的定义是：用益物权人对他人所有的不动产或者动产，依法享有占有、使用和收益的权利。而第 152 条对宅基地使用权的定义是：宅基地使用权人依法对集体所有的土地享有占有和使用的权利，有权依法利用该土地建造住宅及其附属设施。可以看出宅基地使用权作为一种用益物权在权能上的明显缩减，没有规定宅基地使用权人的收益权能，将宅基地局限在农村居民个人居住的用途上。特别是在实践中农村征地拆迁时，地方政府和房地产商利用这种权能缺

① 冯寸生：《宅基地使用权制度私法规则的构建》，硕士论文，暨南大学，2008 年，第 15 页。

② 徐智慧：《用益物权视野下宅基地法律问题探讨》，硕士论文，复旦大学，2008 年，第 16 页。

③ 韩立达、李曼宁：《我国农村宅基地制度演变及改革研究》，《安徽农业科学》2009 年第 32 期。

失，往往只考虑房屋价值，并不考虑宅基地的财产价值，对农民权利造成了直接侵害。用益物权是由所有权派生出的权利，是对他人所有的物，在一定范围内进行占有、使用、收益、处分的物权。用益物权本身就是以使用收益为目的的他物权，其支配的对象为物的使用价值，通过对物的本身加以直接使用并获得收益，包括使用利益、天然孳息和法定孳息。如果使用权人无法从宅基地上获得收益，那么何谈用益物权？

3. 处分权能受限

我国现行法律规定宅基地使用权人既不能流转其宅基地用于非农业建设，也不得擅自改变土地用途，不得用于抵押、入股和其他合理的手段进行流转。只能向其集体经济组织内部成员转让以及向非农用地者提供土地使用权须经政府审批等，这使得宅基地使用权权能残缺不全，处分权受到重重限制。收益权和处分权是密切联系的，收益权的实现很大程度上依赖于处分权的行使，从这一意义上说，处分权是实现收益权的重要手段，处分权能受到限制，导致收益权不能在更大的范围内实现。[①] 而且，法律虽然严格限制农村宅基地使用权流转，但并没有禁止宅基地上房屋的流转和继承，根据“地随房走”的原理，农民在交易房屋时在实质上也一并处理了宅基地使用权，甚至交易的重点并不在房屋上，而是承载房屋的宅基地使用权。这种在广大农村地区大量发生的宅基地流转的客观现实，导致了宅基地使用权流转秩序的混乱，严重干扰了我国农村土地市场秩序。尽管现行法律对宅基地的转让以及用途的限制有一定合理性，但如果不能合理平衡农民私人利益与社会公共利益，相关规定的执行效果无疑将大打折扣。离开了处分权能的充分实现，使得农民重要的财产不能作为资本来运作，无法实现保值增值的目的。

（三）制度不全，适应性差

宅基地使用权退出、收回制度的不健全必然导致诸多问题的出现，也无法适应新形势下农村发展的实际。

---

① 付坚强、陈利根：《我国农村宅基地使用权制度论略——现行立法的缺陷及其克服》，《江淮论坛》2008 年第 1 期。

1. 宅基地退出机制不健全

目前，我国的宅基地退出机制不完善，现行法律法规对闲置宅基地如何处理缺乏有效的具体的规定，对于违法违规的行为处理方式过于简单并且没有形成完整有效的宅基地退出机制。长期以来我国对于宅基地的政策就是无偿、无期限地使用，刺激了农民多建房、超标建房，同时由于宅基地退出机制与市场处罚机制的不健全，无法从根本上消除建新拆旧的现象。

2. 宅基地收回制度不完善

我国没有对宅基地使用权的消灭制度形成统一的法律规范，在宅基地使用权消灭的法定事由、法律效果以及程序等问题上仍然存在很大的不足。我国《土地管理法》只对包括宅基地使用权在内的集体土地使用权应当依法收回的三种情形做了规定（第65条），另外在《土地管理法》和其他相关规章制度中还规定了一些应当依法退回宅基地使用权的违法行为。但还存在许多不完善的地方，对于宅基地使用权因合法原因，如宅基地使用权的抛弃等的处理未做规定。尤其是对于宅基地使用权的收回制度没有可操作的详细规定，对于宅基地使用权的收回主体、收回条件、收回后地上建筑物的处理等都未做规定，这就使法律的适用缺乏可细化的路径，导致现实生活中宅基地的收回机制根本无法得到贯彻落实，对已经闲置而应收回的宅基地使用权的放任，造成了土地资源的浪费。①

（四）管理不严，执行性差

1. 规划不够

乡（镇）土地利用总体规划和村镇规划是严格控制宅基地标准，合理划定功能区的前提，是管理农村宅基地的基础。缺乏科学的村镇建设规划和村庄布局规划是我国农村普遍存在的现象，许多地方重经济建设，忽视村镇规划建设。有的地方盲目建设新区，而旧村的改造又没有列入规划，新区的建设与旧村的改造脱节。由于没有坚持全面规划、合理布局、节约用地、因地制宜、量力而行、逐步建设的原则，造成了村民建房处于较为混乱的状态，常常出现朝向不一、坐落无序、大小不

① 王伟：《宅基地使用权研究》，硕士论文，大连海事大学，2010年，第29页。

同、高矮各异、布局分散、居住规模小、生活基础设施差的现象和局面，村内宅基地杂乱无章，村庄向外无序扩展，向交通便利的地方急剧扩延，形成了内空外实的“空心村”，土地利用效率低下，浪费了大量耕地。

2. 管理混乱

由于现行的农村宅基地管理行政权力干预过多，带有浓厚的行政色彩，使得实践中宅基地的管理处于较为混乱的状态。一是以权谋私现象严重。少数干部凭借集体土地所有权，以权谋私给钱就批地，任意处分土地，致使农村一户多宅、少批多用、占而未用、闲置房、空房、建新房不拆老房等现象比较普遍，土地成为农村干部腐败的重要诱因。二是侵害农民利益较多。个别农村干部以“集体”的名义，强行收回农民的宅基地，以“新农村建设”、“农村城镇化”、“城乡一体化”的名义，进行旧村改造和村庄整治，动用农村宅基地腾出用于发展的建设用地，在宅基地上进行房地产开发，侵害农民的利益。在征地的过程中，克扣、挪用或贪污补偿款。三是部门协调配合不够。城乡之间、部门之间的协调配合不够，形成很多管理真空地带，造成乱象丛生，牛中更牛的违章建筑屡拆屡建。①

3. 执行不严

我国《土地管理法》第3条规定：“十分珍惜、合理利用土地和切实保护耕地是我国的基本国策，各级人民政府应当采取措施，全面规划，严格管理，保护和开发土地资源，制止非法占用土地的行为。”在宅基地实际运行中，执法不严是比较突出的问题。一是执法力量薄弱。我国基层土地管理机构设置不完备，经费缺乏，土地管理工作人员少、素质差，违法用地查处难、执法难是一个普遍存在的现象。农民常常受到“法不责众”的心理影响，违法占地建房就呈蔓延之势。加之法律规定国土管理部门没有拆除违法用房的强制执行权，只能申请法院为之，部门协调难度大，无法制止违法乱抢乱建房屋的行为。二是执法时间较长。一般而言，一起违法用地行政处罚案件从立案到执行，需要较

① 乔爱书：《农村宅基地：“十二五”政府制度设计的价值取向分析》，《理论建设》2010年第5期。

长时间，可是一座楼房早已拔地而起，届时再执行，难度可想而知。而且少量超占面积的，拆除也有难度，势必会引起当事人强烈的对抗情绪，容易引发矛盾冲突，现实中往往以罚款了事，这助长了违法用地现象的泛滥。①

4. 监督不力

法律监督是任何法律制度得以贯彻实施的必不可少的环节。我国《土地管理法》第六章专门规定了法律监督、检查，其中规定的监督、检查的主体为县级以上人民政府土地行政主管部门。涉及的处罚手段有行政处分、行政处罚以及追究刑事责任，同时也具体规定了监督、检查的措施等。但是从我国现实中出现的大量的农村宅基地使用权的违法现象来看，充分说明了农村宅基地使用权在法律监督方面仍存在不少问题：一是监督机构设置不科学。我国法律规定行使农村宅基地使用权法律监督的机关是县级以上人民政府土地行政主管部门，乡级土地管理机关（一般是乡土管所）是下设的辅助机构，但实际上县级以上人民政府土地行政主管部门由于工作量多、分管范围大、涉及的土地管理事务多，往往难以应对，而作为对农村宅基地使用权法律制度运行情况最熟悉、最了解的乡镇级土地管理部门因为人力、财力的限制以及法律监督上缺乏独立性无法发挥其应有的优势。二是监督方面力度不够强。我国农村宅基地使用权的监督机关在履行职责时常常有重形式审查轻实质审查、重事前监督轻事后监督的问题，农村宅基地使用权的运行是一个衔接过程，从取得、登记、使用、流转到消灭都需要有力监督，这样才能确保农村宅基地使用权的行使并行无碍，才能实现土地法律监督的目标。②

三　宅基地使用权制度的改革原则

农村宅基地使用权制度是亿万农民的安身立命之本，关系到农村的经济发展和社会稳定。宅基地使用权是一项具有“中国特色”的用益

---

① 王爽：《构建新时期我国宅基地使用权制度》，硕士论文，中国政法大学，2008年，第18页。

② 欧阳国：《中国农村宅基地使用权法律制度研究》，硕士论文，西南政法大学，2011年，第21—22页。

物权，国外没有现成的经验可以照搬。在农村发展和新型城镇化进程中，要从根本上解决目前农村宅基地使用权制度存在的问题，我们应该立足于已有的法律制度和农村实践，通过制度的完善来使其适应社会的发展，这就决定了仍需要一个长期的过程。因此，在农村宅基地使用权制度的改革和创新中必须要坚持以下基本原则。

（一）集体所有，农户使用

一个社会的基本经济制度规定了整个制度体系的性质和根本特征。马克思主义观点认为，基本经济制度由一个时代的社会经济结构所决定，当基本制度形成后，就会从其运行的内在要求出发，构建和巩固各种具体的经济运行机制和制度。因此，在这样的制度体系下，任何具体制度的变迁都要服从基本制度的要求。[①] 从前面我国宅基地使用权法律法规政策的历史演变可以看出，现行农村宅基地“所有权与使用权相分离，所有权归集体，使用权归农户”，“无偿取得，长期使用”，“一户一宅，限定面积”，“有限流转，保障居住”等特征是经过长期演变固定下来适合国情和适应农村实际的制度。虽然在改革深化时期，宅基地使用权制度出现了一些问题，但是在没有找到切实可行的方案前，不能轻易否认现行的制度。我国《宪法》确认实行社会主义公有制，城市土地归国家所有和农村土地归集体所有，宅基地使用权制度的改革和创新也必须要在基本制度框架下展开，不能突破这一基本制度。在坚持“集体所有，农户使用”的前提下，进一步扩大权能，赋予农民更多财产权利。

（二）保护耕地，节约用地

我国人地矛盾一直非常突出，一方面，耕地作为不可再生资源在城镇化进程中日趋减少，土地浪费严重，利用效率低，甚至破坏等行为也时常发生；另一方面，随着生活水平的提高，人们对居住环境和质量的要求也在日益提高。如何以有限的土地资源满足人们生产、生活的需要，是摆在我们面前的一个重大难题。农村土地承担着满足农业生产和农民居住两大方面的需要，在土地资源总量不变的前提下，生产用地和

---

① 罗瑞芳：《农村宅基地产权制度变迁的方向和路径分析》，《农村经济》2011 年第 9 期。

居住用地呈反比关系。而我国人多地少的基本国情已经是不争的事实，有限的土地资源必须满足人们的生产、生活需要。农业生产用地涉及全国人民的吃饭问题，更关系国家的粮食安全问题。[①] 防止宅基地挤占耕地是相关制度设计首要考虑的问题。保护耕地、用途管制、集约节约、高效利用是解决这一难题的唯一方法，要在严格落实保护耕地等基本国策的前提下，在集约节约利用土地上寻求宅基地制度的改革和完善。农村村民住宅建设应当按照村庄和集镇规划，严格控制用地规模，保护耕地，合理布局，综合开发，盘活存量，节约用地，尽量不占用耕地，充分利用闲置地和空闲地，提高土地利用效率，使土地资源得到最大效益的使用，加快农村发展。

（三）维护权益，增加收入

2013 年 11 月 12 日中国共产党第十八届中央委员会第三次全体会议通过的《中共中央关于全面深化改革若干重大问题的决定》中提出：保障农户宅基地用益物权，改革完善农村宅基地制度，选择若干试点，慎重稳妥推进农民住房财产权抵押、担保、转让，探索农民增加财产性收入渠道。这为宅基地使用权的改革与创新指明了方向。因此，宅基地使用权的改革能否维护好农民集体的土地权益，使农民的宅基地权利得到切实的保护；能否保证亿万农民的根本利益尤其是物质利益，增加其财产性收入；能否促进农业全面协调可持续的发展，维持农村的长治久安，应成为宅基地使用权改革的根本原则。这就要求在现阶段继续坚持宅基地使用权的社会保障与社会福利特色的前提下给予农民更完整、更充分的作为用益物权的宅基地使用权，以保护农民利用宅基地获取收入的权利，防止一些地方以旧农村改造和城镇化建设为由侵害农民土地财产权益。

现行的农村宅基地使用权制度过多强调了土地的社会保障功能，忽视了土地的财富增长功能，土地权益回归农民是实现农民社会保障和财富增长互动关系的必然要求。如果说在计划经济体制下，城乡社会二元结构壁垒森严，单纯强调宅基地的保障功能，禁止农村宅基地流转，完全符合农民利益需求，是为农民提供了一个安全的港湾和保护的话，那

---

① 朱文霞：《宅基地使用权制度研究》，硕士论文，山东师范大学，2009 年，第 37 页。

么在社会基础条件发生变化，农民愿意走出来，走进城市，城乡二元壁垒被打破的情况下，仍然强调禁止宅基地流转，实际结果只是抑制了宅基地的资产价值，导致的后果一方面是对农民收益不利，另一方面是导致大量的农村宅基地被闲置，得不到有效利用。[①] 让农民的宅基地获得财产性收入，必须建立健全农村宅基地资源的流转制度，关键是要借助资本市场，创新农村金融制度，探索农民房屋抵押融资的途径和方式，建立相应的农村宅基地投资和担保公司组织，把农村宅基地货币化、基金化、债券化，放大宅基地的价值，使潜在的资源变成现实的资产。同时，改革房屋和宅基地及房屋征收拆迁补偿办法，不仅给房屋建筑面积的市场化补偿，也应给宅基地空余土地面积的市场化补偿，对房屋及宅基地土地进行合理的市场估值、估价，充分实现宅基地及房屋的完全财产权。

（四）区别对待，重视生态

源于宅基地所处区位的不同，当前农村宅基地制度在运行中所遭遇的实践问题凸显，并呈现出鲜明的区域性差异。而从根源上看，这诸多问题的产生无不源于人口的流动性与宅基地的区位固定性这一矛盾，这种情形极大地增加了通盘解决宅基地问题的复杂性和艰难性。就非城市郊区的农村而言，宅基地区位的固定性大大限缩了其通过交易获得宅基地预期经济利益的空间，使得宅基地权利人在难以有效变现宅基地权利的情况下又无法将其体现的利益随身带走，也不愿意将其无偿放弃，由此在农村产生了大量空置房屋，造成了土地资源的浪费；就城市近郊的农村而言，人口在城市里的急剧膨胀为这里的农民最大限度地利用宅基地谋取经济利益制造了无限的想象空间，加之投资者谋利的无穷欲望，人与居住空间之间的紧张关系几乎近于白热化，“小产权房”产生的根源即在于此。有鉴于此，当我们讨论解决宅基地问题的思路时，不能不加区分地泛泛而论，宅基地在城市近郊区及生态涵养区与非城市近郊区所遭遇到的实践问题并不相同，需要在分别考察的基础上提出各自有针

---

① 罗瑞芳：《农村宅基地产权制度变迁的方向和路径分析》，《农村经济》2011 年第 9 期。

对性的问题解决方案，然后再通盘考虑构建一个整体性的制度模式。[①]由于我国农村的发展极不平衡，宅基地的发展在城市近郊区及生态涵养区与非城市近郊区的产业结构、人口构成、居住方式等方面均存在明显差别，因而在宅基地的利用上需要分类指导，区别对待。对城市近郊的农村实行“宅基地换房”政策，即把住在自然村的农民集中到政府建设开发的小区居住，让农民上楼，原宅基地、空闲地等集体建设用地用于工业建设或非农业开发。对欠发达地区和城市远郊地区，可以由政府出面组织对农民宅基地及住房进行整体规划、集中改造和村庄整理。

随着人们生活水平的提高和改善住房需求的日益增长，农村宅基地资源的稀缺性、紧缺性特征日益显露。宅基地开发利用进一步导致了耕地资源的减少，加剧了居住环境的恶化。在可持续发展理念的影响下，人们开始意识到有限的宅基地资源不仅具有经济价值，还具有明显的生态价值。作为环境的重要组成部分，它与森林、水流、矿藏等自然资源一样，是人类生存和发展必不可少的条件。农村宅基地资源与其他类型的土地一样，参与自然生态循环和生态调节，具有涵养水分、调节气候、维持生物多样性、调节生态平衡等生态功能，只是当它被建上房子以后，其有些功能被削弱，但这并不影响农村宅基地资源整体具有的生态属性。因此要使这一资源得到持续可靠的供给，就必须进行科学的规划和保护，进行可持续的利用和经营。[②] 在宅基地制度改革中，有必要对农村宅基地的使用做出生态保护方面的限制性规定，要求宅基地使用权人在享有和行使权利时承担一定的义务，考虑其行为不能给他人和生态环境带来不利甚至损害的后果。

四　宅基地使用权制度的改革取向

（一）完善立法，制定《农村宅基地管理办法》

构建一个完整的农村宅基地使用权的法律体系是完善农村宅基地使用权制度的前提。全面清理和整合现有农村宅基地的法律法规，从立法

① 韩清怀：《城市化背景下农村宅基地制度改革思路探析》，《城市发展研究》2010 年第 8 期。

② 林建伟、潘书宏：《新农村建设与农村宅基地制度的创新》，《福建金融管理干部学院学报》2009 年第 1 期。

上解决目前农村宅基地的制度性顶层设计缺陷。对《土地管理法》、《担保法》、《物权法》等法律以及国务院、国土资源部、农业部、住房和城乡建设部等部委规章文件，以及地方政府的既有政策做出全面清理、调整、修改，建立和完善农村宅基地的取得、使用、登记、流转、消灭等系统的农村宅基地管理条例，明确其法律关系和法律地位。具体立法思路是：一是立法目的是兼顾农村宅基地的福利性与财产性，回归宅基地使用权的私法性质，维护农民的合法权益；二是立法核心是完善农民的宅基地使用权内容，渐进式地允许宅基地使用权有限流转，待条件成熟时，再进一步放开；三是立法步骤是先规章，再法规，最后是法律。可行的做法是先由国土资源部出台《宅基地管理办法》，再由国务院出台《宅基地管理条例》，待条件成熟，由全国人大出台《农村宅基地管理法》。

《农村宅基地管理办法》的基本内容包括总则和分则两部分。总则具有统领的作用，是整个条例的纲领和事关条例的全局的内容的综合。主要内容包括：（1）立法的目的；（2）立法的依据；（3）立法的原则；（4）立法的调整范围；（5）宅基地的概念与性质；（6）宅基地的主管部门及其职责等。分则是使总则内容得以具体化的所有条例条文的总称。主要内容包括：（1）农村宅基地使用权内容：权利与义务；（2）农村宅基地的规划与计划；（3）农村宅基地的审批程序；（4）农村宅基地的申请条件与要求；（5）农村宅基地登记发证；（6）农村宅基地的流转；（7）农村宅基地补偿；（8）法律责任。法律责任包括违反宅基地管理法规行为的民事的、行政的与刑事的责任。[①]

（二）健全权能，充实宅基地用益物权的内容

1. 确定村集体为唯一的宅基地所有者

按照法律规定，乡镇、村、村民小组都是农村集体土地产权的所有者代表，改革中应明确规定村集体为唯一的宅基地所有者，解决所有权主体缺位及多头管理的问题。根据我国《宪法》和《村民委员会组织法》规定，村民委员会是基层群众自治组织，是农村最基层的一级组

---

① 姜爱林、陈海秋：《农村宅基地立法探讨》，《湖南文理学院学报（社会科学版）》2007年第1期。

织，其组成人员均由本村村民直接选举产生，本村内重大事项均由村民大会集体决定，能够代表农民意愿并且独立行使权利，在农民当中具有代表性和权威性。目前，村级组织都具有相对健全的行政组织和领导体制，能够行使宅基地所有权的职责。加之，村集体内村民彼此认识和熟悉，可以直接对宅基地的使用进行监督。而乡级组织范围太大，管理监督费用太高；村民小组职权模糊，管理涣散，不是一级组织。由此看出，将村集体确定为宅基地所有权的单一主体，使宅基地所有人的主体地位与村民基层自治政权相结合，应是最具可行性和操作性的，从实际调研情况发现，现实中也大多是这样操作的。

2. 明确集体对宅基地的规划权和监督权

集体根据政府的统一城镇规划行使村庄的建设规划权，农民宅基地的使用必须在规划制约下进行。同时，集体有权对农民宅基地的使用进行规范管理，并加以监督。

3. 赋予宅基地使用人完整的权利内容

宅基地是构建房屋的根基，宅基地权利作为农民的一项重要财产权益，应该从法律上对其进行科学、合理的界定。赋予宅基地使用权人充分的占有权、使用权、收益权和处分权，重点是完善收益权和处分权，实现权能的完整。

占有权。占有权是指农村村民对宅基地的实际管理或控制权。占有权是宅基地使用权人实现使用、收益等其他权能的前提和基础。农村村民只有占有宅基地，才能在其上建造住宅和附属设施。占有可直接占有，也可间接占有。

使用权。使用权是指宅基地使用权人按照宅基地的自然特性、约定用途等使用宅基地的权利，以满足其生产生活需要。如宅基地使用权人在宅基地上建造住宅、厕所、猪圈、围栏等配套设施，也包括在宅基地上临时种植蔬菜、瓜果、花卉和竹木等。

收益权。收益权是指农村宅基地使用权人利用宅基地获取新增经济价值的权利。农村宅基地使用权人的收益权有两部分内容：一是农村村民在其宅基地上种植树木或养殖家禽家畜获取天然孳息；二是农村村民出租其宅基地收取租金获取法定孳息。特别是随着人们生活水平的提高，城市近郊区和风景优美区许多农民利用宅院进行民俗接待，经营

“农家乐”，发展观光休闲农业或经营商业、服务业、手工业，成为收入的主要来源，这也是收益权的进一步体现和延伸。

处分权。处分权是指宅基地使用权人对其占有的土地决定进行建房、继承、出租、转让、抵押、抛弃等的权能。农村村民的成员权只是农村村民取得宅基地使用权的依据和资格，至于农村村民实际取得宅基地并建造房屋后，其社会保障使命即告完成，他们对宅基地的控制力和支配程度便不应再受成员权的影响，其权利范围应与其他用益物权主体一样，应当包括转让、处分等在内的一切不动产用益物权之权能。宅基地使用权人的处分权主要包括以下几种：第一，出租权。出租权指的是宅基地使用权人有权将土地上的房屋一部分或全部租赁给其他公民、法人或其他组织使用，并向对方收取租金的权利。农村村民出租宅基地的方式在理论上分两种情形：一是空白宅基地的出租；二是出租住房时宅基地随同出租。第二，转让权。转让权指的是宅基地使用权人有权将宅基地使用权依法转移给其他公民、法人及其他组织。转让包括出售、交换、赠予、继承等方式。因经济发展、人口流动等原因，原宅基地权利人不再使用其宅基地的，法律应放松转让行为的限制。特别是对因继承和户口迁出引起的宅基地转让，应明确规定允许转让。第三，抵押权。抵押权指的是宅基地使用权人有权在不转移宅基地占有权的前提下，将享有的宅基地为自己和他人提供相应担保，当债务人不履行债务或双方约定情形出现时，依法就宅基地使用权变价并优先受偿的权利。目前，我国已在许多地方开始宅基地使用权抵押试点。第四，抛弃权。宅基地是农民基于身份无偿取得的一项权利，农民也可通过事实上的处分行为抛弃此权利。从国家和集体保障农民居住权的角度出发，应该告知农民不可轻易放弃。

宅基地使用权的处分权能充分体现了宅基地使用权经济价值和融资功能，有利于实现和维护农民的土地权益，增加农民财产性收入。但是基于宅基地使用权的特殊性和重要性，宅基地使用权的处分权应当遵循以下规则：第一，宅基地使用权不能单独处分。为了加强对农村土地的控制，防止利用宅基地使用权处分谋取经济利益行为，也为了防止炒卖土地行为的出现，应规定宅基地使用权不得单独转让。宅基地使用权人只有在转让住房时才可以将其房屋范围内的宅基地使用权一并转让。第二，不符合规划的宅基地使用权不允许转让。如果允许不符合规划的宅基地转让，必然会造成法律上的不正确引导，侵占和扩大宅基地的不良现象增多，导致宅基地流转秩序的混乱。第三，不能改变宅基地的住宅建设用途。宅基地使用权在土地用途上，它是作为住房建设用地而存在的，因此，承认宅基地使用权的转让并不意味着可以改变宅基地使用权用于住房建设这一土地用途，故宅基地使用权的受让人受让宅基地使用权后，除非得到有关机关的批准，不能改变宅基地使用权的用途。①

（三）整合规定，完善宅基地退出收回的机制

1. 完善退出机制

完善农村宅基地退出机制，有利于保护农民合法的财产权益，有利于调动农民的积极性，同时也有利于保护与节约土地。要制定相关的奖惩政策，使农民自觉自愿退出多余的宅基地，使得农民退出宅基地后所享有的利益要远大于持有宅基地时的利益。对于宅基地退出的补偿方式可采用货币补偿、住房置换或者给予社会保障的方式进行。鼓励有条件的农户放弃宅基地进城落户，凡已在城镇购置商品房定居或愿意进城镇规划区定居的农民，只要自愿退宅还耕且以后不再申请新宅基地，政府按退出的宅基地面积给予一次性货币补偿或置换相同面积的住房、或缴纳相应社会保障费用；在符合规划的前提下，将原宅基地和房屋有偿调剂给有条件申请宅基地的本村村民，可视作放弃宅基地享受经济奖励。农村宅基地退出补偿资金来源为耕地开垦费、土地出让金、新增建设用地有偿使用费。农民放弃宅基地后，将不影响其农村集体土地承包权益，不影响其原农民身份。同时，实施农用地计划指标与新增耕地面积挂钩政策，推行农村建设用地减少与城镇建设用地增加挂钩政策，以促进土地资源的高效与集约利用。

2. 建立收回制度

为了防止耕地流失，尽可能地恢复和增加耕地，就必须建立和健全宅基地使用权的收回制度。宅基地的收回关系到农民的切身利益，关系到宅基地使用权的存续，需要从法律层面上对此加以规范。建议集体所

① 冯寸生：《宅基地使用权制度私法规则的构建》，硕士论文，暨南大学，2008 年，第 41—42 页。

有权人可以同宅基地使用权人协商一致收回宅基地使用权。在以下情况下，农村土地所有权人报原批准用地的人民政府批准可以单方收回宅基地：(1) 为实施村庄和集镇规划进行旧村改造，需要收回调整的宅基地使用权；(2) 为集体公共设施和公益事业建设需要收回的宅基地使用权；(3) 农村村民一户一处宅基地以外的宅基地使用权，未按规定转让的；(4) 空白宅基地闲置未建超过法定期限的；(5) 宅基地上建筑物废弃超过法定期限的；(6) 地上建筑物灭失后超过法定期限未重建的；(7) 未按法律规定取得宅基地使用权涉及的宅基地；(8) 户口迁出本村且已不居住的宅基地；(9) 其他依法应当收回的宅基地。对于被收回宅基地使用权的宅基地使用权人丧失宅基地使用权，不得再向村集体重新申请宅基地。①

(四) 加强管理，加大宅基地集约利用的力度

1. 科学规划

宅基地规划滞后和小而分散的农村宅基地布局模式是制约农村经济社会发展的一个重要因素。科学合理的规划对改善农民的生活、生产环境，促进农村、农业可持续发展具有重要意义。要做到规划先行、全盘考虑、统筹协调，避免盲目建设。要在新型城镇化过程中，结合新一轮土地利用总体规划修编工作，制定和完善村庄建设规划，科学合理地编制农村宅基地使用规划，充分考虑规划的有效期和稳定性，着眼于长远建设，有计划、有重点地逐步推进宅基地集居化建设。一是村庄规划的编制和实施需要依靠公众的力量。村庄规划的编制和实施要尊重和体现村民的真正意愿，确保广大村民关心规划、理解规划、支持规划；应当因地制宜、节约用地，发挥村民自治组织的作用，民主决策、民主管理。村庄规划一经批准就具有法律效力，必须严格执行，各级政府、村级组织、企事业单位、农民都要严格按村庄规划进行。② 二是通过规划从严控制宅基地用地的规模和布局。充分发挥村庄规划的控制和引导作用，统筹安排城乡存量建设用地，整合优化农村居民点布局和用地。本

① 王伟：《宅基地使用权研究》，硕士论文，大连海事大学，2010 年，第 44—45 页。

② 潘书宏、林建伟：《论我国农村宅基地制度的改革与创新》，《海峡法学》2010 年第 4 期。

着尊重历史、面向未来、区别对待的原则，完善人均宅基地面积等相关标准，从严控制宅基地用地的规模和布局。三是实行分类指导，引导农民居住向新型社区集中。对地处工业规划区、城镇规划区、大中城市郊区的农村，要加快村庄改造步伐，鼓励建设与城镇建筑风格相融合的多层住宅为主的新型农村居住社区。对于地处农业发展区和生态保护区的农户，应控制单家独院式建设，在规划居民点内支持建设公共设施比较完善的户均占地节约集约型的联户联排式农宅。积极引导分散居住农户、新建翻建农户以及已向非农产业转移的农户向城镇及其周边地区的新型社区集中居住，提高城镇人口集聚水平和资源利用效率。① 四是注重村庄整治规划，积极开展宅基地整理工作。开展农村宅基地整理，是充分利用土地资源，实行节约用地、合理用地和内部挖潜的一项重要举措。通过调整完善农村宅基地整理政策，提高复垦指标收购价、补助复垦经费提高各地开展农村宅基地整理的积极性，着力解决当前农村中存在的“空心村”等严重浪费宅基地资源的现象，实现农村宅基地的集约高效利用。

2. 优化管理

完善农村宅基地制度事关广大农民的切身利益，必须保障广大农民的知情权、参与权、表达权和监督权。完善现行农村宅基地管理制度，要扩大农民有序政治参与，要充分反映广大农民的意愿和诉求，创造条件让广大农民参与农村宅基地管理制度改革、创新、评议和检讨。只有在宅基地的优化管理上做足文章，才能使得农民的权益得到最大的保护，当地经济才能得到更大的发展。一是吸收村民代表参与管理，公开透明操作。在宅基地审批上，要着力完善公开、公平、公正的宅基地审批制度，公开审批条件和程序，公开收费项目及收费标准，公开计划用地指标，公开申请建房用户的名单，公开审批结果，杜绝宅基地审批中的权钱交易及乱收费现象。吸收村民代表参与管理，听取群众的合理意见与建议，使宅基地管理工作置于村民及社会的监督之下。二是杜绝以权谋私、贪赃枉法，加大处罚力度。健全和完善村务公开制度、村级事

① 曹良明：《关于创新农村宅基地制度的若干思考》，《宁波经济》2008 年第 6 期。

务民主决策制度和民主评议村干部制度，切实保障村民群众的知情权、决策权、参与权和监督权，强化对村干部的监督制约。实施村级财务和村干部经济责任审计制度，每年定期组织村级财务会审、村主要负责人任期审计、离任经济责任审计，并以村务公开的形式及时公布。加大对违纪违法村干部的处罚力度，该追究刑事责任的，一律从严从重处罚，杜绝以权谋私、贪赃枉法现象的蔓延。三是加强土地信息网络建设，健全地籍档案。给各村配备计算机，加强土地信息网络建设，建立宅基地管理台账资料，一户一档，数据准确，切实保障“一户一宅”法律制度的有效落实，也方便宅基地的管理和查阅，利于纠纷发生后的调查和处理。

3. 严格执法

法律的生命力在于执行，农村乱占耕地违法建房屡禁不止的主要原因之一就是查处难、执行难，因此，完善机制，严格执法就显得尤为重要。一是加强土地执法队伍建设。要切实加强乡（镇）基层国土资源管理队伍建设，充实专业人员，配备必要的执法装备，保障正常的工作经费，建立一支素质高、业务精、作风硬、忠于职守、秉公执法的土地执法队伍，充分发挥乡（镇）基层国土资源管理所在宅基地管理中的作用。二是加强部门联合执法力度。严格执法，重点查处破坏耕地、违法建房和非法交易的行为。必要时，国土资源部门要协调法院、公安、建设、监察、宣传等部门联合执法，形成执法合力，以威慑违法并发挥警示教育作用。三是建立巡回监督检查制度。加强巡查，及时处置，将违法占地建房抑制在萌芽状态。建立预防为主、事先防范与事后查处相结合的制度，定期对宅基地进行检查，经常开展巡回检查，严厉查处农村乱占滥建的行为。加大对乱收费、乱罚款的治理力度，严禁“以罚代法、以罚代批”行为的发生。同时，建立执法监督制度和责任追究制度，实行执法公示，公开接受社会监督。

4. 健全监督

我国农村宅基地使用权法律制度在现实运行中出现的一系列问题与其监管乏力是有直接关联的。健全科学合理、切实可行的农村宅基地使用权监管制度应做好以下几点：一是建立分工明确、以乡为主的监督体制。我国现行的以县级以上人民政府的土地行政主管部门为主的农村宅基地使用权监督机构已不能适应实际的需要，应建立以乡级政府监管为主，以县级和集体为辅的监督体制。县级政府土地管理部门主要在宏观上制定土地政策或土地规划，并监督土地政策的执行与落实。乡级政府是基层政府部门，接近农村地区，对农村宅基地状况比较了解，有利于执行各种管理监督活动。作为农村土地所有者的集体经济组织不能被排除在外，应发挥其在农村宅基地使用权监管方面应有的优势。二是完善宅基地运行全过程的监管方式。农村宅基地使用权的运行是一个过程，是从开始申请、使用、登记、流转直到消灭的动态过程，因此做好动态、全过程监管工作才能从根本上克服超标使用、未批先建等违法使用宅基地问题。同时在监管过程中不能仅停留于书面的审查、轻率行事，应做好申请内容与实际状况是否相符的审查，可以采取实际走访、调查工作等方式，从而最终做到严格依法监管。三是强化监管主体的责任追究制度。建立和真正落实各级监管主体的责任追究制度，对农村宅基地使用权的监管是权力也是责任，因此在行使监管职权过程中也要形成相对应的责任追究机制，且责任要落实到具体的机关和人员上，并作为其考核的一个量化指标。①

第三节　宅基地使用权初始取得制度研究

宅基地使用权是农民的一项基本权利，直接关系到农民的生存问题。在新型城镇化快速推进的过程中，宅基地使用权作为农民的一项重要财产权利的作用更加凸显。随着宅基地使用权升值的空间越来越大，农民对宅基地使用权的重视程度也越来越高。而目前我国相关法律法规对宅基地使用权的规定较少，特别是对宅基地使用权取得的规定不完善、不具体，使得农民的宅基地权益不能得到很好的保护。因此，对宅

① 欧阳国：《中国农村宅基地使用权法律制度研究》，硕士论文，西南政法大学，2011年，第30—31页。

基地使用权初始取得的主体、方式、程序等问题进行深入研究，并提出具有可操作性的具体建议，为进一步完善宅基地使用权初始取得制度，保护农民的宅基地权益，促进农村社会的和谐稳定都具有重要意义。

一　宅基地使用权取得方式的概述

作为一种特殊的用益物权，宅基地使用权的取得与其他物权取得相同，也具有两种方式：一种是宅基地使用权的初始取得，另一种是宅基地使用权的继受取得。

（一）宅基地使用权初始取得

宅基地使用权的初始取得，即宅基地使用权的设立，是指宅基地使用权人首次产生的，直接从土地所有权人取得宅基地使用权，不是依赖于他人的意志或既存权利而取得的。宅基地使用权的初始取得又可以分为以下三种情况。

一是申请取得，是指符合条件的申请人按照法定程序向集体经济组织申请取得宅基地使用权的方式，该方式是宅基地使用权初始取得的主要方式。凡是通过申请取得宅基地使用权的，首先申请人要符合条件，即申请人必须是本集体经济组织成员或者其他法律规定的可以申请宅基地使用权的人，而且必须从未申请取得过宅基地使用权；其次要按照法定程序向本集体经济组织或村民委员会提出申请并经讨论通过；最后还要经过人民政府的审批才能获得宅基地使用权。

二是分配取得，这种情况主要是由于在该地区进行公共设施建设，经有关人民政府批准，由集体经济组织统一收回宅基地，对被收回宅基地的村民重新统一分配宅基地进行房屋建设，或者该地区宅基地由于自然灾害等原因消失的，对于失去宅基地的农民，有关政府批准重新分配宅基地的，该宅基地取得方式是由政府统一分配取得的。

三是初始登记，对原有宅基地进行占有、使用和收益，达到一定期限的，通过登记并颁发土地使用权证书而取得宅基地使用权的方式。这种方式其实是一种时效取得，由于我国法律并不承认这种取得方式，所以初始登记并没有被立法所承认，但是由于历史遗留所造成的有关宅基地占有等问题，通过宅基地使用权的初始登记来清理历史遗留问题又是必需的，所以宅基地使用权初始登记只是针对宅基地使用权制度实施前，农村村民已经占有的宅基地，原则上法律承认其合法性，并依法予以登记。实践中，最高人民法院事实上也承认对宅基地使用权的时效取得。这从最高人民法院1985年3月15日《关于吴天爵等与新宾镇集体饮食服务店房产纠纷案的批复》和1985年11月21日《关于解放前劳动人民之间宅基地租赁契约是否承认和保护问题的批复》中可以看出，采取的是时效取得的思路。

根据上述分析，宅基地使用权初始取得的后两种方式分别是根据法律的直接规定和依清理历史遗留问题产生，所以关于宅基地使用权初始取得，我国采用的是以申请为主、法律规定为辅的方式。

（二）宅基地使用权继受取得

所谓宅基地使用权的继受取得是指宅基地使用权的取得是依赖于他人既存的权利或者他人的意志产生而取得的方式。宅基地使用权的继受取得主要是通过转让和继承实现的。

所谓宅基地使用权转让是指宅基地使用权人将自己的房屋以出卖方式让与他人的同时，连同房屋所占有的宅基地一起让与他人占有和使用的行为。我国虽然不允许宅基地使用权的单独转让，但是农村村民的私有房屋的流转并不为法律所禁止，因此，宅基地使用权可以通过房屋转让时一并转让而取得。

所谓宅基地使用权的继承是指当拥有宅基地使用权的村民死亡时，房屋作为被继承人生前合法财产而被继承，根据地随房走原则，继承人同时取得房屋所占宅基地的使用权的行为。

二　宅基地使用权初始取得的主体

（一）农村宅基地使用权人与所有权人

1. 宅基地使用权人

《土地管理法》第62条规定的宅基地使用权人是符合申请条件的本集体经济组织成员，不是本集体经济组织成员，不符合申请宅基地条件的，不能申请取得本集体经济组织所有的宅基地。虽然《土地管理法》等法律法规以及部门规章和地方性法规都规定了“一户一宅”原则，但是“户”能否成为宅基地使用权取得的主体，有着不同的看法。

有的学者认为，“户”并不是一个规范的法律概念。对于户的规定主要是为了满足户籍管理制度，而不能完全符合宅基地使用权取得的主体要求。[①] 有的学者认为户不是单独的民事主体，只是为了申请和管理的方便而由国家和集体认可的单位，一户是与宅基地的一处相对应的，是对宅基地使用权初始取得的限制。[②]

纵观各种法律法规，对于“户”的内涵和外延均未做出明确的界定，在一定程度上导致宅基地使用权取得的主体在实践与法律法规以及政策方面相冲突和混乱。《户口登记条例》第5条规定：“户口登记以户为单位。同主管人共同居住一处的立为一户，以主管人为户主。单身居住的自立一户，以本人为户主。居住在机关、团体、学校、企业、事业等单位内部和公共宿舍的户口共立一户或者分别立户。”根据这一规定，“户”实际上包括了三种情况：一是共同生活户，同主管人共同居住一处，具有血亲或者姻亲关系；二是单独生活户，独居一处；三是共同事业户，因某种共同目的而联结在一起。[③] 户所强调的是共同居住，不仅包括因血缘或婚姻关系而共同居住在一起的集合体，还包括共同居住在单位内部和共同宿舍的集合体。根据我国现行法律法规关于宅基地使用权初始取得制度所涉及的户，只包括共同生活户和单独生活户，不包括共同事业户。由于宅基地使用权制度设立的目的是保障农村村民的基本生活，保障其居住条件，而共同事业户是为了某种共同的利益，或是为了共同的生产或是为了共同的经营才共同居住在一起的，他们应通过其他方式取得建设用地使用权，而不是通过宅基地使用权的初始取得方式而取得。

根据我国现行的法律法规可以看出，“户”只是作为宅基地使用权初始取得的申请单位，“户”仅仅是作为宅基地使用权初始取得的形式主体出现的，而宅基地使用权真正的使用权人即符合宅基地使用权申请条件的本集体经济组织成员，才是宅基地使用权初始取得的实质主体。

① 解玉娟：《农村宅基地使用权取得制度的研究》，《安徽农业科学》2008年第7期。

② 高圣平、刘守英：《宅基地使用权初始取得制度研究》，《中国土地科学》2007年第2期。

③ 周洪亮：《户的视角下的农村宅基地使用权的取得研究》，《中国农村观察》2007年第5期。

根据我国的法律和各地的政策法规，宅基地使用权取得的实质主体主要是具有本村户籍，并且在本村进行生产劳动的人员。具体又可分为以下几类：（1）本集体经济组织成员出生或者收养的子女，这些人员当然具有申请宅基地的资格。（2）回乡落户的人员，主要是指离休、退休、退职的职工、干部回乡落户和复员军人以及华侨、港澳台同胞和外籍华人回乡定居需要建房而无宅基地的人员，对于这些人员取得宅基地使用权所需要的条件，大多数的政策法规并没有做出明确的规定。有些地方对其做出了限制性规定，如《宁波市农村宅基地管理办法》第 14 条第 1 项规定："经批准回乡落户的城镇干部、职工、军人和其他人员申请建造住宅的，应当持有原所在单位或者原户口所在地乡（镇）人民政府出具的无住房证明材料办理有关手续，其宅基地面积标准适用落户地的标准。"（3）外来人口落户人员，主要是指原来并不是本集体经济组织成员，而是基于某种原因成为本集体经济组织成员，包括与本集体经济组织成员具有合法婚姻关系而落户的其他集体经济组织成员和根据其他原因迁入本集体经济组织的人员。前者成为本集体经济组织成员是毋庸置疑的，而对于后者有些地方性法规和政策性文件并没有做出明确的规定。对此有些地方对这些人员在资格和时间上做出了限制性规定来限定其范围，如《宁波市农村宅基地管理办法》第 11 条第 4 项规定："经县（市）、区人民政府批准引进的专业技术人员确需在农村安家落户的，有权申请宅基地。"《宁波市鄞州区农村宅基地管理办法（试行）》第 11 条第 10 项规定："户口迁入我区农村不足 10 年的村民不得申请宅基地。"（4）实施村镇规划、垦区移民、灾难毁坏等原因需要迁移和重建的人员。通过上述规定可以看出，实践中各地对宅基地使用权初始取得的申请主体的范围有扩大化的趋势。

2. 宅基地所有权人

宅基地使用权属于用益物权的一种，用益物权的初始取得是基于所有权人与用益物权人所设定用益物权合同而取得的，基于用益物权的初始取得原理，宅基地使用权的初始取得也应该是所有权人和宅基地使用权人之间签订的合同而取得的，但是实际中宅基地使用权的初始取得是通过宅基地使用权人属于集体经济组织成员中的一员而取得的，并且是通过审批取得的。宅基地使用权初始取得的这种规则是与物权法规则相违背的。既然宅基地使用权是建立在所有权基础之上的一种他物权，就应该符合他物权的基本原理，由宅基地使用权人和宅基地所有权人根据自己的意志决定，但是前提应是合理地利用土地资源。

但是纵观各种法律法规以及政策，宅基地所有权人并没有过多地被提及，根据我国的《宪法》、《土地管理法》和《物权法》的规定，宅基地作为农村土地的一种，应该属于农民集体所有。根据农民集体所属的不同，分为三种情况：第一种情况是村农民集体所有，由村民委员会或者村集体经济组织行使其所有权；第二种情况是村内两个或两个以上农民集体经济组织所有，一般是由过去的生产队沿袭下来的村民小组，由村内各集体经济组织或者村民代表小组行使其所有权；第三种情况是乡（镇）农民集体所有，由乡（镇）人民政府代表乡（镇）农民集体行使所有权。这种权属结构基本上是沿袭了原人民公社体制下的“三级所有”结构，但是这种三级所有结构在一定程度上造成了宅基地所有权的不清晰，应将这种三级所有结构改为一级结构，也就是将村农民集体设为宅基地所有权人，这样不仅更加明确了宅基地所有权人，而且有利于对宅基地的管理，符合当前农村生产力的发展水平，并与《村民委员会组织法》规定的以村为单位实行村民自治相一致。

综上所述，将农民集体所有界定在一定的集体范围之内，将整个村为界限划定农民集体享受宅基地的所有权，参照国家所有权的实现形式，将农民集体界定为一个独立的民事主体，设立各级村民大会或者村民代表大会为它的权力机关和意思机关，由它代表农民集体行使其所有权，而村委会则充当其常设机关，对外代表村进行活动，对内管理农村集体土地和其他财产。

（二）宅基地使用权初始取得的主体资格限制

1. 成员权概念及特征

宅基地使用权的申请主体首先要具备本集体经济组织成员的资格，这主要是对宅基地使用权初始取得的主体身份的一种限制。做出这种限制的主要目的是保护村内农民的切身利益和维护农村社会的和谐与稳定。由于在一定的农村集体经济组织范围内，土地的数量是有限的，随着人数的不断增加，其他村民的原有份额就会不断减少。在土地集体所有制基础上形成和积累的共同利益，只有本集体经济组织的成员才能够享有、分割和支配，未经集体同意，任何组织或他人都不能染指、分割、平调属于本集体的利益。[①] 具备集体经济组织成员的资格直接关系整个集体经济组织及其所有成员的利益。在集体经济组织中，一旦将成员的利益与集体经济组织的利益密切联系在一起，则对集体经济组织成员的界定无论对集体成员个人还是成员集体都是极其重要的。[②]

成员权是因我国农村集体所有制而产生的一项具有中国特色的权利。成员权是以成员资格为前提，成员所享有的是一种概括性权利。成员权具有以下特点：（1）成员权以成员资格（地位）为发生的基础。成员权是与成员的资格相联系而与成员的人身是无关的，成员因出生或者加入取得成员资格从而具备成员权，因死亡或者退出丧失成员资格而消灭成员权。（2）成员权是一种复合性的权利。成员权的利益是归结为参与利益和狭义的财产利益，主要表现为以求得经济利益为主的对集体土地经营利益的分配权以及以非经济利益为取向的对集体所有权行使的表决权、知情权及监督权等。（3）成员权是一种法定性的权利。在原始取得的情况下，成员权是与生俱来的，是成员一出生就具有的权利，而在继受取得的情况下，外来人要与本集体经济组织约定并经集体经济组织成员的同意才能取得的，这种约定和同意是以法律为依据的。（4）成员权是一种有限制的私权。成员权作为一种私权，其除了一般意义上的限制外，还有特殊的限制即其行使时要受集体统一意志的强烈制约，在一般情况下个别成员无权进行处分，尤其是行使经济民主管理权即共益权时。出现这种限制是由于成员权是来自农民作为集体组织中的一员的所有权。（5）成员权具有专属性。成员权只可以随着成员的资格转移而转移的，一般不能继承。[③]

2. 成员权的界定

宅基地使用权作为农民一项重要的财产权利，宅基地使用权初始取得又是无偿的，于是确定宅基地使用权申请主体是否具有该集体经济组织的成员的资格就成为关键问题。一般来说，成员权的取得主要有三种方式：首先是入社取得，这主要是指在20世纪50年代在农业合作化运

① 詹成付：《取得村民资格为啥这样难》，《中国社会报》2000年7月6日第3版。

② 韩松：《论集体成员与成员集体——集体所有权的主体》，《法学》2005年第8期。

③ 吴兴国：《集体组织成员资格及其成员权研究》，《法学杂志》2006年第2期。

动过程中向农业合作社入社的社员；其次是出生取得，本集体经济组织成员的子女在一出生时就成为本集体经济组织的成员，取得了成员权；再次是加入取得，主要是指因婚姻、收养以及移民等原因而成为一个集体经济组织的成员，从而取得成员权。

虽然取得成员权的方式有很多，但是如何界定成员权，现行法律法规并未规定其认定的标准和程序。学术界主要有三种不同观点：第一种是采取登记主义，主要是以户籍所在地是否在本集体经济组织所在地为划定成员权的标准；第二种是采取事实主义，主要是以是否在本集体经济组织内部长期生活来划定成员权的标准；第三种是采取折中主义，主要是以户籍登记为基础，长期生活为辅助来划定成员权的标准。从实践来看，户籍应成为认定是否具有本集体经济组织成员的重要标准，但不是唯一标准，还应该考虑成员与集体经济组织的经济生活联系等情况。

我国法律规定宅基地使用权初始取得的主体是以“户”为申请单位的，而申请主体实质是本集体经济组织成员，要具备本集体经济组织成员的资格才能成为宅基地使用权的申请主体。成为本集体经济组织成员，应同时具备以下几个条件。

（1）应具备农业户口。宅基地使用权是国家为了保障农民的基本居住需要而设定的一项制度，农业户口是其获得宅基地使用权的标签。我国的集体经济组织是以行政村为划分依据的，而土地所有权的主体又是集体经济组织，因此农业户口所在地又是划分成员归属哪个集体经济组织的标准，而集体经济组织成员只能成为农业户口所在地的集体经济组织的宅基地使用权的申请主体。即户籍在本村，就取得该村集体成员资格。这种认定方式简便易行，也能被农村社会风俗习惯所接受。

（2）一般应长期在本集体经济组织从事生产劳动，并以其为主要生活来源。虽然户口仍然是农业户口，但是在城镇有着稳定的工作和长期的居住条件，实际上这些人员已经脱离了集体经济组织，不应再具有本集体经济组织成员资格，因为他们可以享受国家提供的社会保障，有着安定的工作，不再和集体经济组织有着生产和生活的联系。对于那些虽然在城镇工作但是没有在城镇安居的人员，虽然也没有参加本集体经济组织的生产与劳动，但是他们并没有享受国家提供的社会保障，获得基本的生活保障，对于这些人他们的主要生活来源主要的还是依靠本集体经济组织，他们仍然具备本集体经济组织的成员资格。一般来说，在认定成员资格时，应该将其是否在本集体经济组织中长期生产和生活作为考虑的因素。

（3）原始取得以出生为标准，继受取得以加入时间为标准。成员资格的取得分为原始取得和继受取得，于是在界定集体经济组织成员资格时，时间的界定也应考虑在范围之内。

在市场经济中，由于利益的驱动，在界定本集体经济组织成员资格时条件不断地扩大，会侵害本集体经济组织其他成员的利益，加深人与地的矛盾，所以，在认定本集体经济组织成员资格时不能采用单一的标准，可以采取列举式和概括式相结合的方法来界定本集体经济组织成员的资格，不但避免难以列尽所有，还避免留下立法漏洞。宅基地使用权初始取得的最重要的主体就是本集体经济组织成员，具备本集体经济组织成员的资格，才能成为申请宅基地使用权的主体。因此集体经济组织成员资格的界定是宅基地使用权初始取得主体的关键。除此之外，作为宅基地使用权人，也就是宅基地使用权的申请主体还应具备其他两个条件：其一，村民应该成为一“户”，包括共同生活户和单独生活户。我国法律明确规定宅基地使用权是以“户”为申请单位的。虽然“户”与“家”的含义不同，但是“户”是以家庭为基础的。“户”的认定应以一个家庭通常不再分家为止，这样的家庭就可以认定为一户。[①] 其二，该户从未申请取得过宅基地使用权。如果该户已经申请取得了一处宅基地或者将取得的宅基地转让后再申请宅基地的，受理机关是不予批准的。宅基地使用权初始取得的申请主体必须具备上述三个条件，否则宅基地使用权的初始取得的申请主体是不适格的。

三　宅基地使用权初始取得的方式

（一）宅基地使用权初始取得的配置方式

1. 无偿配置

《物权法》第 153 条只是规定宅基地使用权的取得、行使和转让，

① 田建强：《农村宅基地使用权的取得方式与政府监管》，《重庆社会科学》2009 年第 8 期。

适用土地管理法等法律和国家的有关规定。《土地管理法》规定农村村民一户只能拥有一处宅基地，并且宅基地的面积是不能超过省、自治区、直辖市所规定的标准的。还规定了农村村民建造住宅所使用的土地，必须要经过乡人民政府或者镇人民政府的审核，并由县级人民政府批准才能取得，涉及占用农用地的，还要依法办理相关的审批手续。由此可以看出，我国《物权法》和《土地管理法》都是坚持了宅基地使用权初始取得采用无偿取得的方式。所谓宅基地使用权的无偿配置主要是指符合条件的本集体经济组织成员想要取得宅基地建造住宅时，只需向本集体经济组织申请，并经人民政府核准就可取得，无须支付对价的情形。

宅基地使用权的无偿取得是有着其深刻的历史背景和经济原因的。在社会主义新时期过渡总路线确立以后，城市迅速向工业化发展，为了保障其发展，整个农村经济都成了保障城市发展以及城市居民生活的辅助器。长期以来，我国农村经济和生活水平远远落后于城市，此种落后集中体现在社会保障体系的建立上。[①] 而我国农村又是一个较为封闭和传统的社会，大多数的农民不会轻易地离开自己生活的地方，他们所生活的住宅及其所覆盖的土地大多数是继承的祖宅。我国在将农村土地私有制转变为集体土地所有制的同时，农民失去了基本的生活保障，如果再采用有偿配置的方式取得，那么就意味着城市工业化是以牺牲农民基本生活保障为代价的，这样可能造成社会的动荡，不利于社会的发展，于是国家采取无偿配置来补偿农民，保障农民的基本生活。

2. 有偿配置

所谓宅基地使用权的有偿配置主要是指集体经济组织成员要想取得宅基地建造住宅，就要支付相应对价的情形。宅基地使用权有偿取得是1990 年初提出的，主要是针对当时的无偿取得宅基地使用权使得农民侵占大量的耕地进行住宅建设，浪费土地资源，并且农民无偿取得宅基地使用权完全是通过审批而获得的，这样也使得行政权力过大，行政权力滥用，也导致在社会分配中出现极度的不公平现象而提出的。

宅基地使用权有偿取得在当时取得了积极的作用，一方面宅基地使

---

① 朱岩、高圣平、陈鑫：《中国物权法评注》，北京大学出版社 2007 年版，第 491 页。

用权有偿取得制度使得多占土地建造房屋、大量浪费土地资源的现象得到了限制，保护了耕地资源，解决了建设用地与耕地之间的矛盾；另一方面宅基地使用权有偿取得也相对控制了一定的行政权力。但是宅基地使用权有偿取得实际上是变相增加农民负担，剥夺农民重要的社会福利，所以1993年中共中央办公厅和国务院办公厅联合发布的《关于对涉及农民负担项目审核处理意见的通知》中又取消了宅基地有偿使用的试点。2003年国务院法制办公室发布的《对〈关于答复农村村民建住宅占有耕地收取耕地开垦费有关问题的函〉的复函》中指出，耕地开垦费是不宜向农民个人收取的。但是该规定并没有强制性地要求耕地开垦费不需要向农民个人收取，因此根据这一规定又意味着农民占用耕地建造房屋是需要承担相应的耕地开垦费的。2009年国土资源部出台的《关于促进农业稳定发展农民持续增收推动城乡统筹发展的若干意见》中提出在严格管理宅基地，确保宅基地用益物权的基础之上，要积极地探索在农村集体经济组织内建立有偿使用宅基地使用权制度，提高宅基地的利用率。

因此，笔者认为，虽然我国的《物权法》仍坚持宅基地使用权的无偿取得，但是宅基地使用权有偿取得应是我国对农村宅基地使用权进行改革的一种趋势，它不但符合法理上的公平效率原则，还符合社会主义市场经济的发展需要。

（二）宅基地使用权初始取得的有偿取得

1. 宅基地使用权有偿取得的实践

随着改革开放30多年来的发展，农村的居住情况发生了巨大的变化，虽然大部分地区的农村房屋从瓦房转变为楼房，居住环境得到了极大的改善，但是许多农村却出现了不同程度的“空心村”现象。宅基地的闲置与扩张并存，是我国农村经济发展过程中出现的新问题，也成了阻碍社会主义新农村建设的一大重要难题。针对这一问题，浙江省衢州市开化县采取了宅基地有偿选位的做法，充分发挥了土地有偿使用，充分利用农民较强的宅基地区位的价值意识，以及充裕的民间资本，运用市场竞争机制，公平合理地利用土地资源，来解决经济发展与保护耕地之间的矛盾，改善村民的居住环境和生活质量。

所谓宅基地有偿选位就是指由村集体统一组织，对于符合村庄规划并且具有区位优势的宅基地进行整合，以此打破村民小组的界限，并向符合本村有建房资格和条件的农户进行公开招标，有偿收取选位费的做法。竞价选位按照“公平、公正、公开”的原则进行，采取报名、审核和公开竞价的招标程序进行，而选位费的定价也是按照宅基地的区位优势和土地级差资源的不同公平定价，并且所获得的选位费也主要是用于村内公共基础设施配套工程建设，切实解决新农村建设中宅基地安排难、基础设施建设资金缺等问题。在宅基地有偿选位以后，对腾出的宅基地进行复垦，改造为耕地，促进土地资源的优化配置和集约利用。[①]开化县在农村改革过程中，采取这种宅基地有偿选位的做法，不但运用市场机制解决在旧村改造过程中资金不足的问题，还收购了闲置宅基地，缓和了宅基地闲置与土地资源紧缺的矛盾，维护了农村稳定。

宅基地有偿选位是我国新时期建设新农村过程中采取的一种新举措，也是对宅基地使用权有偿取得改革的成功实践。宅基地有偿选位对我国建设新农村产生了重要的影响，主要体现在以下几个方面。

（1）有效地解决了推进农村人口集聚和一户一宅建房之间的矛盾。我国法律规定农村采取一户一宅的原则，农户建房是不能打破村民小组界限的，而我国为了更好地建设农村，大多数都编制了村庄规划，推进农村人口集聚。实施宅基地有偿选位不但节约了土地资源，优化村庄布局，还使得村庄人口向中心村集聚，使得基础设施由大多数村民共享，减少资金投入。

（2）有效地解决了优势宅基地资源偏少与农户建房要求逐渐提高之间的矛盾。我国土地资源稀缺，优势宅基地资源更是少之又少，而农民建设档次高的住房，选择优势地位建设住房的意识越来越强烈，传统的将原来住宅重建已经不能满足农民的要求。而采取宅基地有偿选位的方法，不但有效利用土地级差资源，排除宅基地分配中出现的人为因素，农民公平合理地获得宅基地，还可以让农民自由地选择自己所需要的宅基地进行住房建设。

（3）有效地解决了农村经济薄弱与建设新农村需要大量的资金之

---

① 姜立忠：《农村开展宅基地有偿选位的做法与思考》，《浙江国土资源》2009 年第 8 期。

间的矛盾。我国农村经济发展相对缓慢，而进行新农村建设需要大量的资金投入进行基础设施建设来改善农村的面貌，宅基地有偿选位则充分发挥了宅基地的价值作用，将宅基地公开竞投所得的选位费作为农村进行基础设施建设的资金，为建设新农村筹集大量资金，缓解了资金不足的局面。

（4）有效地解决了闲置宅基地与保护耕地之间的矛盾。宅基地有偿选位合理地利用土地资源，宅基地选位以后，将大量闲置的宅基地回购重整，绝大多数被退宅还耕，复垦造田，增加了耕地面积。

2. 宅基地使用权有偿取得的原因

近年来，随着市场经济的高速发展，我国正在由传统的农业社会向现代工业和城市社会、传统的计划经济向开放的市场经济转型。这使得原有以计划体制、城乡分割制度为基础的均分、福利性质、行政配置的农村宅基地使用制度赖以生存的社会经济条件逐步丧失，市场化（效率）、城乡一体化（公平）已经成为包括取得宅基地使用在内的制度改革的总体方向。[①] 宅基地使用权有偿取得成为改革农村宅基地使用权制度的一个重要方面的内容，宅基地使用权有偿取得有着其深刻的内在和外部原因。

（1）宅基地使用权有偿取得符合平等原则。我国现行法律仍对宅基地使用权有着诸多的限制，不能充分地发挥宅基地的财产属性，造成城乡之间的不平等，不利于优化城乡土地资源的配置。土地的价格由于地理位置以及优劣程度的不同而不同，因此宅基地的区位优势也决定着宅基地使用权的价格有高低之分，如果采取无偿取得的方式，就会造成村民的不平等，而采取有偿取得的方式取得宅基地使用权使得村民可以平等地参与竞价，满足不同村民的需求。

（2）宅基地使用权有偿取得符合公平原则。我国实行可持续发展战略，不仅要求同代人公平地享受土地资源，还应该在开放利用土地资源的同时兼顾后代人的需求，维持代际公平。而宅基地使用权无偿配置，使得农民不断扩大自己宅基地面积的欲望不断增长，侵害耕地资

① 唐俐：《社会转型背景下宅基地使用权初始取得制度的完善》，《海南大学学报（人文社会科学版）》2009 年第 6 期。

源，使得耕地面积不断缩小，这不仅会造成环境资源破坏，损害当代人的切身利益，还损害了后代人的基本生存问题，与可持续发展战略中的公平观相违背。而宅基地使用权的有偿配置，相对抑制了农民的这种欲望，减少由于农村建设用地所造成的对耕地的破坏。

（3）宅基地使用权有偿取得符合效率原则。我国采取宅基地使用权无偿取得有着深刻的历史背景和社会经济的原因。但是在经济社会转型的背景下，笔者认为我国立法仍采取宅基地使用权无偿取得是不符合效率价值的，宅基地的无偿取得和免费使用会促使村民增长取得宅基地使用权的“搭便车”的心理，使农民扩张宅基地面积的欲望增强；宅基地使用权的无偿取得还会给土地的利用带来低效率，农民往往在无偿取得宅基地使用权后并没有进行住房建设，而是将其闲置，造成耕地面积不断减少的同时又有大量的宅基地被闲置得不到很好的利用，使得土地资源的使用价值得不到很好的发挥；另外，宅基地使用权无偿配置缺乏相应的社会监督，导致行政权力过大，破坏市场经济的基本规则，也妨碍了宅基地有偿退出机制的建立。恰恰相反，宅基地使用权的有偿配置正是根据市场的需求而流动或转让的，服从效率的标准，在市场经济发展的过程中，宅基地使用权的财产属性越来越明显，集体经济组织和农民本可以在符合土地规划基础上自由地配置宅基地，在有偿配置的情况下，获得发展农村经济的资金和保障农民基本生活水平的资金。

总之，宅基地使用权的有偿取得有其必然性，不但能够充分体现宅基地使用权财产属性，切实保护农民的根本利益，促进城乡统筹发展和建设新农村，保持农村经济的稳定发展。还符合市场发展需要，利用市场机制合理地配置土地资源，保护耕地资源，保证农村的可持续发展。

3. 宅基地使用权有偿取得的法律规制

（1）理顺国家在宅基地使用权分配中的地位。建设用地使用权的所有权人为国家，它的取得是由他的所有权人即国家决定的，而宅基地使用权是一种用益物权，它本应是所有人即集体经济组织的一项权利，国家对此不应该加以干预。而我国现行的法律并没有赋予集体经济组织完全、自由、充分享有的权利，大多数是受到国家的限制的。若宅基地使用权初始取得采取有偿配置，那么就应该明确国家在宅基地使用权分配过程中所起到的作用，也就是说对国家在宅基地使用权取得中的作用做出合理的限制。国家应该在宅基地使用权初始取得过程中发挥指引和保护作用，使其符合社会公共利益，以及国家需要保护其权利不受组织或他人的侵害。因此，国家在宅基地使用权初始取得的过程中充当监督者，不应该作为民事权利的主体。

（2）确定宅基地使用权的合理价格。宅基地使用权是村民最基本的生活需求，从它产生以来就承担着保障农村村民的居住功能，但是随着市场经济的不断发展，我国农村居民的收入不断增长，宅基地使用权在农村起到的这种住宅保障功能越来越弱。又因为我国还没有在农村建立起和城市居民类似的如住房公积金、住房消费贷款，以及经济适用房的住宅保障制度，宅基地使用权的保障功能还是存在的。因此，在现阶段，我国应该加快在农村建立住房保障制度，宅基地使用权有偿取得应根据各村不同的情况以及村民的收入情况来具体地决定。宅基地使用权的价格则应该以农民的经济承载能力以及土地的区位优势来进行综合定价。

（3）明确宅基地使用权的收益分配。在宅基地使用权有偿取得推广以后，为了防止地区收益的不断拉大，要明确宅基地使用权的收益分配方式。宅基地使用权初始取得所获得的收益应该由集体经济组织享有，并且这些收益应该主要用于村内基础设施的建设以及改善农民的福利等。宅基地使用权所取得的收益以及支出应该明确地体现在村集体财务会计账目上，并且定期向村民公布，接受村民监督。

四　宅基地使用权初始取得的程序

（一）宅基地使用权初始取得审批

1. 宅基地使用权初始取得行政审批的规定

我国《物权法》中没有具体规定宅基地使用权的取得的程序，只是规定宅基地使用权的取得、行使和转让，适用土地管理法及其他法规政策的相关规定。我国《土地管理法》第 62 条规定农村村民建设住宅，应当符合乡镇土地利用的总体规划，并应该尽量使用原有的宅基地和村内的空闲地。农村村民申请住宅用地的，需要经过乡镇人民政府的审核，并由县级人民政府批准，其中涉及占用农用地的，应该依法办理审批手续。《村庄和集镇规划建设管理条例》中规定农村的村民在村庄和集镇规划区内建设住房的，应当首先向村集体经济组织或者村民委员会提出建房申请，并经村民会议讨论通过后，按照审批程序办理，即首先如果需要使用耕地的，应该经过乡镇人民政府的审核，并在县级人民政府建设行政主管部门审查同意，出具选址意见书后，依照《土地管理法》的规定向县级人民政府土地管理部门提出用地申请，在经过县级人民政府批准后，由县级人民政府土地管理部门划拨土地；如果使用原有的宅基地、村内空闲地或其他土地的，应由乡级人民政府根据村庄、集镇规划和土地利用规划依法进行批准；如果是城镇非农业户口居民想要在村庄、集镇规划区内使用集体所有的土地建设住宅的，应当经其所在单位或者居民委员会的同意后，依法按照审批程序进行办理；如果是回原籍村庄、集镇落户的职工、退伍军人和离休、退休干部以及回乡定居的华侨、港澳台同胞，在村庄、集镇规划区内使用集体所有的土地建设住宅的，也要按照审批程序办理。2004 年制定的《关于加强农村宅基地管理的意见》中提出改革和完善宅基地审批制度，规范审批程序。其中要求各省、市要根据农民住宅建设的特点，按照严格管理，提高效率，便民利民的原则，对农村村民建设住宅占用农用地的审批办法进行改革。各县根据省、市的关于农村宅基地占用农用地的计划指标和农村村民住宅建设的实际需要，向省、市或设区的市、自治州申请办理农用地转用审批手续，依法批准后由县按户逐宗批准供应宅基地。而对于农村村民住宅建设使用村内空闲地、老宅基地和未利用土地的，由村、乡逐级审核，批量报县批准后，由乡逐宗落实到户。该意见还规定了申请报批程序，即农村村民建设住宅需要使用宅基地的，应该先向本集体经济组织提出申请，并在本集体经济组织或村民小组张榜公布。在公布期满后无异议的，须在乡审核以后，报县审批。农村集体经济组织或村民小组应及时将依法批准的宅基地的审批结果张榜公布，并且要求在审批过程中，乡国土资源管理所要实地审查申请人是否符合条件、拟用地是否符合规划，实地丈量批放宅基地，实地检查是否按照批准的面积和要求使用土地的“三到场”。以上的相关规定就是我国对审批制度的法律规定。

2. 宅基地使用权初始取得行政审批的问题

根据上述法律法规的相关规定，我国农村宅基地使用权初始取得采取的程序，尤其是需要人民政府的审批手续，是存在一些问题的。

（1）行政许可模式不合理。在物权法上，通过民事法律行为来设定他物权是常态，通过行政行为来设定为之例外。[①] 我国农村宅基地使用权初始取得是否需要行政行为来设定？宅基地使用权具备物权固有的属性，它决定了其开发和利用应当由土地所有者即集体经济组织做出决定，而宅基地使用权的审批程序变相地否认了集体经济组织的所有权，将本应属于土地所有者的权利由国家政府部门享有。

（2）行政审批程序不完善。主要体现在村民会议讨论形同虚设。按照我国法律的规定，村民向村委会提交申请宅基地使用权的申请书后，村干部则应根据申请举行村民会议进行讨论和表决。但是绝大多数村民对集体土地并没有主体意识，不认为集体土地的最终归属与自己有法律上和实际上的意义，反而将村民会议视为一项负担，躲避、拒绝等态度十分普遍。大多数村民参政议政思想落后，仍然觉得自己只是被管理的对象，在公共事务上，不愿也不敢多和村干部接触。这就导致宅基地的批准权实际上均由村委会中的几个主要干部，甚至一两个人决定。[②]

（3）行政审批监管不到位。我国宅基地使用权初始取得在大多数的农村，是否获得宅基地使用权多数情况下是取决于村干部的决定，在审批过程中，村干部具有实际的决定权，缺乏严格的监督，容易造成权力的滥用，加大审批主体以权谋私的可能性。

3. 宅基地使用权初始取得行政审批的改革

（1）改由村级组织决定。宅基地使用权初始取得的行政审批程序是为了防止村民乱占耕地，乱建住房，控制宅基地用地规模，保护耕地。建议国家政府部门对于申请宅基地的主体是否符合法律的规定，是否享有成员权以及是否具有申请宅基地的资格的审查，宅基地选址是否符合村镇规划和土地利用总体规划的审查，宅基地面积是否符合法律规定的限额标准的审查是可以交由宅基地所有权人根据法律以及政府部门的规定完成的，没有必要一一审批和控制，就可达到其控制宅基地用地规模、保护耕地的目的。

（2）完善村民会议制度。我国村民和村级组织对宅基地的申请者

---

① 于波：《农村宅基地使用权取得模式研究》，《理论月刊》2011 年第 7 期。

② 申欣欣：《宅地基使用权审批制度研究》，《中国农业大学学报（社会科学版）》2006 年第 1 期。

比较了解，村民会议制度更是在审批过程中起到关键性的作用。村民会议应该对申请的每一块宅基地进行审查，根据宅基地的总数将村民会议组成人员按照公平原则分成若干评议小组进行讨论，严格按照土地利用总体规划以及申请宅基地的条件、面积进行评议，并将评议的内容、结果、评议人员记录在评议记录簿上，评议的结果要加盖村委会公章，表决采用无记名投票方式。

（3）加强日常监管力度。一方面加强村民的监督，村民对于本村内的宅基地的情况比较了解，具有天然的信息优势，利用村民的这种优势不但能够迅速地了解宅基地申请人是否符合宅基地申请条件，还能够控制村干部等滥用权力以权谋私。另一方面，将政府部门由决策者转变为管理者，政府部门尤其是土地管理部门在工作中变被动为主动，加强了监管力度。

（二）宅基地使用权初始取得登记

1. 宅基地使用权初始取得登记的概述

宅基地使用权的初始取得登记是指当事人向国家专门机关申请将宅基地使用权的设立记载于国家设计的专门登记簿册上的事实或者行为，其中登记的内容主要包括宅基地的使用权人、取得时间、宅基地的面积、用途、结构、等级、坐落、图形等。它的主要特征：第一，宅基地使用权的初始取得登记是依申请而为的行为；第二，宅基地使用权的初始取得登记的内容是法定的；第三，宅基地使用权的初始取得登记是设立行为。

宅基地使用权是农民享有的一项重要的财产权利，它直接关系着农村经济的发展和农村社会的和谐与稳定，宅基地使用权又是一项重要的不动产物权，不动产物权是以登记为公式方法的，因此，对宅基地使用权初始取得进行登记的主要目的，一是为了确认农民对宅基地享有的合法权利，保护其合法权利不受侵害；二是明晰宅基地使用权的产权，减少不必要的纠纷；三是解决目前宅基地使用权混乱的状况。

但在实践中，各地的宅基地使用权登记工作进度不一。一方面，办理宅基地登记所需要的资料过多，程序复杂，是村民不愿进行登记的主要原因之一；另一方面，村民占地面积大，宅基地面积超标现象严重，也导致村民不愿进行登记。

2. 宅基地使用权初始取得登记的问题

（1）宅基地使用权登记立法层次较低。我国《物权法》规定已经登记的宅基地使用权在转让或者消灭时，应该及时地办理变更登记和注销登记，但未规定农村宅基地使用权初始取得必须进行登记。《土地管理法》是规范国家对土地财产保护和对土地资源合理利用进行管理的法律，也未对宅基地使用权初始取得的登记规则进行规定。宅基地使用权登记的相关规则主要规定在《土地登记办法》等部门规章以及地方性法规、地方政府规章、通知、决定、批复中，这些规范立法层次偏低，系统性较差，内容分散，互不协调的状况较为严重。

（2）宅基地使用权登记实践操作较差。第一，一户多宅，超面积建房的如何登记？现行法律规定农村村民一户只能拥有一处宅基地，且使用面积不得超过省（市、区）规定的标准。而实践中一户多宅、宅基地面积超标的现象较为严重。产生这种现象的主要原因包括历史原因、建新不拆旧、购买和继承以及其他原因。对这些问题应如何登记发证是一个急待解决的问题。第二，不符合规划，自发流转建房的如何登记？实践中有些宅基地建房不符合村镇统一规划，农民建房随意性大。有些受经济利益驱使，私下将宅基地转让、出租甚至改变用途建房，影响着宅基地登记工作的顺利开展。第三，权属不明，有宅基地纠纷的如何登记？宅基地使用权登记的前提条件是宅基地确权，权属不明、界址不清、面积不准等引发了许多宅基地纠纷，而登记之前必须先确定权利属于谁，如果不能确定权利人的，宅基地使用权也将无法进行登记。

（3）宅基地使用权登记服务查询较难。我国不动产登记的机关不统一，登记资料处于分散保管的状态。农村宅基地使用权登记还存在农村房屋与宅基地使用权的登记机关至今未能理顺的问题，加剧了宅基地使用权登记资料保存混乱、分散的状况。农村的教育文化水平相对落后，基层法律服务比较滞后，农民群众到相关机构查询登记资料比较困难。另外地理位置相对偏远的农村，农民去登记相关机构查询登记资料非常不便，成本较高。①

① 周珏：《浅议宅基地使用权登记制度的完善》，《云南大学学报（法学版）》2011年第2期。

3. 宅基地使用权初始取得登记的完善

（1）加快统一不动产登记法的立法步伐。目前，不动产登记法已列入立法规划，正在加快制定。《不动产登记法》的内容应主要包括登记机构的设置及其职责、登记人员的资格及其职责、不动产登记簿的内容和形式及其不动产登记资料的查询与复制、不动产登记程序与不动产登记的审查以及不动产登记赔偿责任等。考虑到宅基地使用权的特殊性，不动产登记法中应设专章或以单独条款规定宅基地使用权登记的特殊规则。完备的法律是保护不动产权利人的前提和保障，只有建立了统一的不动产登记法律才能彻底保障宅基地使用权人的合法权益，减少宅基地纠纷，促进农村经济发展和维持社会的稳定。

（2）完善宅基地使用权登记的具体规则。第一，妥善解决“一户多宅”、“超面积建房”的登记问题。要坚持“一户一宅”，不能为一户村民颁发两宗宅基地的土地使用权证书的基本原则。对于因继承、赠予等合法途径获得房屋而占有宅基地的情况，可以予以登记。对于面积超标的宅基地应在宅基地登记时注明超标的面积数，并告之超标部分归集体所有，占有人只具有暂时的使用权。以后分户建房或现有房屋拆迁、改建、翻建或政府依法实施规划重新建设时，按当地政府规定的面积标准重新确定使用权，其超过部分退还集体。第二，明确违反规划，自发流转建房的登记问题。对于违法规划和违法宅基地，应当查明土地历史使用情况和现状，应在依法补办用地批准手续和对违法用地进行处罚后，进行登记发证。对于农村宅基地自发流转、私下联合建房问题，应严格依据国家相关规定，农村住宅用地只能分配给本村村民，城镇居民不得到农村购买宅基地、农民住宅或“小产权房”。单位和个人不得非法租用、占用农民集体所有土地搞房地产开发。对城镇居民在农村购买和违法建造住宅申请宅基地使用权登记的，不予受理。[①] 第三，合理解决权属不明、有宅基地纠纷的登记问题。对于权属不明或有争议的宅基地，首先应有相关机关进行确权后登记。对于出现宅基地纠纷的，尽量调处，无异议的再进行登记。纠纷尚未解决的，只调查不登记发证。

---

① 赵玉娟、安守林：《宅基地登记发证的相关政策把握》，《中国土地》2013 年第5 期。

（3）健全宅基地使用权登记的查询制度。土地登记簿记载了宅基地使用权的具体状况，根据物权公示原则，土地登记簿应该予以公开，以便当事人查询，提高透明度，保护交易安全，防止暗箱操作和腐败的发生。首先要明确查询的内容，权利人查阅宅基地登记信息原则上应该不包括国家机密和个人隐私的信息。其次是要明确查阅的主体，宅基地权利人和利害关系人可以查询登记资料。最后要减少查询的成本。在乡镇或村委会设立登记查询服务中心，方便群众查阅，应规定农民群众可免费查询农村土地登记簿所记载的内容。

第四节　陕西省农村宅基地使用权与农民土地权益保护的实证研究

一　调研目的和地区

为了解当前陕西省宅基地使用权的现状、流转、纠纷和农民权益的保护问题，2013 年 7 月 8 日至 20 日，课题组组织部分老师和学生组成暑期社会实践团队，对陕南地区汉中市洋县和商洛市镇安县、关中地区咸阳市三原县和渭南市澄城县、陕北地区延安市延长县和榆林市横山县等地区的宅基地使用权现状、流转及纠纷和农民权益保护的相关问题进行了实地调研。由于人员、时间等因素的限制，无法对全省大部分市县进行调研。而选取的这 6 个市县在陕西省具有代表性，陕南地形以丘陵、山地为主，关中地形以平原为主，陕北地形以高原、沙漠为主；既有城市郊区县，又有农业为主的县；既有相对富裕县，又有贫困落后县。本次调研通过入户采访、问卷调查、抽样调查、座谈访谈等方式对有关宅基地使用权的相关问题和农民权益的保护第一手资料进行了解。通过此次调研为进一步分析当前陕西省宅基地使用权与农民权益保护的问题、提出完善建议提供实践依据和参考。

二　调研形式和过程

根据调查目的和内容的时效性原则和经济性原则，调查主要分三种形式：第一，对陕南、关中和陕北地区的个别乡村进行调查；第二，发放调查问卷；第三，深入农户进行访谈。属于问卷调查与典型调查的结合。

在调查开始之前，首先对调研员进行了关于宅基地基本知识的普及和调研技能的培训。要求调查员：（1）熟悉调查问卷内容，对问卷中易产生歧义之处做统一规定。（2）尊重和礼遇村民，营造一种聊天式的氛围，使之自由诚实、舒适地回答问卷，让他们自愿参与调查。（3）学会运用通俗易懂的语言和概念，让村民能正确地理解问卷问题。（4）培训强调，调查必须客观地记录村民的看法，不得主观臆断揣测村民的观点。并且介绍了从以往直接访问中所获取的经验，重申了团队纪律。

调研的第一阶段，将调研人员分为三组，每组由1名老师带队，4名学生组成，分别对每个县的2个乡镇或村进行了解调查，了解和掌握陕西省各个地区宅基地使用权的现状和基本情况。第二阶段，调研组通过发放调查问卷和访谈的方式深入农户了解相关的第一手资料。第三阶段，对调查问卷进行进一步的审核和最后的录入，保证了数据的真实有效性。第四阶段，对调研得到的数据进行进一步的整理和分析，撰写调研报告。

本次调研共发放调查问卷600份，收回有效问卷530份，其中陕南地区177份，关中地区181份，陕北地区172份，实际录入530份。由于主要采取的是抽样调查，虽然无法反映全省的实际情况，但问卷中的数据真实地反映了调研地区宅基地使用权的基本情况，具有一定的代表性。

三　调研的基本情况

（一）调研市县基本情况

为了总体反映陕西省农村宅基地使用权的现状和问题，调研组选取了陕南、关中、陕北三个地区的6个县作为调查地点。

1. 陕南地区

汉中市洋县。洋县位于陕西南部，汉中盆地东缘，北依秦岭，南靠巴山，汉江横贯其中。总面积3206平方公里，人口44万人，全县辖20个镇，362个行政村，6个社区管委会。境内共有山地总面积2314平方公里，占全县总面积的72.2%；丘陵总面积667平方公里，占总面积的21.1%；平川面积215平方公里，占总面积的6.7%。洋县属北亚热带内陆性季风气候，境内四季分明，光照充足，气候温和湿润。全县种植蔬菜 15.4 万亩，以梨、柑橘为主的水果 14.5 万亩，药材 21.2 万亩，生猪饲养量 70.3 万头。龙须草种植面积 20 万亩，居全国之首；出产厚朴、枣皮、黄芩等中药材 469 种，是陕西省中药材基地县；黑、白、红、绿、紫五彩米闻名全国，洋县黑米被列为国家地理标志保护产品；22 万亩生产基地 5 大类 20 余种农产品获得有机或有机转换认证。

商洛市镇安县。镇安县位于陕西省东南部，商洛市西南部，秦岭东段南麓，汉江支流，乾佑河中游。其距西安市 195 公里，距商洛市 178 公里，总面积 3487 平方公里。镇安境内多山，地形以山地为主，土壤肥沃的河川地貌是主要耕地分布区，总面积约 101.3 万亩，占全县总面积 19.42%。全县耕地严重不足。该县辖 14 个镇 11 个乡，205 个行政村，3 个社区，1060 个村民小组。总人口为 28.3312 万人，其中农业人口 24.83 万人，占 92%。总人口中汉族占 95.8%，回族占近 4.0%。镇安大板栗、核桃、象园茶、生漆等大宗林特产品闻名国内外。天麻、二花、五味子、当归等野生中药材达 480 余种，素有“天然药库”之称。

2. 关中地区

咸阳市三原县。三原县位于陕西关中平原中部，渭河以北，为省会西安市的北大门，距西安约 36 公里，咸阳约 40 公里，距咸阳国际机场 22 公里，铁路、公路纵横交错，四通八达。总面积 576.9 平方公里。全县辖 10 镇 4 乡，207 个行政村，815 个自然村，10 个居民委员会，人口 42.3 万，其中农业人口 23.34 万人。以灌淤土、塿土和黄土为主，土地肥沃，土质良好。自然资源条件优越，地势平坦，平原广阔，水利发达，历史悠久，为陕西省重要的粮、棉、菜、果产区之一。

渭南市澄城县。澄城县位于陕西关中平原东北部，地处秦晋豫黄河金三角经济协作区腹地。全县辖 10 镇 266 个行政村。总面积 1121 平方公里，耕地 90 万亩，总人口 40 万人，其中农业人口 30 万。澄城农业特色鲜明。苹果、生猪、经济林、劳务输出四大支柱产业，在全省走出了一条“果畜结合、板块推进、循环发展”的现代化农业新路径。全县苹果面积 42 万亩，年产量 35 万吨，是陕西省果业强县，全国苹果生产 30 强县。生猪存出栏达到 75.3 万头和 106 万头，是省上百万头生猪养殖示范县之一，国家生猪养殖标准化示范区。

3. 陕北地区

延安市延长县。延长县位于陕西北部，延安市东部，延河下游，全县总面积2295平方公里。辖6镇6乡。总人口15万人，其中农业人口11.7万人。主要河流有黄河、延河。黄河沿秦晋省界过境，境内流长44.7公里。延长县土地资源丰富，以黄绵土和黑垆土为主的土壤土层深厚，光照充足，适宜种植多种农作物，"延长苹果"、"延长酥梨"多次荣获大奖。现有梨果面积31万亩，以苹果为主的绿色产业成为农民群众增收致富的主导产业。

榆林市横山县。横山县位于榆林地区中、南部，毛乌素沙漠南缘，明长城脚下，无定河中游。地处内蒙古、陕西交界，古称塞北边陲。全县总面积4081平方公里，辖10镇、8乡、358个村民委员会、6个社区。总人口33万，农业人口占93%，人口密度约为每平方公里76人。距榆林市102公里。全县农耕地100万亩，林业用地270万亩，牧业用地250万亩。横山县是正在建设的国家能源化工基地以及"西气东输、西煤东运、西电东送"的重要组成部分，也是历史悠久的边塞重镇和革命老区。

（二）受访者个人及其家庭的基本情况

本次调查中调研组花费了一定时间调查受访者个人及其家庭的基本情况，其目的是将农户对宅基地的看法与他们自身的生活背景联系起来，研究他们对宅基地相关问题做出不同回答的原因。

1. 受访者性别、年龄的情况

本次调查的有效问卷530户受访者中，男性受访者为189人，占全部受访者的35.6%；女性受访者为341人，占全部受访者的64.4%。受访者中，年龄在18—25岁的占全部受访者的3%；在25—35岁的占全部受访者的4%；在35—45岁占全部受访者的53.3%；在45—55岁的占全部受访者的32.7%；55岁以上的占全部受访者的7%（见图5—1）。

由调查及图5—1可以看出，由于大多数中青年男子外出打工，留守农村的大多为中年妇女，所以受访者大多为中年女性，而且在调查中发现年纪越大的受访者对宅基地的感情越深厚，并多愿意作为自家住所，不愿将宅基地用作其他用途。

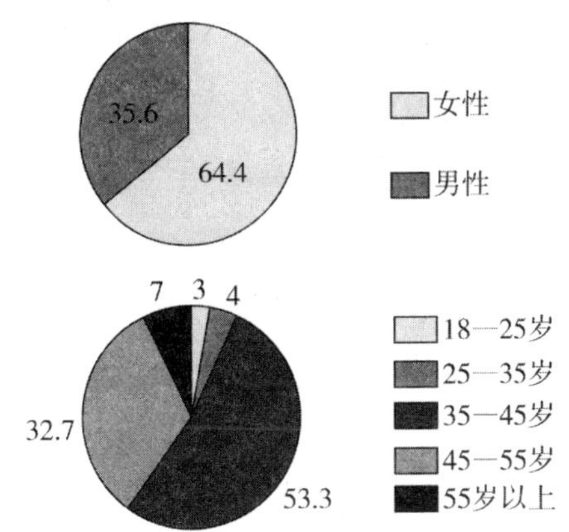

图 5—1　受访者性别和年龄分布情况（单位:%）

2. 受访者受教育程度及职业情况

从受教育程度上看，初中及以下文化程度的人有 294 人，占全部受访者的 55.4%；受过高中文化程度的有 163 人，占全部受访者的 30.7%；大中专文化程度的人有 58 人，占全部受访者的 10.9%；本科及以上文化程度的有 16 人，占全部受访者的 3%（见图 5—2）。

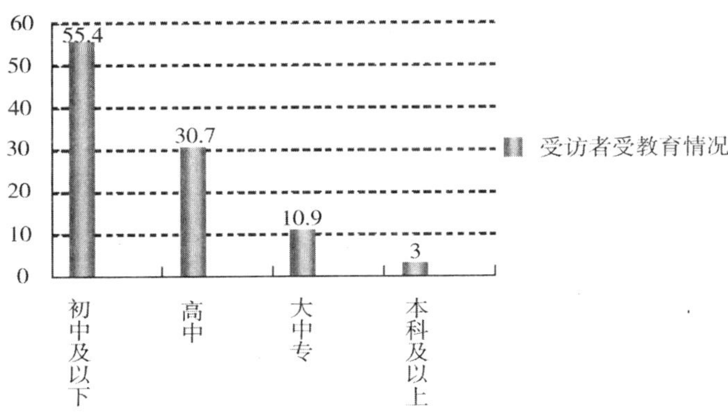

图 5—2　受访者受教育情况分布（单位:%）

从受访者目前主要从事的工作来看，受访者大部分以务农为主业，占全部受访者的70.3%；以打工为主的占到全部受访者的17.8%；以经商为主的占到全部受访者的8.9%；从事其他职业的受访者占到全部受访者的3%（见图5—3）。

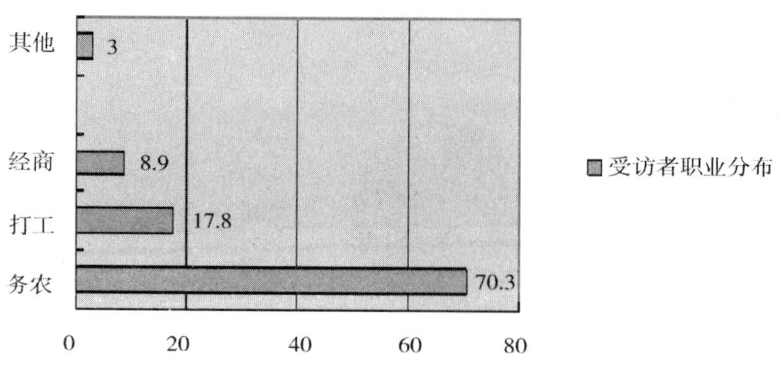

图5—3　受访者职业分布情况（单位:%）

由图5—2、图5—3可见，受访者的整体受教育程度仍然不高。这反映在农民所从事的职业趋势上，受访者普遍认为，目前以及今后的很长一段时间，村里的劳动力一是外出打工赚钱，二是靠继续耕种田地。务农仍将是农民日后的主要出路。即使是外出打工的人，或是兼有其他收入的，大多数人都觉得农民仍是自己的根本身份。

四　调研的数据分析

（一）宅基地使用权的现状

1. 宅基地取得方式的基本情况

从调查的结果来看（见表5—1），陕西省当前农村农民获得宅基地的方式主要有四种，分别是向村委会或有关部门申请、父辈继承、改造农田或非农建设用地、向其他村民租用或其他方式，其中54.5%向村委会或有关部门申请所得，这说明无偿申请取得仍是主要方式。但还是有14.0%的农民是通过改造农田或非农建设用地的方式获取宅基地的，关于这14.0%的存在比例是不是通过正当程序获取宅基地的，我们不得而知。但这种情况的出现或多或少地说明了当地农村宅基地资源紧张，不排除有滥用宅基地的行为。

表 5—1　　关于获得宅基地方式的调查统计数据　　单位：个、%

获得宅基地的方式＼地区	陕南		关中		陕北		全省平均	
	样本	占比	样本	占比	样本	占比	样本	占比
向村委会或有关部门申请所得	94	53. 1	105	58. 0	90	52. 3	289	54. 5
父辈继承	40	22. 6	41	22. 7	40	23. 3	121	22. 9
改造农田或非农建设用地	25	14. 1	19	10. 5	30	17. 4	74	14. 0
向其他村民租用或其他方式	18	10. 2	16	8. 8	12	7. 0	46	8. 6
合计	177	100	181	100	172	100	530	100

2. 宅基地数量的基本情况

调查显示，陕南、关中、陕北地区当地农村村民只有一处宅基地的平均百分比为 68. 3%，而“一户两宅”甚至是“一户多宅”的情况仍占 18. 9%，大多数人表示多出的宅基地主要是买卖、继承所得（见表 5—2）。根据对于宅基地数量的调查，发现农村的宅基地的流转和买卖问题是客观存在的，虽然法律规定宅基地为一户一处原则，但是随着市场经济的发展和逆城市化的不断推进，很显然法律对于宅基地的流转和买卖现象的规定是存在滞后性的。

表 5—2　　宅基地数量的基本情况统计数据　　单位：个、%

是否只有一处宅基地＼地区	陕南		关中		陕北		全省平均	
	样本	占比	样本	占比	样本	占比	样本	占比
是	125	70. 6	122	67. 4	115	66. 9	362	68. 3
不是	24	13. 6	41	22. 7	35	20. 3	100	18. 9
不知道	28	15. 8	18	9. 9	22	12. 8	68	12. 8
合计	177	100	181	100	172	100	530	100

3. 宅基地面积的基本情况

调查数据（表5—3）显示，陕南、关中、陕北三个地区宅基地面积大小也有差异。陕南和陕北地区宅基地面积主要为151—200平方米，占57.1%和56.4%。而关中地区，有38.7%的农民宅基地面积为101—150平方米，34.2%的农民宅基地面积为151—200平方米，总体占到70%以上。根据陕西省国土资源厅关于印发《贯彻国土资源部〈关于加强农村宅基地管理的意见〉的实施办法》的通知等相关法律规定："严格实行农村村民一户一处宅基地的法律规定。农村宅基地面积的标准：平原每户不超过133平方为（二分），川地、原地每户不超过200平方为（三分）；山地、丘陵地每户不超过267平方米（四分）。"由此可见，关中地区作为平原超宅基地面积的情况比较严重，151平方米以上的占到45.8%。这说明，农民对于法律规定的宅基地面积意识模糊不清，人为的扩张占有意识比较严重，没有意识到扩张占有会对农村集体合理规划利用宅基地造成消极影响。

表5—3　　关于宅基地面积的调查数据统计情况　　单位：个、%

地区 宅基地面积	陕南		关中		陕北		全省平均	
	样本	占比	样本	占比	样本	占比	样本	占比
50—100平方米	24	13.6	28	15.5	19	11.0	71	13.4
101—150平方米	29	16.4	70	38.7	23	13.4	122	22.8
151—200平方米	101	57.1	62	34.2	97	56.4	260	49.2
201平方米以上	23	12.9	21	11.6	33	19.2	77	14.6
合计	177	100	181	100	172	100	530	100

4. 宅基地使用权证获得的基本情况

调查发现，陕南、关中、陕北地区没有宅基地使用权证书的占到57.2%（见表5—4）。调查中还发现，绝大多数村民将宅基地使用权证和房屋产权证混淆，部分村民没有认识到宅基地使用权证的重要性，有些村民的宅基地是从父辈继承过来的，所以对于宅基地使用权证的相关问题也是一知半解。调查人员并没有完全看到所有的宅基地使用权证，村民只是说存在，但具体是什么时间、通过谁获得的，村民无法表述清楚。根据村支书的描述，关于宅基地使用权证的取得问题，由于时间久远、村委会的换届调整等因素，对于宅基地使用权证的相关问题也无法表述清楚。根据对宅基地使用权证的调查，村民对于宅基地的法律问题存在盲点，对于自身的合法权益了解得不够全面。一旦发生纠纷，无法通过合法的途径解决相关的宅基地纠纷。

表 5—4　　**是否有宅基地使用权证书的调查数据情况**　　单位：个、%

地区 / 是否有宅基地使用权证书	陕南		关中		陕北		全省平均	
	样本	占比	样本	占比	样本	占比	样本	占比
有	59	33.3	58	32.1	37	21.5	154	29.0
没有	96	54.2	104	57.4	103	59.9	303	57.2
正在办理	9	5.1	11	6.1	14	8.1	34	6.4
不清楚	13	7.4	8	4.4	18	10.5	39	7.4
合计	177	100	181	100	172	100	530	100

（二）宅基地使用权的流转

1. 陕南地区宅基地流转问题的基本情况

根据数据统计，在陕南地区有效填写的 177 份调查问卷样本中，通过对数据的整理，可以看出陕南地区宅基地使用权流转的现状。其中，有超过 80%的村民认为当地农村宅基地是可以流转的，其余的村民有明确表示知道不可以，也有的村民表示对此不清楚；对于宅基地买卖现象的调查中，40%的村民反映当地农村没有宅基地买卖现象，关于宅基地向城市居民出售的情况，42.5%的村民表示没有出售意向；关于农村房屋买卖的现象，72.5%的村民认为只要双方签订协议，买卖合同即生效（见图 5—4）。

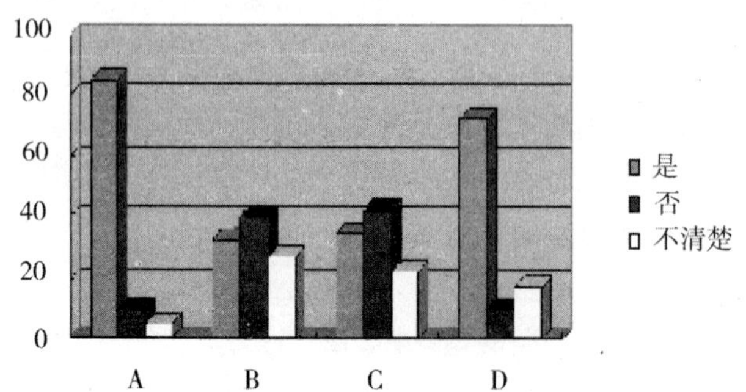

图 5—4 关于陕南地区农村宅基地使用权流转问题的调查问卷统计（单位:%）

注：A. 当地农村宅基地是否可以转让；

B. 当地是否有宅基地买卖现象；

C. 当地的住宅是否向城市居民出售；

D. 当地农村的住房与同村居民之外的人进行买卖是否有效。

2. 关中地区宅基地流转问题的基本情况

对关中地区 181 份有效调查问卷进行分析，得出以下这组数据。认为农村宅基地可以转让的农民占 48%，其他的并不支持转让；10%的村民认为该地区有宅基地买卖现象，而又有半数以上的村民认为只是个别买卖现象，其他 48%的人对该地区宅基地买卖状况不了解；对于农村住宅是否向城市出售的问题，村民的看法有较大分歧，4%的村民支持向城市居民出售，但超过半数的人认为不应该出售给城市居民，其他村民尚不清楚；从数据中不难看出，在农村宅基地买卖上，5%的村民认为房屋可以与同村居民之外的人交易，5%认为此种买卖无效，其他绝大部分对此问题还不清楚（见图 5—5）。

3. 陕北地区宅基地流转问题的基本情况

综合陕北 172 份有效调查问卷，从中可以得出这样一组数据：在农村宅基地是否可以转让的问题上，60%的村民赞同转让，只有 7.5%的村民觉得不可以随意转让，还有相当一部分不知道是否能够转让；数据显示，27.5%的村民认为其村子有宅基地买卖现象，60%觉得买卖现象只是个别存在的，并不广泛，其他村民表示不清楚；对于当地农民的住宅是否向城市居民出售的问题，有 55%的村民反映有房屋出售现象，

25%的村民认为没有出售现象，当然还有部分村民依然纠结和迷茫是否能将自己的住宅出售给城市居民；从数据中还得出，农民认为自己的房屋与同村居民之外的人交易是有效的占到总数的50%，其他的表示不可以或暂时不清楚（见图5—6）。

4. 陕西省宅基地流转问题的整体情况

综合530份有效调查问卷，从中可以得出这样一组数据：在农村宅基地是否可以转让的问题上，60%以上的村民赞同转让，24.6%的村民觉得不可以随意转让，还有相当一部分不知道是否能够转让；数据显示，31.7%的村民认为其村子有宅基地买卖现象，40.8%觉得买卖现象只是个别存在的，并不广泛，其他村民表示不清楚；对于当地农民的住宅是否向城市居民出售的问题，有32.6%的村民认为有出售现象，40.8%的村民认为身边没有出售现象，当然还有部分村民依然纠结和迷茫是否能将自己的住宅出售给城市居民；从数据中还得出，农民认为自己的房屋与同村居民之外的人交易是有效的占到总数的64.6%，其他的表示不可以或暂时不清楚（见图5—7）。

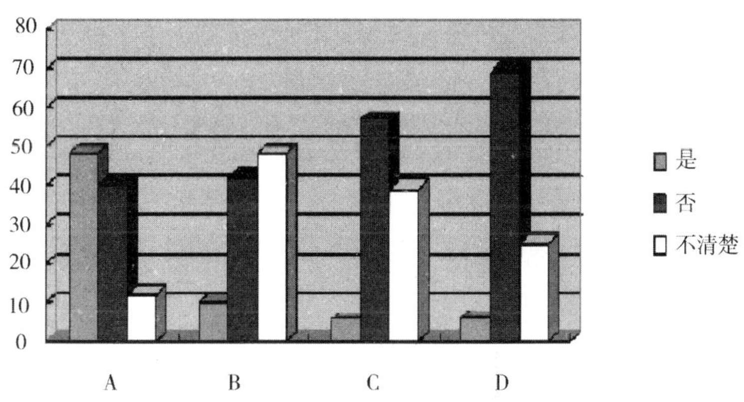

图5—5　关于关中地区农村宅基地使用权流转问题的调查问卷统计（单位:%）

注：A. 当地农村宅基地是否可以转让；

B. 当地是否有宅基地买卖现象；

C. 当地的住宅是否向城市居民出售；

D. 当地农村的住房与同村居民之外的人进行买卖是否有效。

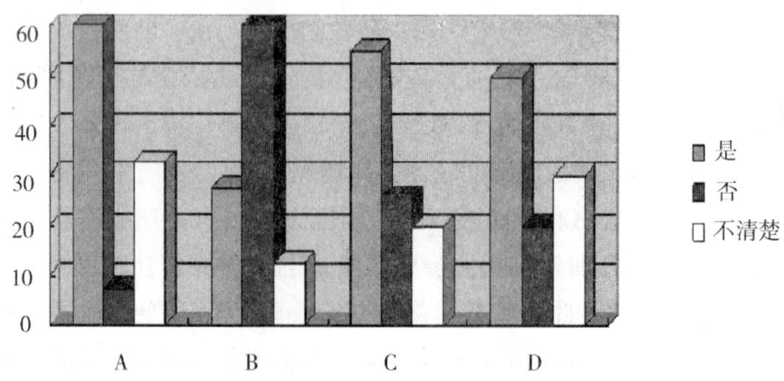

图 5—6　关于陕北地区农村宅基地使用权流转问题的调查问卷统计（单位:%）

注：A. 当地农村宅基地是否可以转让；

B. 当地是否有宅基地买卖现象；

C. 当地的住宅是否向城市居民出售；

D. 当地农村的住房与同村居民之外的人进行买卖是否有效。

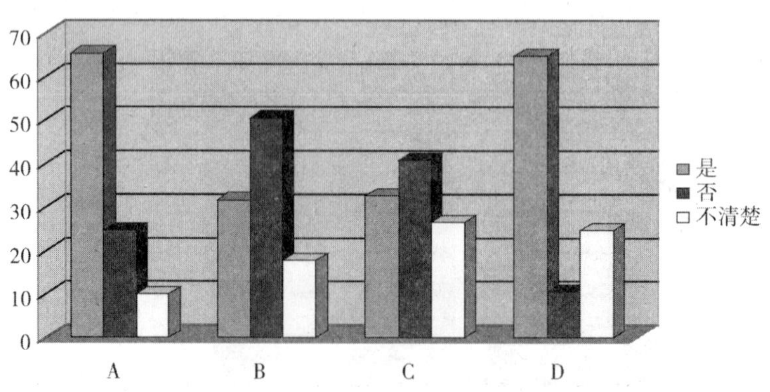

图 5—7　关于陕西省农村宅基地使用权流转问题的调查问卷统计表（单位:%）

注：A. 当地农村宅基地是否可以转让；

B. 当地是否有宅基地买卖现象；

C. 当地的住宅是否向城市居民出售；

D. 当地农村的住房与同村居民之外的人进行买卖是否有效。

根据上述数据的反映情况，随着商品经济的发展，显然对于宅基地的流转和出售的现象已经是普遍存在的，但是我国《土地管理法》和

《物权法》对于宅基地的相关规定还存在着滞后性，法律对于“一户一处”的宅基地的基本规定已经不能从其表面的含义和性质去规定宅基地的流转问题，因此完善宅基地的实体法已经成为解决宅基地相关纠纷的关键所在。

（三）宅基地使用权的纠纷

1. 宅基地使用权纠纷是否存在

调查发现，有23.6%的村民认为存在宅基地使用权纠纷，25.3%的村民认为没有宅基地使用权纠纷，51.1%的村民不清楚宅基地使用权纠纷（见表5　5）。

表5—5　　**宅基地使用权纠纷的统计数据**　　单位：个、%

地区 有无纠纷	陕南		关中		陕北		全省平均	
	样本	占比	样本	占比	样本	占比	样本	占比
有	42	23.7	36	19.9	47	27.3	125	23.6
没有	36	20.3	49	27.1	49	28.5	134	25.3
不清楚	99	56.0	96	53.0	76	44.2	271	51.1
合计	177	100	181	100	172	100	530	100

2. 宅基地使用权纠纷的种类

调查发现，宅基地权属、取得、流转纠纷占到全部纠纷种类的69.9%，是宅基地使用权纠纷中数量较多、较为常见、较为普遍的表现形式，其他的纠纷类型相对较少（见表5—6）。

表5—6　　**宅基地使用权纠纷种类的统计数据**　　单位：个、%

地区 纠纷类型	陕南		关中		陕北		全省平均	
	样本	占比	样本	占比	样本	占比	样本	占比
宅基地权属纠纷	61	34.5	60	33.2	58	33.7	179	33.8
宅基地取得纠纷	38	21.5	37	20.4	35	20.3	110	20.8

续表

地区 / 纠纷类型	陕南		关中		陕北		全省平均	
	样本	占比	样本	占比	样本	占比	样本	占比
宅基地流转纠纷	27	15.3	25	13.8	29	16.9	81	15.3
宅基地使用纠纷	16	9.0	18	10.0	15	8.7	49	9.2
宅基地征收纠纷	9	5.1	14	7.7	13	7.6	36	6.8
宅基地收回纠纷	13	7.3	15	8.3	12	7.0	40	7.5
宅基地其他纠纷	13	7.3	12	6.6	10	5.8	35	6.6
合计	177	100	181	100	172	100	530	100

3. 宅基地使用权纠纷的解决途径

调查发现，协商、调解仍是解决纠纷的主要途径，占到81.9%，农村熟人社会的特点也决定了其他纠纷解决途径占的比例较少（见表5—7）。

表5—7 **宅基地使用权纠纷解决途径的统计数据** 单位：个、%

地区 / 纠纷的解决途径	陕南		关中		陕北		全省平均	
	样本	占比	样本	占比	样本	占比	样本	占比
协商	79	44.6	80	44.2	74	43.0	233	44.0
调解	67	37.9	70	38.7	64	37.2	201	37.9
上访	16	9.0	19	10.5	20	11.6	55	10.4
诉讼	6	3.4	5	2.8	6	3.5	17	3.2
其他	9	5.1	7	3.8	8	4.7	24	4.5
合计	177	100	181	100	172	100	530	100

五 调研的问题分析

（一）“一户一宅”未能严格实施

调查数据显示，陕南地区、关中地区、陕北地区当地农村村民只有一处宅基地的百分比分别为70.6%、67.4%、66.9%，全省的平均百分比为68.3%；三地存在“一户两宅”或“一户多宅”的情况所占百分比分别为13.6%、22.7%、20.3%，全省的平均百分比为18.9%。造成“一户两宅”或“一户多宅”的原因除少量是合法继承外，大多是因买卖而造成的，还有一些是由于历史遗留问题、建新不交旧宅基地以及部分基层干部特别是村组干部利用手中权力，一些特权人群利用各种关系和经济优势多占宅基地，出现“一户两宅”或“一户多宅”的现象。从调查情况来看，“一户多宅”只是极个别的情况，数量极少。这说明“一户一宅”在当地未能严格实施。由于农村宅基地大多是无偿取得和无偿使用，缺乏有力的限制措施和有效的退出机制，加上一些村民法制观念淡薄，认为宅基地为私有、祖产不能动等，多数地方纠正“一户两宅”、“一户多宅”的状况收效甚微，有的甚至无法触动。

（二）宅基地面积超标现象严重

调查数据显示，关中地区作为平原超宅基地面积的情况比较严重，151平方米以上的占45.8%。陕南地区、关中地区、陕北地区宅基地面积在201平方米以上的百分比分别为12.9%、11.6%、19.2%，全省的平均百分比为14.6%。虽然各地对农村宅基地的面积都有明确规定，但在实际操作中，每户宅基地面积超标的现象比较严重。主要原因：一是农村建房通常习惯“房院一体”，为了方便农具杂物存放，牲畜饲养，房子主体建好后，紧随着就建偏房、围墙、院落，导致整体超面积占地；二是农民建房经常互相攀比，谁都想房间大、院落宽敞，形成了多占土地的不良风气，超出的面积比较大；三是管理不到位，执行不严格。

（三）宅基地登记发证率较低

调查发现，陕南地区、关中地区、陕北地区农村宅基地没有宅基地使用权证书的百分比分别为54.2%、57.4%、59.9%；从陕西省整体来看，农民有宅基地使用权证书的占29.0%，而没有宅基地使用权证书的占57.2%。这表明整体而言，陕西宅基地使用权登记发证率较低。经了解，一方面是登记发证的专业技术人员和工作人员较少，农村宅基地户主外出打工等原因阻碍了登记发证工作的进行；另一方面是由于经费缺口太大，登记发证几乎陷于停顿。

（四）宅基地隐形流转大量存在

调查发现，超过 1/3 的村民认为其村子有宅基地买卖和房屋买卖现象，这说明在调研地区宅基地私下流转和隐形流转仍然大量存在。一些农民为了谋取私利，不惜将自己的宅基地、自留地甚至责任田作价卖给他人建房，更有些买地者假借当地农民的名义建房。大多数宅基地、房屋买卖都为私下协议，甚至有的为口头协议，因其行为双方互惠互利，具有很强的隐蔽性，且涉及面较广，查处难度大。宅基地隐形流转加剧了土地权属混乱和产权纠纷，增加了土地管理的难度。

（五）宅基地使用权纠纷较多

从陕西省整体情况来看，调查发现，有 23.6%的村民认为存在宅基地使用权纠纷。宅基地纠纷的种类包括权属、取得、流转、使用、征收、收回和其他纠纷，其中宅基地权属、取得、流转纠纷占到全部纠纷种类的 69.9%，是宅基地使用权纠纷中数量较多、较为常见、较为普遍的表现形式，其他的纠纷类型相对较少。由于宅基地使用权关系到农民的切身利益，保障着农民的住房问题，加上农民长期以来形成的“以家为本”思想的影响，广大农民对于宅基地极为关切，寸地必争，导致我国农村地区的宅基地使用权纠纷较多。

六　调研的完善建议

（一）做好宅基地法律法规政策的宣传

在调查走访中笔者了解到，有相当一部分村民对现行宅基地制度以及相关知识并不了解，因此增强村民对于宅基地的法律法规及政策知识迫在眉睫。

1. 充分发挥行政机关的作用

根据农村村民对农村宅基地的相关法律法规及自身合法权益缺乏了解，各级政府和国土资源管理部门应该加大宅基地的性质、取得、流转、管理等相关法律法规和政策的宣传力度，在农村要特别加强《土地管理法》、《物权法》的宣传和普及力度，在全社会形成集约节约用地的舆论氛围，提高广大农民群众依法用地意识，使其知法、懂法、守法。省、市、县行政机关和司法机关应制定符合本地区的普法宣传规划，充分利用网络资源的优势，建立普法宣传网站，对乡镇的行政机关和司法机关发放普法宣传的具体计划，充分发挥乡镇行政、司法机关的能动性，做到宣传的规划性、整体性、有效性。乡镇行政机关和司法机关应将普法纳入平时的工作规划当中来，定期、定点地通过走访、下乡等方式进行普法宣传。

2. 充分利用村委会的职能

村委会是村民生产、生活、活动的主要职能机构，因此应充分发挥村委会的宣传职能，根据乡镇政府和司法机关的统一规划，做好普法的“村代表”。例如，设宣传栏，定时张贴相关法律法规及相关知识，定期更新；成立法律宣传队，流动宣传；采取灵活的方式，如发放宣传资料、播放相关多媒体资料及真实案例等进行宣传。此外，村委会还可利用广播、标语、简报等形式开展宣传，由村委会负责组织培训班，定期开课，利用农闲时间，以立体、形象、丰富多彩的形式来开展普法宣传。

3. 充分展现大学生的价值

将大学生纳入普法工作中来，学校应根据法学专业学生的自身专业性，制定和规划相关法律实践活动，例如组织大学生开展“三下乡”活动、暑期普法宣传活动、法律咨询活动、社会调查活动等，利用学生的影响来间接地向村民宣传相关宅基地法律法规，做到学以致用。

（二）严格宅基地的审批程序

我国农村居民申请宅基地，应当向集体经济组织或村委会提出申请，经乡镇人民政府审核，由县级人民政府批准。这一审批程序的规定是比较笼统的，在具体的实践中，往往给基层土地管理部门很大的弹性空间，也因此导致了宅基地审批程序的不严格、标准的不统一以及收费的不合理。宅基地审批的具体程序各地不一，有的地方烦琐复杂，有的地方则过于简单。因此，一是规范审批程序。本着服务、方便群众的宗旨，规范农村宅基地审批行为。坚持按规划、按计划、按标准、按程序、按权限依法审批。坚持统一安排，定点放样，不得自行选址。乡镇成立联合审查组，缩短村民建房审批环节，实行村民建房限时办结制，从而提高办事效率。二是实行阳光操作。各村根据本村的宅基地实际利用情况，制定出本村申请标准和申请条件，使村中只要符合条件的村民都可申请宅基地，并在村部定期公布提出申请者和获得审批者的名单，实行阳光操作，接受群众监督。

（三）加强宅基地的管理工作

1. 严格执行“一户一宅”和宅基地面积不超标要求

“一户多宅”和超面积使用宅基地易引发人们的攀比心理和分配不公等问题，故应结合当地实际采取一定的措施进行治理。对于有房而有多余的空置宅基地的村民建议由农村集体经济组织或村民委员会给予其相应的补偿后收回，鼓励农民腾出多余的住房卖给无房户；对于面积超标的宅基地应在土地登记时注明超标的面积数，并告之超标部分归集体所有，他们只具有暂时的使用权。收回的集体建设用地再进行统一的规划和利用，不占或尽量少占农用地。

2. 严格治理违法占地建房和少批多占的行为

村民未经相关部门批准，违法占地建房的，所建房屋符合规划且符合申请宅基地条件，经户主申请免予拆除的，应按照相关法律规定进行处罚，并依法补办宅基地审批手续。对所建房屋不符合规划的，予以拆除。超过规定标准多占宅基地的，多占的土地以非法占用土地论处。能够拆除的尽量拆除，不能拆除的多占部分应补缴土地占用费，用于村内基础设施、公用事业建设和土地开发复垦等。

3. 严格禁止向本村以外的公民转让宅基地

严格禁止村民和村集体以任何名义向本村以外的公民转让或审批宅基地。擅自转让或审批的，国土资源、规划、建设等行政管理部门不得办理有关手续，并按相关规定，没收非法所得，并处以非法所得额5%以上20%以下的罚款。

4. 严格宅基地监管执法，解决查处执行难题

农村违法建房用地屡禁不止的原因之一是违法用地查处难、执行难。完善我国农村违法建房用地查处机制，就要改变现有单一的国土部门查处、法院强制执行的执法机制，建立以政府为主导，国土部门查处、法院强制执行为主体的，公安、城建、监察、宣传等部门共同组成的联合执法机制，成立相应的领导机构，明确各部门的工作职责，建立阳光办事制度，严格查处国土资源违法违规行为，力争每一件土地违法案件都得到严格的执行。同时，建立动态巡查制度，加强农村村民住宅建设用地的日常监管，及时发现和制止各类土地违法行为。

（四）加快宅基地的登记发证工作

加快宅基地使用权登记发证工作，是依法保护宅基地使用权人合法权益的重要措施，是加强农村宅基地管理的重要手段，也是集体土地使用制度改革和土地统一登记的重要基础和保障。要建立健全农村集体建设用地地籍信息系统，明确登记发证中的相关政策界限，解决农村宅基地登记发证中超占面积、一户多宅等政策性问题，加快宅基地登记发证工作步伐。农民建设、继承、转让宅基地必须登记，登记是取得宅基地使用权的唯一合法要件。其中本着“尊重历史、实事求是”的原则，对已既成历史事实违法建房的行为，在符合“一户一宅”、不超面积住宅的前提下，责令其限期完善手续，并依有关法规予以处罚后，给予登记发证确认其宅基地使用权；对占用宅基地超过规定面积标准的，按照实际批准面积进行登记，其面积超过规定标准的，可在土地登记时注明超过标准的面积，待以后分户建房或现有房屋拆迁、改建、翻建、政府依法实施规划重新建设时，按有关规定做出处理，并按照规定的面积标准重新进行登记。有条件的市、县，应对农村宅基地进行一次普查，健全宅基地地籍档案。在技术基础方面应进一步健全和完善地籍调查规程及土地确权规定。积极探索“两图一表”（宅基地现状图和规划图、宅基地申请计划表）管理模式，实现宅基地规范化、信息化管理。

（五）充分发挥调解的纠纷化解作用

从陕西省的整体情况来看，协商、调解仍是解决宅基地使用权纠纷的主要途径，占到81.9%，农村熟人社会的特点也决定了调解在整个宅基地纠纷解决中的基础作用。通过调解解决宅基地纠纷，简便、经济、对抗性小，能够做到情、理、法相结合，符合我国国情和历史文化传统，易于为当事人接受，有利于促进社会和谐。一是要重视人民调解的作用。对发生宅基地争议的案件，如果乡村两级能够快速介入，加强对纠纷双方当事人的调解说服工作，使双方当事人将矛盾平息在初发之时，往往能收到较好的社会效果。要进一步加强人民调解组织建设和队伍建设，强化人民调解工作保障机制，推动人民调解工作，使矛盾纠纷尽可能化解在基层、解决在萌芽状态。二是要强化行政调解的功能。行政调解具有专业性、高效性、主动性等特点，尤其是对于宅基地权属、征用、房屋拆迁等问题产生的争议具有独到优势，尽快做到案结事了。

三是要发挥司法调解的作用。法官在审判宅基地纠纷案件时，要始终贯彻“调解优先”原则，鼓励当事人通过诉前调解、审前调解、庭外和解等方式解决争议，做到“能调则调，当判则判，判调结合，案结事了”，既尊重当事人的意思自治，又充分发挥主观能动性，积极开展调解工作。同时，积极探索处理宅基地争议案件调解工作的新思路和新方法，建立处理宅基地争议案件“大调解”的工作格局，通过调解达到“平息纠纷”的目的，以减少当事人的诉累，促进社会和谐。

第五节　宅基地使用权流转与农民土地权益保护研究

宅基地使用权是农民财产权的重要部分和居住权的基本保障，宅基地使用权的流转关系到我国几亿农民的切身利益和社会稳定，是宅基地制度中的核心问题，也是理论界和实务界不可回避的热点和难点问题。受市场经济不断发展、户籍改革不断深入、城乡统筹不断加快等因素的影响，现行的农村宅基地使用权流转出现了流转范围广泛、流转数量增多、流转形式多样和农民权益受损的问题，已经无法适应经济和社会的快速发展。在当前我国处于新型城镇化快速发展和城乡一体化的背景下，如何既做好农村宅基地流转又保护农民权益显得尤为迫切。深入分析宅基地流转的内涵和争议，正视与处理宅基地流转的问题与矛盾，在确保宅基地社会保障功能的前提下与时俱进地改革和调整宅基地使用权流转制度，对于促进宅基地资源的集约节约利用，保障和实现农民的土地权益，推进城乡一体化的和谐发展都具有重要意义。

一　宅基地使用权流转的内涵分析

我国现行法律对宅基地使用权流转的概念没有进行明确的界定。从现有专著、论文、报告来看，很多学者在研究宅基地使用权流转的相关问题时也没有对这一概念进行明确界定。可见，学术界对宅基地使用权流转的内涵没有相对成熟和较为权威的结论，没有统一的、公认的概念。

流转的汉语意思是流通周转，指商品、货物或资金在流通过程中的周转。经济学领域的流转是指产权在不同主体间的转移过程，产权的自由流转能够为权利人带来利益，是市场机制的客观要求。法学领域的流转是指权利或权能在不同法律主体之间的转移。结合宅基地使用权的概念和性质，笔者认为，宅基地使用权的流转是指农民将依法取得的农村宅基地使用权通过转让、出租、交换和赠予等方式转移给他人使用、收益的法律行为。

按照受让方的不同身份，可以将宅基地流转分为内部流转和外部流转。内部流转是指宅基地使用权人将合法获取的宅基地使用权转移给集体经济组织的其他成员。外部流转是指宅基地使用权人将合法获取的宅基地使用权转移给集体经济组织之外的其他法律主体。内部流转是村内到村内的流转，属于本集体组织内的成员之间对宅基地占有和使用的调整。外部流转是村内到村外的流转，从目前法律法规和政策规定来看，我国基本上不承认外部流转的法律效力。

按照流转内容的不同，可以将宅基地流转分为单独流转和复合流转。单独流转是指流转方只将宅基地使用权移转给他人的流转。复合流转是指宅基地使用权与宅基地上的房屋作为一个整体，流转方将房屋及宅基地一并移转给他人的流转。实践中，农村宅基地流转主要是房地一并流转。

二　宅基地使用权流转的现行规定与实践冲突

（一）宅基地使用权流转的现行规定

检索、梳理我国现行的法律法规政策可知，对于宅基地使用权流转这一问题的规定仅散见于部分法律和行政规范性文件中，除明确禁止宅基地抵押外，我国尚没有其他直接、明确的禁止宅基地流转的规定。但从法律法规政策的本意来看，我国对宅基地使用权采取的是限制主义，具体表现在用途限制、方式限制、对象限制及禁止抵押四个方面。

1. 用途限制

在宅基地流转的用途上，我国《土地管理法》第 63 条规定“农民集体所有的土地的使用权不得出让、转让或出租于非农业建设”。这表明宅基地流转后，只能用于农业生产，不能搞投资开发等非农业建设。

2. 方式限制

在宅基地流转的方式上，除宅基地可以随房屋一起转让外，法律禁止宅基地使用权单独买卖、入股、赠予。《土地管理法》第 62 条规定："农村村民一户只能拥有一处宅基地，其宅基地的面积不得超过省、自治区、直辖市规定的标准。""农村村民出卖、出租住房后，再申请宅基地的，不予批准。"本条只是确定了农村宅基地使用权的"一户一宅"原则，但没有禁止农村村民出卖、出租住房的规定，只是严格地限制了出卖、出租后不得再申请宅基地。事实上，农民完全可以不再申请宅基地为代价出卖或者出租自己的房屋。

3. 对象限制

在宅基地流转的对象上，只限于本集体经济组织内部成员，禁止宅基地向城镇居民流转。2004 年 12 月国务院发布的《关于深化改革严格土地管理的决定》强调："加强农村宅基地管理，禁止城镇居民在农村购置宅基地。"而后，为了遏制"小产权房"买卖，2007 年 12 月国务院办公厅《关于严格执行农村集体建设用地法律和政策的通知》中强调："农村住宅用地只能分配给本村村民，城镇居民不得到农村购买宅基地、农民住宅或小产权房。""单位和个人不得非法租用、占用农民集体所有土地搞房地产开发。"而 2008 年 1 月 15 日国土资源部《关于严格执行有关农村集体建设用地法律和政策的通知》又再次重提"农村住宅用地只能分配给本村村民，城镇居民不得到农村购买宅基地、农民住房或小产权房"。

4. 禁止抵押

在宅基地是否可以抵押的问题上，我国《担保法》第 37 条规定："耕地、宅基地、自留地、自留山等集体所有的土地使用权不得抵押。"《物权法》也以明确的态度表明了宅基地使用权不可以抵押。其第 184 条规定："耕地、宅基地、自留地、自留山等集体所有的土地使用权不得抵押，但法律规定可以抵押的除外。"这是目前法律对宅基地使用权流转的唯一明确的规定。

《物权法》第十三章虽专章规定了宅基地使用权，但仅为原则性规定，只有四个条文。且采用了设定引用性法条的立法技术，将宅基地使用权的取得、行使和转让等具体问题，仍适用《土地管理法》等法律和国家有关规定。

从以上对法律法规政策的规定可知，我国目前关于农村宅基地使用权流转的规定，并没有明确地禁止农村宅基地使用权的转让，只是要经过严格的审批手续；也没有一概地禁止农村宅基地使用权的转让，只是明确禁止城镇居民从农村购买宅基地使用权。

（二）宅基地使用权流转的实践冲突

虽然我国法律法规政策禁止宅基地使用权对外流转，但随着我国城市化与工业化步伐的加快，城乡成员互动频繁，在实际中各种形式的宅基地流转却一直存在，宅基地隐形交易、暗地交易日益活跃，尤其是在城市郊区和发达地区，宅基地流转非常普遍。由国土资源部法律中心2007年组织的“中国农村宅基地使用权实况调查”课题组，采取问卷调查与访谈结合的方式，在28个省，334个市（县），840个乡镇，1083个自然村的调查结果显示：回答宅基地买卖这一问题“没有”的仅占17%，回答“只是个别现象”的占62%，回答“较多”的占19%。在回答“有没有城镇居民在你村购买宅基地”这一问题时，回答“有很多”的占6%，回答“有一些”的占36%，回答“没有”的占58%。[①] 据重庆市开县国土房管局“农村宅基地流转调研课题组”2008年对开县的宅基地流转调查结果显示：（1）从流转数量上看，农村宅基地流转具有群体性和公开性。被调查的36个农业社，每个社都存在宅基地流转现象。36个农业社共有3427户，发生宅基地流转的达864户，占总户数的25.2%，宅基地流转已不再是“暗流”。在开县城郊区的镇东街道办事处农试村宅基地流转更为突出。全村397户，宅基地流转的达378户，流转比例高达95%。（2）从流转形式上看，农村宅基地流转具有多样性和灵活性。调查数据显示，以出租房屋方式流转宅基地的占40%，以联合开发宅基地方式流转的占30%，以出售房屋同时转让宅基地的占10%，以宅基地互换、转让、征收等方式流转的约

① 王崇敏、张丽华：《我国农村宅基地使用权流转的现状考察》，《河南省政法管理干部学院学报》2010年第1期。

占 20%。以出租房屋方式流转宅基地比例高。（3）从流转区域上看，农村宅基地流转区域存在差异性和持续性。农村宅基地流转主要分布在城乡接合部、工业园区、中心镇等人口流动量大、交通位置优越、劳动力就业容易的地区。在调查的 4 个镇（街道）7 个村，城镇规划区内与城镇规划区外的流转比例为 64∶36。规划区外的农村宅基地流转，年年看涨。（4）从流转动因上看，农村宅基地流转有自发性流转，也有被迫性流转。自发性流转主要是受建设用地比较利益驱动，涌现出的出租、出售宅基地现象。被迫流转主要分三类：三峡移民搬迁政策造成的；征地政策带来的；政府实现规划推动带来的。[①] 笔者在 2013 年暑期对陕西部分县市农村宅基地使用情况的调查也表明：综合 530 份有效调查问卷，31.7%的村民认为其村子有宅基地买卖现象，40.8%觉得买卖现象只是个别存在的，17.8%的村民表示不清楚；对于当地农民的住宅是否向城市居民出售的情况，有 32.6%的村民认为有出售现象，40.8%的村民认为身边没有出售现象，26.6%的村民表示不清楚。可见，实践中宅基地使用权的流转还是非常普遍的。随着城乡一体化进程的加快，这一现象会更加普遍，如果不从法律上加以引导和规范，将产生更多的流转纠纷和社会问题，影响社会的稳定与和谐。

深入分析实践中农村宅基地使用权私下流转较为普遍的原因，笔者认为主要有以下几点：（1）经济利益驱动。随着社会经济的快速发展和城市化进程的大力推进，农村的耕地逐步减少，加之农地的收益甚微和社会保障制度的不健全，使得农民增收困难。而通过房屋和宅基地出租或买卖，可将闲置的“沉睡资产”转变成现金收入，收益可观。如广州石牌村、西安市南郊高校聚集区，租金已成为农民现金收入的主要来源之一。农村宅基地流转对增加农民收入、提高农民生活水平发挥了巨大作用。（2）进城发展需要。大规模的城市化进程已是不可避免，而城市各方面的优越条件使得进城农民大多不愿再回到农村，而是想尽一切办法留下来，然而资金短缺却成为他们留下来的最大障碍。为了筹

---

① 重庆市开县国土房管局农村宅基地流转调研课题组：《农村宅基地流转调研报告——以重庆市开县为例》，《广东土地科学》2008 年第 5 期。

集生活和定居所需的资金，有条件的农民就卖掉了农村闲置的房屋，来缓解进城发展所需的资金困难。（3）多方融资需要。对农民来说，随着城乡一体化的推进，越来越多的家庭正在从事非农产业，许多家庭在扩大产业规模、调整产业结构时，经常遇到资金短缺问题。在当前农民文化素质普遍较低、信息不对称、农民资金寻觅能力较差的现实下，只能通过贷款的方式筹措资金。由于大多数农村家庭拥有的最重要财产是住宅和宅基地，而现行法律禁止农村宅基地进行抵押，导致抵押担保困难，进而很难获得银行贷款。而通过出租、出售房屋，可达到融资的目的，缓解发展所需的资金困难。（4）休闲养老需求。农民有进城的愿望，而很多市民则向往农村的田园风光，农村美好的景观和较好的生态更是吸引着城里人。他们想在农村购买一套住宅用作休假和疗养。另外，目前我国正在步入老龄化社会，越来越多的老年人或是厌倦城市的喧嚣，或是基于中国人传统的"恋乡"情结，更乐意回农村去养老，于是双方形成了利益互补，达成协议买卖宅基地使用权。

为了解决宅基地使用权流转理论与实践的冲突，近年来，各地开展了一系列试点工作。除重庆、成都两大"全国统筹城乡综合配套改革试验区"外，天津、江苏、山东、浙江、安徽、广东等地都已进行宅基地流转试点，试点的措施主要包括：（1）宅基地换房，土地承包权利不变；（2）开展农村房屋试点交易；（3）采取宅基地使用权抵押；（4）宅基地有偿退出与节约集约利用。这些试点在农村宅基地使用权流转方面积累了一定的经验，为下一步深化宅基地使用权流转改革奠定了基础。

三　宅基地使用权流转的不同观点及其评析

（一）禁止流转论

这一观点认为，宅基地使用权制度是国家土地政策的一个极其重要的组成部分，是农民的基本生活保障，所以，宅基地使用权的转让只可以在本集体经济组织内部自由转让。严格限制乃至禁止宅基地使用权的转让，体现了对处于中国社会底层的、弱势的农民群体强烈的人文关怀和对我国农村现实环境的充分考量。孟勤国、陈柏峰等学者主张禁止流转，其理由可归纳为：（1）土地资源状况和农民生存现状决定了宅基地对农户的生存保障作用。宅基地不仅是一项简单的集体组织福利，而且是一项极其重要的土地政策，丧失宅基地将导致农民流离失所。与其他稀缺资源不同，宅基地是农民安身立命之地。宅基地是稀缺性生活必需品，定量分配是确保每一农户都能安居的唯一方式，而不准宅基地转让也是确保每一农户都能安居的不可缺少的措施。（2）配给制度也决定了宅基地使用权的不可交易性，宅基地使用权不可交易保证了配给制度的有效性。如果农户可以通过多次分配宅基地的方式获得生存之地，就没有禁止交易的必要，但这样一来，势必导致农用土地不断流失。允许转让而又坚持农户转让了宅基地就不再分配宅基地，就必须考虑失去宅基地的农户如何生存的问题。（3）我国土地资源紧张和农民占人口多数的客观条件决定应该禁止宅基地转让。土地资源紧张对于中华民族而言几乎是永恒的条件，城市化进程没有几十年的时间，不可能使农民成为我国人口的少数。（4）禁止宅基地转让也是为了维护社会稳定，防止强势群体剥夺弱势群体的利益。农民的稳定是中国社会稳定的基本条件。允许宅基地转让只能使稀缺的土地资源集中到少数强势群体手中，为强势群体乘人之危提供便利。禁止农村宅基地交易主要约束了买方，因为买方参与非法土地交易有可能钱地两空。因此，我国现阶段和今后相当长的时期内，禁止宅基地转让都是符合我国社会的共同利益和农民利益的。①

（二）自由流转论

该观点认为，我国农村宅基地流转的市场已经形成，宅基地内部流转没有实际意义，不利于农民财产权的实现，自由流转是适应城乡双向流动、促进城乡融合的客观要求。因此应当让宅基地使用权与国有土地使用权一样自由流转，包括向农村集体经济组织以外的主体流转。王崇敏、陈晓军等学者主张自由流转，其理由可归纳为：（1）我国农村宅基地流转的市场已经形成，允许农村宅基地的自由流转反映了目前我国农村宅基地的客观生活实际。伴随着中国城市化的发展，农村宅基地市场已经慢慢发育并初步形成，农民之间、农民与城市居民之间的宅基地交易在实践中大量存在，而之所以目前宅基地市场交易混乱，根本原因

① 孟勤国：《中国农村土地流转问题研究》，法律出版社 2009 年版，第 122—128 页。

在于国家对土地交易一级市场的垄断，这样的垄断加剧了宅基地资源的稀缺性，更不利于规范已经在人们实际生活中出现的交易行为。（2）现行法律法规都只允许农村宅基地在集体组织内部转让是不符合实际的。首先，在集体组织内部，农民申请宅基地时，都是基于自己的特定需要，在实际分得宅基地的人之间并没有转让的必要。而对于没有宅基地的村民，又完全可以通过申请而取得宅基地，在目前农村宅基地无偿取得的情况下，面对着“免费的午餐”，也没有必要通过转让而取得。其次，将农村宅基地的转让限制于集体组织内部，属于人为制造不公平。农民一旦离开农村进入城市，他原有的房屋将不再具有财产意义，既不可使用，又不能变卖，形成一种“死产”的局面，而城市居民的房屋可以自由买卖，这必然造成其两者的不平等。农民和其他阶层一样，同样是“理性人”，完全有能力做出有利于自己的判断。（3）允许农村宅基地的自由流转是适应城乡双向流动、促进城乡融合的客观要求。当前，伴随着我国城市化进程的加快，出现了农村人口进城和城市人口下乡的双向流动趋势。我国人多地少的基本状况与农业生产能力和再生产能力的低下，决定了大多数进城农民无力购买商品房，禁止宅基地的自由流转使得其财产价值就无从实现。同时，随着城市中下岗人员的增加和就业形势的严峻，也出现了劳动力的相对过剩，一部分劳动力需要回流到农村，开始新的创业；而且中国正在步入老龄化社会，越来越多的老年人或是厌倦城市的喧嚣，或是基于中国人传统的“恋乡”情结，更乐意回到农村去养老，如果禁止宅基地向城市人口转让，这部分人口在农村的居住问题将只能通过债的关系来保障，无疑，这种债法上的保障比之物权法上的保障具有更大的不确定性，因而也是不足取的。[①] 陈晓军教授也认为对宅基地使用权流转的限制不但侵害了农民的房屋所有权，而且很大程度上侵害了农民迁徙的自由，成为维持城乡户籍制度的重要手段，进而言之则极大地损害了农民的发展权，使农民始终处于我国社会的最底层，而且造成土地资源的巨大浪费。因此，宅基地自由流转是公平正义原则的基本要求，是启动农村宅基地生产要素功

---

① 王崇敏、孙静：《农村宅基地使用权流转析论》，《海南大学学报（人文社会科学版）》2006年第2期。

能与财产功能的客观要求，也是化解城市化与工业建设用地瓶颈的必然选择。①

（三）限制流转论

该观点认为，对宅基地使用权应当采取有限流转的做法，即考虑到宅基地的身份性，社会保障制度的不健全以及耕地保护的需要，应对农民住房及宅基地流转进行一定的限制。王利明、陈小君等学者持此观点。其理由可归纳为：（1）宅基地的身份性决定了其不适合自由流转。宅基地虽然是一种财产权利，但也具有一定的身份性质，一旦允许宅基地向所有人转让，则宅基地就不再与农村集体的成员权联系在一起，这不符合宅基地使用权的固有属性。（2）我国社会保障制度不健全也决定了应当有限流转。在中国现有条件下，完全允许宅基地自由流转的条件并不成熟，有必要对宅基地使用权的转让做出一定的限制。宅基地的福利性质对保障农民最基本的生活条件还是必要的。（3）耕地保护的需要。在我国必须坚持耕地保护的政策，宅基地使用上的政策过宽，就会导致耕地转化为宅基地，并进入流通，从而造成耕地的流失。② 陈小君教授也认为，允许宅基地使用权转让是宅基地使用权用益物权制度完善的内在要求，并且在现实中有着客观的需求，其对我国“十分珍惜、合理利用土地和切实保护耕地”政策的贯彻有着积极的意义。但毕竟宅基地使用权的福利性质不可磨灭，现阶段城乡土地市场分割有其合理性因素，对宅基地使用权转让问题不可操之过急，而应当有条件地、逐步地放开宅基地使用权市场。③

（四）简要的评析

笔者认为，在我国城乡差别仍将长期存在、新型城镇化仍是漫长过程、农村社会保障体系仍不健全、农民收入增长依然缓慢的情况下，一味禁止宅基地使用权的流转或者不加限制地允许宅基地使用权自由流转都是行不通的。

---

① 陈晓军：《农村宅基地流转中的价值冲突与公平性考察》，《南京农业大学学报（社会科学版）》2011 年第 3 期。

② 王利明：《与民法同行》，法律出版社 2006 年版，第 146 页。

③ 陈小君：《田野、实证与法理——中国农村土地制度体系构建》，北京大学出版社 2012 年版，第 145—146 页。

禁止宅基地使用权流转与当下我国农村社会经济发展的现实不相符。禁止流转说有利于确保农村宅基地满足农村村民的基本居住需求和保护稀缺的土地资源，但因过于绝对而不符合现实需求。实践中宅基地的闲置和“空心村”的大量存在已造成土地资源的严重浪费，同时宅基地的私下流转已非常普遍，宅基地使用权隐形市场的畸形繁荣是对现行宅基地流转法律政策的巨大挑战，宅基地流转法律政策不能对理论与现实的反差熟视无睹。加之完全禁止将导致农民的宅基地以及其上的房屋无法体现真正的价值，不利于农民财产权的实现。因此，在现阶段一味禁止是不行的，允许宅基地使用权的适度、有序、规范、逐步流转是大势所趋。

目前我国仍不具备宅基地使用权自由流转的条件。自由流转说有利于农民获得宅基地使用权的完整权能和宅基地财产权益的实现。但宅基地的社会保障性与福利性决定了其不同于城市建设用地使用权，不能不加限制地自由流转，否则可能造成农民居无定所的后果，严重威胁社会稳定和我国的改革开放事业。如果完全开放，必将导致大量耕地转化为宅基地，进一步加剧我国耕地日益减少与严格保护的矛盾。还可能出现“大量资本下乡”、“资本驱逐人口”的现象，使得农村的“乡土社会”断裂，整个农村社会的稳定基础不复存在。① 因此，在农村社会保障体系仍不健全，农民对抗风险能力仍然较低的情况下，允许宅基地使用权自由流转，会带来许多问题，引发很多纠纷，严重影响农村地区的社会稳定。

现阶段我国仍应坚持有限的宅基地流转政策，并进一步深化和创新。宅基地使用权是一项具有中国特色的用益物权制度，在社会主义初级阶段，在我国城乡二元差距仍将长期存在的情况下，宅基地使用权有限流转是解决农村宅基地问题的突破口。土地制度改革包括宅基地使用权流转制度的改革在我国是不可能一蹴而就的，更不能操之过急。应根据各地经济和生产力发展水平，在维持农村稳定的前提下，积极推进部分地区的先行流转试点，渐进式、逐步地放宽宅基地使用权流转制度。

① 朱岩：《“宅基地使用权”评释——评〈物权法草案〉第十三章》，《中外法学》2006年第1期。

四　宅基地使用权流转的思路与原则

（一）宅基地使用权流转的思路

2013年11月12日中国共产党第十八届中央委员会第三次全体会议通过的《中共中央关于全面深化改革若干重大问题的决定》中提出：保障农户宅基地用益物权，改革完善农村宅基地制度，选择若干试点，慎重稳妥推进农民住房财产权抵押、担保、转让，探索农民增加财产性收入渠道。可以说，这为宅基地使用权流转的改革指明了方向。

宅基地使用权制度是我国特殊历史条件的产物和一项具有中国特色的地权制度，没有先例可循，也没有国外成功案例可供借鉴，实行流转制度改革涉及利益面广，对各方权利主体影响较大。因此决定了我国在完善现有宅基地使用权流转制度的时候，应当结合现阶段的实际情况确立切实可行的改革思路。推进农村宅基地流转的思路应是，按照科学、稳重、审慎的态度，坚持“保障居住、适度干预、维护权益”原则，在坚持宅基地集体所有的基础上，在严格宅基地管理的同时，允许农村宅基地依法、规范、有序流转，通过试点积累经验后分区域、有差别、按步骤推进。通过流转激活城乡要素市场，提高土地集约利用效率，推动农村宅基地及房屋资本化，保障农民宅基地用益物权，确保农民取得财产性收入，促进农民增收和改善农村生产生活条件。

（二）宅基地使用权流转的原则

1. 保障居住

宅基地是农民构建住宅的根基，宅基地使用权是亿万农民安居的一个首要前提，必须保障农民的基本居住权利，这是宅基地使用权流转制度改革的首要原则。宅基地是集体组织分配给集体组织内部成员用于住房建设的建设用地，是农村集体经济组织分配给村民的基本福利和保障，是维系农业农村稳定的基础，是建设和谐新型农村的保障，在促进农村稳定和发展方面发挥着不可替代的作用。因此，农村宅基地使用权制度的改革在促进宅基地财产价值的实现、发挥其资产增值功能的同时，必须充分保障农民的居住利益，这是宅基地使用权流转制度设计和实践首先需要遵循的原则。

2. 适度干预

在宅基地使用权流转中贯彻国家适度干预原则，就是为宅基地使用权的流转构建一套完整的、系统的、全面的制度约束，以降低宅基地使用权流转可能带来的风险。[①] 宅基地流转应该依据市场的要求，遵循市场规律，充分发挥市场作用。但市场机制运行本身的局限与缺陷，使得单靠市场机制难以达到宅基地流转优化配置的目标。农村宅基地流转政策性较强，为了弥补市场机制的不足，宅基地流转的改革需要政府的适当干预，无论是对流转制度的设计，还是在流转过程中对市场和交易行为提供各种服务和进行有效监管，政府的作用都是不可或缺的。但是政府决不能用行政手段，强制推进农村宅基地流转的改革，更不能不顾市场规律，与民争利。政府应发挥制度设计、组织引导、提供服务、监督协调作用，将群众自愿与适度干预充分结合起来，确保宅基地流转的依法有序进行。因此，对于宅基地使用权流转而言，国家适度干预就是一项保障性原则，对它的遵循有利于避免宅基地使用权人单纯出于“逐利”考虑而损害社会公共利益，也有利于保障国家对土地资源进行公共管制之基本目标的实现。[②]

3. 保护权益

农村宅基地制度改革的方向是进一步扩大权能，赋予农民更多财产权利。因此，以保护农民权益为中心应当成为我国宅基地流转改革的基本原则。宅基地流转改革与农民的切身利益密切相关，农民不仅有最强烈的愿望，也是改革成功的最大受益人。如果宅基地流转改革不以维护农民的权益为中心，不仅农民的积极性不高，也难以获得广泛支持。我国农村经济相对落后，农民还相对贫困，宅基地及其上的房屋是农民最重要的财产之一，而现行的限制政策不利于农民利益的保护。要发展农村经济，使农民安居乐业，稳定生活，前提是要让农民拥有更多的生产资料和资金以创造财富。实现这个目标，要让农民有限的财产发挥更大的效能，就应该充分赋予农民权利，使其享有宅基地使用权的最大利益。因此，在构建农村宅基地使用权流转制度时需要从制度的源头充分

① 曹泮天：《宅基地使用权流转法律问题研究》，法律出版社 2012 年版，第 136 页。
② 同上书，第 138 页。

重视农村社会稳定，保护农民利益。[①]

五 宅基地使用权流转的具体建议

（一）完善宅基地流转法律

构建一个完整的宅基地使用权的法律体系是完善宅基地流转制度的前提。关于宅基地流转立法模式的选择，有以下三种思路：一是制定专门的《宅基地使用权流转条例》；二是在《土地管理法》修订中增加宅基地使用权流转的规定；三是在《农村宅基地管理办法》中专章规定宅基地使用权流转。笔者认为专门为宅基地流转制定一个条例，既无必要也不符合实际；而在《土地管理法》修订中增加宅基地使用权流转的规定难度较大，《土地管理法》是一部综合性土地立法，不可能事无巨细，包罗万象，虽然《土地管理法》正在修订之中，但修订的重点是土地征收补偿的规定，未包括宅基地内容；前已述及，在目前宅基地制度改革中，可行的做法是先由国土资源部出台《宅基地管理办法》，再由国务院出台《宅基地管理条例》，待条件成熟后，由全国人大出台《农村宅基地管理法》。因此，在《农村宅基地管理办法》中专章规定宅基地使用权流转是一个成本较低、切合实际的可行办法。党的第十八届三中全会提出：选择若干试点，慎重稳妥推进农民住房财产权抵押、担保、转让。考虑到宅基地使用权流转涉及农民宅基地权益的变化和宅基地上房屋等财产权利的转移，特别需要慎重对待。具体操作上建议先在部分地区搞试点，在积累足够的实践经验和理论研究之后，在《农村宅基地管理办法》中专章规定宅基地使用权流转制度。现在城市周边以及一些经济发达的农村地区已经自发地产生了一定规模的宅基地流转市场，形成了一定的流转机制，已经具备了宅基地使用权流转的一定条件，一些地方政府也已进行宅基地流转试点。建议在全国选择重庆、成都、安徽、山东、江苏、浙江、广东等地作为试点，然后组织人大、法制、农业、国土以及司法等相关部门的专家、官员、学者对该地区宅基地使用权流转进行周密讨论与严格论证，先在政策上制定一套宅基地

① 赵素娟：《农村宅基地使用权流转法律问题研究》，硕士学位论文，吉林大学，2009年，第23页。

流转的试点办法。通过不同试点地区的实际运作，进行对比分析和研究，找出问题，解决问题，在试点经验成熟的基础上，就宅基地使用权流转的原则、条件、程序、范围、形式、收益分配及法律责任等方面做出明确规定，形成内容全面、结构合理、比较系统的宅基地流转规范性文件。

（二）明确宅基地流转主体

宅基地流转主体包括宅基地供给者和宅基地需求者两方主体。宅基地供给主体应包括农村集体经济组织和有转出需要的宅基地使用权人。由于农村集体经济组织根据成员申请，遵循一定的法律程序，将限定面积的宅基地无偿交由成员使用属于划拨的范畴，即宅基地使用权的取得，不属于本节所研究的流转范畴。因此，此处的宅基地供给者仅指宅基地使用权人通过合法途径将合法使用的宅基地使用权让渡给其他宅基地需求者的行为。实践中包括：（1）因迁居异地不再使用原宅基地的使用人；（2）通过买卖、继承、赠予等方式占有一块以上宅基地的使用人。宅基地使用权人将宅基地流转给其他使用者，可获取较高的经济回报；在无法满足期望回报的条件下，宅基地占有者会选择将宅基地空置，等候时机将其流转。虽然相关法规规定权利人取得宅基地使用权后长期闲置不用的，应由集体经济组织无偿收回，注销其土地登记，但实践操作中几乎没有落实。

宅基地流转中的需求者是指需要宅基地但因指标限制或不符合申请条件等原因无法正常申请宅基地的集体成员。主要包括：（1）本集体经济组织成员因分家等原因需要使用宅基地的。正常情况下，此类宅基地需求者可申请无偿划拨，但由于用地指标限制、没有宅基地、土地规划等原因无法获取。（2）村内成员由于出租、出卖宅基地后无处可居等需要使用宅基地但不符合宅基地申请规定条件的。实践中由于分家或出租、出卖宅基地后购买同村人的宅基地及房屋重新翻建住房的情况较为普遍。

由于现实生活中城郊区及农村发达地区宅基地私下流转比较普遍，建议目前农村宅基地流转主体方面适当放宽条件，分区域、有差别、按步骤推进流转。第一步，先放开宅基地租赁市场，本集体经济组织内外人员都可以承租，因为租赁不影响集体土地所有权和宅基地使用权。第二步，适当放开宅基地的抵押、担保、转让市场，目前已选择部分地区试点。笔者建议宅基地的流转可按地方经济发展情况适度放宽，将宅基地受让主体先由本集体经济组织成员扩大至本乡镇范围内农村集体经济组织成员，再扩大至本县域内农村集体经济组织成员，逐步放宽对宅基地流转主体的限制，促进区域内分散居住的人口向经济发展快和基础设施好的地区流动，加快中心村镇的建设，促进农村建设用地的整理和集约节约利用。第三步，在宅基地使用权确权登记发证全部完成，农村社会保障体系已经健全，国家取消城乡双向流动的阻碍因素时，可以考虑放开宅基地流转市场。无论是城镇居民还是本集体组织成员或者是其他集体组织成员都可以作为适格的宅基地使用权受让主体，使其自由流转。

（三）丰富宅基地流转形式

宅基地流转形式是推进宅基地流转改革和实现农民财产权益的关键。建议借鉴和参考土地承包经营权流转的方式，同时根据宅基地使用权与农村房屋不可分离的特征，在总结和分析社会实践中自发形成的一些宅基地使用权流转方式的基础上，针对不同的情况允许宅基地使用权以多种方式依法进行流转，进一步丰富宅基地使用权流转的形式。结合实际来看，流转的方式应当包括：（1）出租。宅基地使用权出租是指使用权人将依法享有使用权的宅基地交给他人占有和使用并收取一定租金的行为。宅基地使用权人既可以将空置的宅基地使用权单独出租，也可以连同房屋一并出租。出租只是暂时改变了使用权的主体，权利最终归属没有改变。出租是实现财产性权利的一种重要途径，所获租金便是使用权财产性的具体体现。这是目前宅基地流转最为普遍的方式。（2）转让。转让是指农村居民将其通过合法取得的宅基地使用权及其地上房屋转让给其他人的流转方式。转让行为一旦完成，原主体便失去其使用权，由新的主体取得和享有。宅基地的转让按照受让主体分为两种情况，即本集体经济组织成员与非本集体经济组织成员，当前的法律法规认可本村集体成员之间宅基地使用权的转让，但将宅基地转让给本村以外的成员是当前法律法规禁止的，且通过非法程序转让的宅基地使用权无法办理权属证书，不受法律保护。（3）抵押。抵押是指宅基地使用权人可以将房屋以及宅基地使用权按照一定程序一并抵押给金融机构以便获得融资的行为。目前，我国已在一些地方进行宅基地使用权抵押试点。在抵押的方式上应区分为无地上建筑物抵押和有地上建筑物抵押两种。对于无地上建筑物的，可以单独对使用权设定抵押；有地上建筑物的，必须按照“房地一体”的原则，将宅基地使用权与建筑物所有权一起进行抵押，而不得分别抵押，以保障债权人利益的实现。（4）入股。入股是指将宅基地使用权作价入股进行投资经营，并按照该股份获取一定的收益。以宅基地入股成立农民股份合作社，农民成为股东，由村委会管理公司，统一经营土地，宅基地流转收益归农户和集体共有，村民凭借股权，享受资产增值和股份分红权利。（5）继承。宅基地使用权的继承是指继承人按照法律的规定或被继承人遗嘱而取得被继承人的宅基地使用权以及房产。根据房地一体原理，继承人继承房屋时其依附的宅基地使用权也一并继承。但继承人所继承的是被继承人的财产而不是身份，因此，如果宅基地上的房屋灭失，则继承人不能继承相应的宅基地。（6）遗赠和赠予。遗赠是指使用权人通过遗嘱方式将其使用权赠予法定继承人以外的个人或者社会组织。赠予是指使用权人将使用权无偿转让给他人。对受遗赠人和受赠人可按照与继承人相同的继受取得方式进行办理。

（四）健全宅基地流转市场

宅基地流转市场在宅基地的供给主体和需求主体之间起媒介和桥梁的作用。为了使宅基地使用权的流转更加方便、快捷，建立一个统一、开放的宅基地使用权交易场所是必要的。从长远来看，真正的宅基地使用权交易市场是农民和其他主体在市场上平等、自愿、公平的交易，这是一种农村建设用地直接流通并通过市场公平交易的土地使用权直接流转模式，比较符合各方利益的平衡和需要，这种交易制度也必然要求建立开放的宅基地使用权流转市场。目前，农村土地承包经营权、农村集体建设用地使用权（包括宅基地使用权和乡镇企业建设用地使用权）、农村房屋所有权都在流转，因此，建立单一的宅基地使用权及房屋流转市场既无必要也会浪费大量资源。建议建立县级农村土地综合流转交易市场，将土地承包经营权、农村集体建设用地使用权、农村房屋所有权全部纳入交易市场范围，完善农村土地综合流转交易管理办法，建立流转规则和操作流程，健全监督制约和责任追究机制，妥善解决好农村土地流转中出现的问题。当前，亟须解决以下几个问题：（1）加强信息平台建设。在县级设立土地流转交易服务大厅，开通土地流转信息网站，负责土地流转信息发布、政策法规咨询、流转规范程序制定等工作；乡镇设立土地流转服务站，具体负责流转供求信息的收集及发布、土地评估、合同签订、档案管理、纠纷调处等工作；村级设立土地流转信息员，由村委会成员担任，负责土地流转信息收集、审查、汇总等工作。通过县乡村三级信息平台建设，提供全覆盖、多层次的土地流转服务。长远目标是逐步实现网上申请、网上挂牌、在线竞拍、中标公示等全流程在线交易。（2）形成合理价格体系。建立规范、有序的宅基地流转市场，其关键是形成合理的价格体系，从而使价格在农村宅基地的有效配置中发挥基础作用。合理的价格体系必须充分体现宅基地区位及环境质量的差异性。土地价格的确定是土地作为特殊商品进入市场流转的核心问题之一。为避免集体土地资产流失与资源浪费，政府应建立定期评估宅基地使用权流转价格机制、定期评估并公布本行政区域内宅基地使用权的基准地价、出让最低限价等政府公示地价，以促进宅基地使用权流转的合理价格体系的形成。[①]（3）健全中介服务体系。积极培育资产评估、土地融资、合同范本、法律咨询和土地保险等社会服务，为农地流转交易双方提供地价评估等咨询和跟踪服务。

（五）加快宅基地流转登记

宅基地确权登记是规范宅基地管理和流转的基础性工作，对未来农村宅基地产权改革也相当重要。因此，在宅基地流转过程中应加强宅基地的登记工作，依法确定宅基地的权属范围，明晰宅基地使用权的主体，保障交易的安全性。农村宅基地使用权是一种不动产物权，就应该采取不动产登记的公示方法，建立统一的登记管理制度。宅基地使用权在设立时应在不动产登记簿上进行登记，发放权利证书。登记簿上的申请人才是真正的权利人，这样就能够明确产权的归属，减少不必要的纠纷。在宅基地使用权流转后，进行变更登记。在宅基地使用权消灭后，进行注销登记，收回权利证书。我国宅基地使用权的登记管理制度可以

---

① 顾群英：《宅基地使用权流转的若干问题探析》，硕士论文，华东政法大学，2011年，第37页。

完全适用《物权法》关于不动产登记的办法来进行。目前，农村宅基地确权登记进度不一，个别地区比较缓慢，影响到宅基地流转的顺利进行。因此，应加快宅基地确权登记步伐，提高认识，强化措施，充实人员，保障经费，尽快完成宅基地确权登记发证工作，为宅基地管理和流转奠定基础。

（六）加强宅基地流转监管

为了促进农村宅基地的正常流转，保障农民的基本居住权利以及保护耕地的需要，必须加强对农村宅基地使用权流转过程中的监管力度。首先，流转必须符合土地利用规划。农村宅基地使用权流转应严格在相关规划控制的框架内进行，结合村镇规划，合理组织宅基地布局，杜绝乱占乱建及破坏耕地的行为。其次，流转必须符合土地用途管制。土地用途管制是国家为了保证土地资源的合理利用而确定的一项强制性管理制度。宅基地流转中必须严格限制土地用途的改变，避免将宅基地转化为商业性建设用地。最后，建立健全流转联合监管体系。建立国土、公安、司法等部门联合执法监察、办案体系。健全执法监督举报体系和举报奖励办法，鼓励村民互相监督。建立预防为主、事先防范与事后查处相结合的制度，经常性巡回检查，加大查处力度，使宅基地流转违法现象和问题得到及时解决。通过加强对农村宅基地使用权流转的监管，以此保障农村宅基地使用权健康、有序地流转。

六　加强宅基地使用权流转中农民土地权益保护

（一）坚持农民自主自愿

自主自愿的本质就是尊重当事人在民事活动中的意思自治，即当事人可以根据自己的判断去从事民事活动，国家一般不干预当事人的自由意志，充分尊重当事人的选择。宅基地使用权流转中的自主自愿是指宅基地使用权人在进行宅基地流转活动中意志独立和行为自主，以自己的真实意愿来设立、变更、终止宅基地使用权流转法律关系。实践中，农民对宅基地流转认知水平较低、维权能力较弱，在宅基地流转过程中往往处于被动地位。因此，在充分尊重农民自主自愿的基础上推进宅基地使用权流转，切实维护流转农民的合法权益，是一切流转工作的基础和重中之重，也显得尤为迫切。坚持宅基地流转中的农民自主自愿，需要注意以下几点：一是是否流转的自愿。即宅基地使用权人从自身利益和实际需要出发，有决定是否进行流转的自由选择权，任何人都不能强迫其流转。二是如何流转的自愿。即宅基地使用权人可以自由选择流转受让人，可以自由选择流转方式，可以自由决定流转内容，可以自由约定违约责任方式，可以自由约定纠纷解决方式等涉及宅基地使用权流转的相关问题。三是并非绝对的自愿。任何自由都非绝对的自由。宅基地流转中农民的自主自愿也并非是无限制的意思自由，也应当是法律限制之下的自由。宅基地使用权流转政策性较强，必须在一系列的国家规制之中方具有法律效力。因此，应当将农民自主自愿与政府适度干预充分结合起来，促进流转的依法有序进行。

（二）完善收益分配机制

合理的宅基地流转收益分配机制是产权主体进行流转的内在动力，是宅基地流转制度建设的关键环节。宅基地流转收益分配主要涉及宅基地使用权人、宅基地所有权人、地方政府三者的利益关系，要完善宅基地流转收益的收取、分配、管理及支出等各个环节的管理，确保取之于地、用之于民。[①]

1. 宅基地使用权流转收益在农村集体和农户之间分配

宅基地流转过程中的收益可以分为两部分：房屋收益和宅基地增值收益。流转过程中产生的房屋收益属于农民房屋的对价，这属于农民房屋所有权中的收益权，应全部归农民所有；流转过程中产生的宅基地增值收益，应由宅基地所有者——农村集体经济组织和宅基地的原使用权人进行合理分配。但如果农民以有偿出让方式取得的宅基地使用权，已按市场价格支付了土地使用费，其宅基地使用权收益全部归农民所有，集体不再享有。如果农民以无偿方式取得的宅基地使用权，农村集体则可以凭借所有者身份分享一部分土地收益。具体的分配方法和比例，各地可以根据当地的实际情况由集体讨论决定进行合理分配。笔者建议，宅基地流转的大部分收益由农民享有，少部分由集体享有。而农民集体取得宅基地流转收益后，应由村民委员会召集村民会议或村民代表会

---

① 茆荣华：《农村集体土地流转制度研究》，北京大学出版社 2010 年版，第 180—181 页。

议，经过民主程序讨论决定对该流转利益的使用。该流转利益主要用于三方面：一是部分资金应优先用于农村社会保障体系的建设，用于建立医疗、养老、最低生活保障和农民廉租住房保障金等社保制度；二是部分资金应用作农村基础设施建设，建设设施完善、配套齐全、环境优美的社会主义新农村；三是部分资金用于发展农村集体经济，提高农民收入和福利待遇等。使用中要做到专款专用、财务公开，依法及时公布款项使用情况，接受村民和社会监督。

2. 地方政府原则上不再享有宅基地使用权流转收益

宅基地的增值虽然与地方政府在基础设施、环境发展等方面的投入具有相关关系，但根据我国相关法律的规定，政府既不是宅基地的所有权人也不是宅基地的使用权人，地方政府在宅基地使用权流转过程中不具有主体地位，只是流转行为的管理者和服务者，即使在农村发展基础设施、优化环境建设也是其应尽的职责和义务。国家和各级政府可以通过税收手段对宅基地使用权的流转实行有效的调节和控制，而不直接参与宅基地增值收益的利益分配，这也是“还富于民”的一种表现。①

（三）加大住房保障力度

我国农地资源非常紧张，农民就业门路狭窄，农村承包地和宅基地成为承担农民社会保障功能的福利手段，共同构成农村社会保障的核心和基础。国家限制农村宅基地使用权流转虽然有利于农村居民的住房保障，但在具有开放性和流通性的市场经济条件下，限制宅基地使用权的流转，也将农民紧紧束缚在农村之中，影响农民身份转换，限制了土地作为生产要素流动的功能，降低了土地资源配置的效率，无法真正解放农村生产力，也不利于农村经济的发展。要剥离宅基地的社会保障功能，就必须建立并逐渐完善农村社会保障体系，使农民在养老、医疗、最低生活保障、住房保障等方面与城镇居民享受同样的待遇。只有这样，宅基地的流转市场才能全面建立，城乡一体化建设进程才能顺利推进。

现阶段，我国的农村社会保障体系已在逐步建立并全面推进，但农

---

① 袁裴：《宅基地使用权流转法律问题研究》，硕士论文，沈阳工业大学，2012 年，第 42 页。

村社会保障的广度和深度还远远不够。与宅基地的社会保障功能最直接相关的住房保障制度如住房公积金、廉租房、经济适用房等相关配套制度，在目前农村社会仍呈现缺失的状态，仅有部分困难家庭得到住房保障。衣、食、住、行本就是作为公民最基本的生存需求之一，在城乡一体化建设进程中，不推进城乡一体化的住房保障制度建设，城乡一体化的土地市场便无法建立，土地作为重要的生产要素无法流转，必将成为阻碍我国社会经济发展的重要因素。因此，应加大农村住房保障体系建设力度，将符合条件的转户农村居民纳入公共租赁房、廉租房等保障范围，鼓励有条件的转户居民购买普通商品房，对于农村居民整户自愿转为城镇居民、退出宅基地及建（构）筑物的，可按地方标准对房屋及其构筑物、附着物给予一次性补偿及购房补助；家庭部分成员转为城镇居民的，保留其在以后整户退出时获得宅基地及建（构）筑物的相应补偿的权利，不再享有取得宅基地的权利，待家庭成员全部转为城镇居民时，退出宅基地及建（构）筑物并按整户退出时的标准补偿；符合城镇保障性住房准入条件的转户农村居民，转户进城后可纳入保障性住房的保障范围。退出宅基地的农村居民具有和城镇居民同等的权利，要保证其子女能够就近上学，并免费组织退出农民的就业技能培训，解除其工作、生活的后顾之忧。①

第六节　陕西高陵宅基地整理置换与新型农村社区建设的调查分析

近年来，随着城市与农村建设步伐的加快，土地供需矛盾突出，一方面城镇发展用地指标不足，另一方面农村建设用地粗放利用。而农村宅基地整理置换与新型农村社区建设，成为改善农民生产生活条件和提高农村节约集约用地水平的主要措施，成为保护耕地资源、拓展用地空间、落实“城镇建设用地增加与农村建设用地减少相挂钩”的重要手段，对实现耕地总量动态平衡、缓解用地矛盾具有重要意义。

① 李志强：《农村宅基地流转机制设计：以杨凌示范区为例》，硕士论文，西北农林科技大学，2011 年，第 34 页。

为了对当前宅基地使用现状下宅基地整理置换的可行性进行分析，论证其在实践中的可操作性。2013 年 7 月 30 日课题组一行 4 人赴西安市高陵县对其曹家新苑“空心村”改造新社区、东樊村和何村增减挂钩新社区建设三个具有代表性的地点进行实地调查研究。曹家新苑是陕西省“空心村”改造试点村，东樊村是陕西省增减挂钩项目实施试点村，何村是陕西省集中安置、撤村并点的试点村，在全省都具有较强的示范意义。早上在三个村分别听取了镇（村）负责人的情况介绍，在东樊村和何村实地察看了建好的居民别墅。随后在高陵县招待所会议室召开了由县统筹办、住建局、农林局、人社局、土地流转中心负责人和三个村的负责人及部分村民代表参加的座谈会，重点就宅基地整理置换和新型农村社区建设的重点、难点、存在问题进行了交流探讨。下午在何村与村支书、村委会主任、村民议事会议事长、全国劳动模范、陕西省人大代表史安民同志进行了近 3 个小时的详细交流，重点就宅基地整理置换和新型农村社区建设的实践操作层面，如何保障农民的土地权益，新型农村社区建设中的问题与对策等方面进行了交流探讨。随后深入两户农家询问了相关情况，实地察看了两处蔬菜大棚、村文化活动中心和旧村的情况。本节内容主要以高陵县统筹办提供的材料、三个村的相关材料以及调查访谈记录材料为依据深入分析高陵县宅基地整理置换与新型农村社区建设的现状、经验与建议，希望对其他地区宅基地整理置换与新型农村社区建设提供借鉴和参考。

一　宅基地整理置换的概念与重要意义

（一）宅基地整理置换的概念

宅基地整理指的是村庄整理规划，即对某一村庄宅基地的利用进行重新安排，通过撤并零散自然村，建设中心村，对原农村居民用地进行综合整治，退宅还耕。包括原有宅基地利用的调整、腾出宅基地的利用、规划扩大宅基地的定位等方面。

宅基地置换是指在确保土地所有权、使用权人自愿的前提下，按照城乡建设用地总量不增加，耕地总量不减少，复垦耕地质量有保证，节约集约用地程度有提高的要求，将土地利用总体规划确定的城镇建设用地范围外的，土地利用率较低的农村宅基地和集中安置的用地、节余的建设用地共同组建成农村宅基地置换项目，采取建设新村（居）与货币补偿相结合的方式，实现搬迁安置，把旧址复垦为农田，将缩减的农村宅基地调剂到其他急需建设项目中使用的过程。以促进农村居住由凌乱分散向集中有序、村庄布局由自然形态向规划形态、土地利用由平面粗放向立体集约转变，并加快农民市民化、城乡一体化、社会结构转型的一种制度。

（二）宅基地整理置换的重要意义

宅基地整理置换是在我国城市化进程中城市建设用地紧缺和保护耕地的矛盾尖锐的情况下提出的。中国的城市化势必需要有充足的土地作为其基本条件，而我国的城市建设用地极其紧缺，国家又要保证 18 亿亩耕地的红线不被突破，因此通过宅基地整理置换出建设用地成为解决此矛盾的最佳选择。

1. 宅基地整理置换可以缓和用地的急迫需求

随着经济快速发展，近年来各地用地热潮有增无减，每年的建设用地指标，一直存在较大的缺口。农村建设用地整理复垦有“政策优惠、现实可行、用地方便”等诸多优点，是缓和用地需求的一条有效途径，尤其是完全可以平衡新农村建设对用地的需求。如高陵县曹家村、东樊村、何村开展的农村宅基地整理置换，平均土地节约率在 60% 以上。按照高陵县的新社区规划，全县 88 个行政村全部改造后，可在永久基本农田规划区内新增耕地近 4 万亩。这可在一定程度上缓和经济的快速发展对用地的急迫需求。

2. 宅基地整理置换可以保障耕地的总量平衡

农村宅基地整理是土地整理的重要组成部分，是实现耕地总量动态平衡的有力保障。宅基地整理置换就是在城市规划控制下，在城镇和村庄进行有效的治理，通过对其内部挖潜，向地下和空中立体发展建筑，提高容积率，提高土地利用集约度，腾出大量土地作为建设用地储备或用作农用地，减少建设用地对农用地的侵占，通过开发整理土地补充耕地面积。整理出的土地，宜耕则还耕，宜林则还林，或留作建设用地的储备，这在一定程度上会缓解我国耕地资源紧张的局面。可见，农村宅基地整理置换也是实现耕地总量动态平衡的重要途径之一。

3. 宅基地整理置换可以推进农村城镇化进程

新一轮土地利用总体规划引导的是一种“工业向园区集中、土地向规模集中、人口向社区集中”的趋势，编制相应的农村集镇、村庄规划，开展农村居民点及“空心村”宅基地整理置换，对加快中心村镇建设，改善农村基础设施，提高农民收入水平，集约节约土地资源利用，有着事半功倍的效果。一是有利于解决农村住房难问题。通过宅基地整理复垦置换，增加有效用地指标，将原有存量土地予以充分利用，将复垦指标优先考虑解决住房困难户建房用地，有利于化解农民住房难问题和农村违章建筑问题。二是有利于改善农村居民生存生活环境。通过宅基地整理置换，使原散落的农宅集中，填实“空心村”，进行自然村的拆并，形成有一定规模的中心村和小城镇，使它们成为规划合理、设施完善、环境优美的新家园。同时，有效降低了基础设施建设成本，提高了公共设施的共享率，使更多农民群众享受到新农村建设成果。三是有利于壮大村集体经济。通过宅基地整理置换，特别是条件较好的城边村、城中村可借机发展壮大集体经济。

二　新型农村社区建设的内涵与功能定位

（一）新型农村社区建设的内涵

1. 社区的内涵

“社”是指相互有联系、有某些共同特征的人群，“区”是指一定的地域范围。所以，“社区”可以说是相互有联系、有某些共同特征的人群共同居住的一定的区域。最早提出“社区”一词的是德国社会学家滕尼斯，在其1887年出版的《共同体与社会》一书中认为社区是指价值取向相同、人口同质性较强的社会共同体，这种共同体关系不是社会分工的结果，而是由传统的血缘、地缘和文化等造成的。① 中文“社区”一词，是1933年费孝通先生在翻译美国著名社会学家帕克论文集时，将英文“community”一词翻译成“社区”，其定义为若干社会群体（家庭、民族）或社会组织（机关、团体）聚集在某一地域里形成

① ［德］滕尼斯：《共同体与社会——纯粹社会学的基本概念》，商务印书馆1999年版，第5—6页。

的一个在生活上相互关联的大集体。[①] 近年来，我国一些学者也对“社区”提出了自己的理解。徐勇（2007）认为社区是社会生活的基本组织单位，以共同居住的地域为基础，具有共同的社会联系和价值认同的社会生活共同体，是一种地方性社会，包括地域、交往和价值三个要素。[②] 李长健（2009）将社区定义为一定数量的人们基于血缘关系与地缘关系而组成的一种联合。[③] 总的来看，构成一个较为完备的社区应该具备一定数量的社区人口，一定范围的地域空间，一定规模的社区设施，一定特征的社区文化，一定类型的社区组织等必备要素，这些基本要素在特定地域内的有机结合，就构成了一个现实的社区。[④]

2. 农村社区的内涵

关于农村社区的研究，在2006年以前国内并不多。2006年10月，党的十六届六中全会通过的《中共中央关于构建社会主义和谐社会若干重要问题的决定》中提出：全面开展城市社区建设，积极推进农村社区建设，健全新型社区管理和服务体制，把社区建设成为管理有序、服务完善、文明祥和的社会生活共同体。2008年中共十七届三中全会通过的《中共中央关于推进农村改革发展若干重大问题的决定》进一步强调：必须完善农村社会管理体制机制，加强农村社区建设，保持农村社区和谐稳定。学者们也从不同的角度对农村社区进行了界定。徐勇（2007）认为农村社区是有广阔地域，居民聚集程度不高，以村或镇为活动中心，以从事农业活动为主的社会生活共同体。李长健（2009）认为农村社区就是以从事农业的人们为主体基于农村的血缘关系与地缘关系而组成的一种联合，按共同居住、相互关系、有共同的认同感和归属感的标准而建设。综合来看，构成农村社区的基本要素有：一定的范围区域；从事农业活动；血缘、地缘关系较密切；大体相同的生活方式、价值观和行为规范。

---

① 社会学概论编写组：《社会学概论》，天津人民出版社1984年版，第213页。

② 徐勇：《在社会主义新农村建设中推进农村社区建设》，《江汉论坛》2007年第4期。

③ 李长健：《论我国新农村社区治理模式的建立与完善》，《湖南财经高等专科学校学报》2009年第6期。

④ 喻新安、刘道兴：《新型农村社区建设探析》，社会科学文献出版社2013年版，第41—42页。

3. 新型农村社区的内涵

新型农村社区建设是一个新生事物，尚处于探索和实践阶段，对新型农村社区的内涵，目前还没有统一的说法。《西安市新型农村社区建设实施方案》（2013 年）中提出：新型农村社区是以一个行政村或若干个行政村为单元，按照基础设施城镇化、公共服务均等化的要求，统一规划、统一建设的具有地域特色、充满乡村气息的社会主义新农村。新型农村社区建设既不能等同于村庄翻新，也不是简单的人口聚居，而是通过新社区建设，改变农民生活和生产方式，提升农民生活质量，加快缩小城乡差距，让农民享受到跟城里人一样的公共服务，过上像城里人一样的生活。[①] 新型农村社区建设的实质是：顺应非农化大趋势，积极推行村庄整合，引导农民集中居住，扩大社区规模，改变传统农村分散居住的状态；引导公共资源相对集中，建立较为完善的公共服务设施和生活服务设施，缩小城乡差距，提高农民生活水平。[②] 所以，新型农村社区建设应该是一项综合系统工程。

从各地实践中对新型农村社区建设的探索来看，主要有以下几个特点：（1）居住规模大小不等。少则几千人，多则上万人乃至几万人，完全由当地经济社会发展条件、资源禀赋和环境基础而定。（2）基础设施较为完善。新型农村社区的道路、供水、供电、通信、购物、电脑网络、有线电视、垃圾污水处理等各项设施基本齐全，可以保证农民生产和生活的需要。（3）公共服务全面覆盖。教育、科技、文化、卫生、体育、法律、计生、就业、社保、社会治安、社会福利等政府各项服务全面覆盖，很多事情群众不出社区就能办到。（4）居住环境相对优美。新型农村社区注意环境的绿化、美化、亮化，绿树成荫，花草遍地，娱乐休闲设施齐全；群众的住房设计科学，既有独门独院的别墅，也有多层、高层、廉租房等不同样式、不同面积的套房，群众可以根据自己的需要和财力状况选择不同的住房标准。（5）社会管理得到加强。建立了党总支、居委会、经济协会、文化协会、老年协会、村民理事会等组

① 杨世松：《对新型农村社区建设的探索》，《决策探索》2011 年第 12 期。

② 刘云：《关于新型农村社区建设若干问题的思考》，载林宪斋、王建国编《河南城市发展报告》，社会科学文献出版社 2012 年版，第 196 页。

织，社会管理得到完善和加强。[①]

（二）新型农村社区建设的功能定位

1. 统筹城乡发展的结合点

统筹城乡发展是破解城乡二元结构、全面建设小康社会的重大举措，其实质就是通过城乡布局规划、产业结构调整、基础设施建设等，促进城乡各种资源要素的合理流动和优化配置，既充分发挥城市对农村的带动作用，又充分发挥农村对城市的促进作用，实现工业与农业、城市与农村发展良性互动。统筹城乡发展，特别是促进城镇资源要素向农村流动，客观上需要有一个在农村能够与城镇相对接的联结点或者结合点，由它来承载城乡各种资源要素的合理流动和优化配置。而具有承载功能的新型社区就是统筹城乡发展最佳联结点或有效结合点。新型农村社区是以城镇化理念建设起来的现代化农村居民聚居区，有着较为完善的基础设施和公共服务设施，过着与城镇居民相近或相仿的新生活，能够推动社区与城镇在人口、产业、生产要素等方面的合理流动和优化配置，实现城乡协调发展、共同繁荣。[②]

2. 推进城乡一体化的切入点

城乡一体化就是要把工业与农业、城市与乡村、城镇居民与农村居民作为一个整体，统筹谋划、综合研究，通过体制改革和政策调整，促进城乡在规划建设、产业发展、市场信息、政策措施、生态环境保护、社会事业发展等方面一体化，改变长期形成的城乡二元经济结构，实现城乡在政策上的平等、产业发展上的互补、国民待遇上的一致，让农民享受到与城镇居民同样的文明和实惠，使整个城乡经济社会全面、协调、可持续发展。由于自身种种情况的限制和局限，传统的行政村、自然村或一般意义上的新农村难以成为推进城乡一体化的切入点，新型农村社区具有的承载功能、集聚功能、传承功能、管理功能和保障功能，既能为城乡对接提供一个最佳的切入点，又能为城乡一体化发展提供最

① 郑州市统计局农调队：《郑州市新型农村社区建设问题研究》（http：//www. zzstjj. gov. cn/tjww/tjfx/tjfx/webinfo/2012/08/1353986920762055. htm）。

② 喻新安、刘道兴：《新型农村社区建设探析》，社会科学文献出版社 2013 年版，第 74—77 页。

好的基础条件。以新型农村社区建设为切入点，加快农民向城镇集中、公共服务设施向社区集中、土地向规模经营集中、企业向园区集中，积极推动农村城镇化、农民市民化、农业产业化，形成城乡互动共进、融合发展。

3. 促进农村发展的增长点

新型农村社区建设是促进农村发展的强大动力，是促进农村全面发展的增长点。新型农村社区建设推动着农民生活方式的转变、农业生产方式的转变和农村发展方式的转变。农民生活方式的转变，就是要以城市化生活方式，来影响、引导农民逐渐转变生活方式。新型农村社区建设中基础设施和公共服务的完善，现代交通通信、文化传播技术手段的改进，大大地促进着农民生产方式、生活方式、思维方式的转变，为农民生活方式的转变提供了有利的条件。农业生产方式的转变，就是推动从传统的一家一户粗放经营的小农生产方式向规模化、集约化的现代农业生产方式转变。由于新型农村社区建设推动了农民居住方式的转变，同时也促进了土地流转，推动了农业生产的规模化经营，提高了农业生产的现代化水平，促进了传统农业向现代农业转型。农村发展方式的转变，就是要更加注重农村经济社会协调发展，更为重视生态环境的保护和可持续发展。新型农村社区建设的推进，必然会促进城乡关系和区域经济布局的调整，促进经济转型升级，提升农村产业层次，保护农村生态环境，逐步实现城乡一体化发展。

4. 加强农村管理的创新点

新型农村社区建设是一个新生事物，建设过程中必然伴随出现如何管理服务问题。在组织机构上，建成入住后的社区将要组建党总支和管委会，与原有村支部和村委会关系如何处理和协调；在债权债务上，原有集体资产和债务如何处置，通过社区建设形成新的集体资产归谁所有、收益如何分成；在物业管理上，社区管理维护是否参考城市社区采用物业管理模式，如何保障社区各类设施正常有效运转，减少农民日常开支，都需要在实践中进一步研究、探讨和解决。建设新型农村社区的一个重要目的就是实现城乡基本公共服务的均等化，统筹城乡发展，缩小城乡差距。因此，创新管理体制、完善管理组织、强化服务功能便是推进新型农村社区建设的重要内容。一是加强社区组织建设。成立社区党组织，探索实行社区党总支领导下的农村合作组织党支部设置新模式。对社区党员重新组合，建立社区党总支领导下的产业和行业支部，拉长支部服务于产业和行业的链条，充分发挥支部的模范作用。二是实行社区居民自治。积极探索“权力下放、重心下移、权随责走”的基层管理体制，形成以农村社区党组织领导为核心、居民自治为基础、党员群众广泛参与、各类社区组织互动合作的农村社区民主治理机制。加强基层政府和相关职能部门对社区居委会的指导与监督。三是完善社区服务功能。凡与社区群众密切相关的行政服务项目，力争在农村社区实现“一站式”集中受理，使社区居民能够就近享受到政府提供的各项服务。同时，应配套跟进农民的土地流转、农地征收、农村林权、房屋产权、就业、养老、低保、户籍等改革，为新型农村社区建设提供有力保障，实现新型农村社区的管理创新。

三　高陵县曹家村、东樊村、何村基本情况和项目建设情况

高陵县位于陕西省关中平原腹地，西安市辖域北部，东靠临潼区，南接未央区、灞桥区，西连咸阳渭城区、三原县、泾阳县，北临阎良区，距西安市钟楼和咸阳国际机场 20 公里、新市政中心仅 7 公里。高陵境内地势平坦，为十三朝古都长安的京畿之地。高陵县总面积 294 平方公里，辖 5 镇 3 街办 2 管委会，88 个村民委员会，总人口 33.35 万人。20 世纪 50 年代，被国务院授予粮食生产先进单位称号；80 年代中期，曾以养鸡闻名全国；90 年代初，又被评为西北唯一的吨粮县。90 年代后期，走出了一条工业强县的路子。特别是 21 世纪以来，高陵县经济发展速度一直走在全市、全省前列。高陵县域经济综合实力位于陕西“十强县”前列，是“中国西部最具投资潜力示范县”，陕西省县城建设先进县、省市统筹城乡发展示范区试点县，省市共建大西安和建设渭北工业区的历史机遇将使高陵县获得更好更快的发展。

（一）曹家村基本情况和项目建设情况

曹家村位于高陵县城南 2 公里，全村共有 6 个村民小组 474 户 1830 口人，占地面积 470.3 亩。村民以农业生产和外出打工为主。2009 年，该村被确定为陕西省第一批“空心村”综合治理试点单位（陕国土资

发〔2009〕31号文)。曹家新苑新社区项目即为曹家村改造而设，该项目于2012年立项，是省市县重点“空心村”改造试点项目。

曹家新苑“空心村”改造新社区建设项目是曹家村6个村民小组和榆楚乡安家村六组，张卜乡杏王村六组、七组“空心村”改造村民回迁集中入住的新社区项目。新社区选址定于西韩公路十字东南角，规划用地149.12亩，总投资约3.2亿元，建筑面积约203077平方米。新社区主体建筑采用11层小高层和局部18层楼房建筑，设计有90平方米、110平方米、120平方米、130平方米四种户型。社区配套有综合服务中心、广场、绿地、路灯等公共基础服务设施。

曹家村改造范围内涉及的所有安置人按“先安置、后拆迁”的方式进行，安置标准为“拆一还一”和“资产置换”相结合的方式。“拆一还一”是指以砖混结构一层一等的标准执行。置换标准为372元每平方米。被安置人所选房屋原则上不能超过两套。

该项目的运作模式为银企合作模式。2011年，经高陵县委、县政府研究同意，由政府和县基投公司共同出资组建高陵三阳新社区建设开发有限公司，农村新社区建设为其主要业务范围之一。新社区项目由三阳公司负责开发。在项目运作上，三阳公司利用政策，将曹家村470.3亩和奖励建设用地指标共503.7亩建设用地作为担保，向建设银行西安经开区支行贷款2.2亿元，公司自筹1亿元，落实了项目的资金需要。

项目建设用地149.12亩，是通过征用榆楚乡安家村六组和张卜乡杏王村六组、七组的土地得到的。

(二) 东樊村基本情况和项目建设情况

1. 东樊村基本情况

东樊村位于高陵县以东永久性基本农田规划区，属关中平原上一个典型的农村。村庄距县城3公里，全村共有421户1609人，户均约3.8人。全村由4个分散的自然村组成，每村相距约400米左右。村庄总面积482亩，户均村庄用地1.14亩，远远超过农村宅基地户均200平方米的陕西省标准。房屋布局以前庭后院结构和砖混结构两层楼房为主，房屋及附着物总资产3085万元，户均7.33万元。绝大多数村民主要从事传统农业生产和家庭养殖业，青壮年农民在农闲时外出务工，少数村民依托附近的西京水泥厂从事运输业。

2. 东樊村增减挂钩项目情况

（1）基本思路。

按照城市市区建设的标准和理念，将东樊村4个分散的自然村合并为农村新社区。打破城乡概念，高标准配套公共服务中心、广场、幼儿园、学校、绿地、排水等设施。表5—8为东樊村改造前后有关数据对比。

表5—8　　东樊村改造前后有关数据对比

	改造前	改造后	差异
人口	1609人	1409人（59户到县城居住）	减少200人
户数	421户（未含分户数）	410户（宅基地安置388户，就地楼房安置21户，县城楼房+就地楼房安置1户）	59户到县城居住，新分48户
户均人口	3.82人	3.4人	减少0.42人
村庄面积	482亩	180亩左右	减少302亩
户均建设用地	1.14亩	0.44亩	减少0.7亩
人均建设用地	200平方米	85.2平方米	减少114.8平方米
房屋总建筑面积	82095平方米	82928.5平方米	增加833.5平方米
户均住房面积	195平方米	202.3平方米	增加7.3平方米
人均住房面积	51平方米	58.8平方米	增加7.8平方米
耕地面积	2281亩	2583亩	增加302亩
户均耕地面积	5.41亩	6.13亩	增加0.72亩
户均资产	7.36万元	25万元左右	增加17.64万元
户均改造成本	23.86万元		

（2）运作模式。

东樊村项目运作模式如图5—8所示。

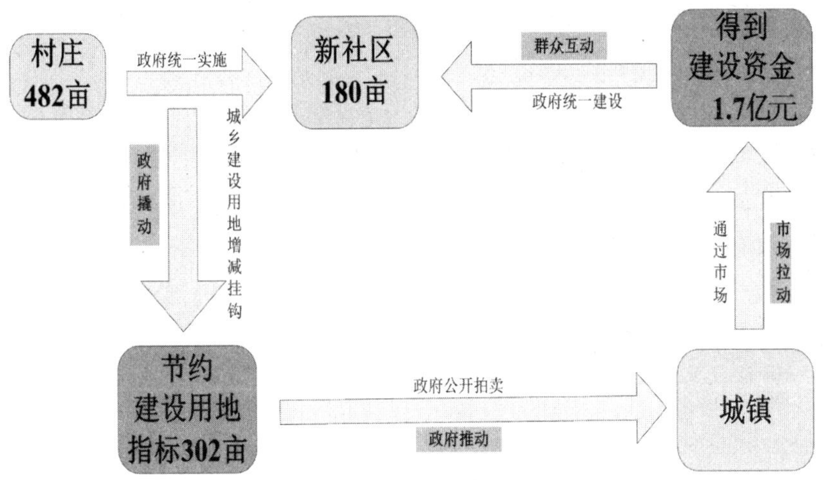

图 5—8　东樊村项目运作模式

（3）经济分析。

图 5—9 为东樊村项目经济分析。

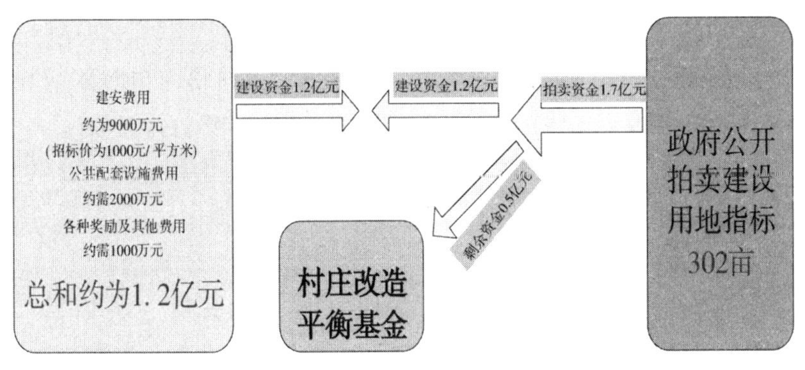

图 5—9　东樊村项目经济分析

（4）改造原则。严格耕地保护，集约节约用地，保障农民权益，推进城乡统筹。

（5）实施步骤。第一，政策宣传，决定干不干。向群众宣传建设用地“增减挂钩”的政策，让群众知道“预算节地指标—挂钩出让土地指标换取建设资金—实施村转改造—复垦旧村庄返回指标”的实施规程与步骤。在政策上向群众公开。

第二，摸底算账，决定怎么干。摸清现有村庄的面积、房屋的面积、人口构成的底子，让群众算账，算清能结余多少土地，能拍卖多少钱，改造需要多少钱“三笔账”。前期的规划设计、房屋测量等费用全部由政府承担。在资金上让群众明白。

第三，群众监督，确保干得好。群众参与制定拆迁方案、建设标准，确定建设风格；政府主导实施，通过上报项目、出让指标、规划建设、集中入住、拆迁复垦等步骤完成村庄合并改造。在质量上让群众放心。

（6）安置方式。第一，就地宅基地安置。

东樊村在册农户自愿就地宅基地安置的，以一砖混一类一等房的评估价格为基准进行对等置换（400 元/平方米）。

置换面积在 160 平方米以上的农户，每户所选的安置房面积可以上浮 15 平方米。15 平方米以内的面积按照 400 元/平方米计算，超出 15 平方米的面积按照建设综合成本价格计算。原房屋经折算后，超出所选安置房面积的部分按评估价格给予货币补偿。

置换面积低于 160 平方米的农户，可按一定价格将面积增补至 160 平方米。增补面积小于 30 平方米的部分按 400 元/平方米计算，大于 30 平方米的部分按 600 元/平方米计算。所选安置房面积超出 160 平方米的部分按建设综合成本价计算。

第二，县城楼房化安置。

东樊村在册农户自愿举家进县城采取“楼房化安置”方式的，以拆一还一（以砖混木混为主）的原则进行集中安置，并一次性奖励现金 3 万元。新申请庄基获得批准并选择县城楼房化安置的农户不享受 3 万元奖励。

第三，就地楼房化安置。

东樊村在册农户自愿采取就地楼房化安置的，按 350 元/平方米的价格置换多层楼房。

对原房屋不足 60 平方米的农户，可按拆一还一的原则进行集中就地楼房化安置。所选安置房面积在 100 平方米以内的，超出部分按 350

元/平方米计算；100平方米以外的，超出部分按建安成本价计算。每户无偿分配到一间20平方米的储藏室。

第四，县城楼房+就地楼房安置。

东樊村在册农户自愿采取“县城楼房+就地楼房”安置的，以评估单位对原房屋及附属物整体测量评估结果为基准，可在本村和县城各置换一套多层楼房。原则上两套住房总面积不得超过评估面积（以砖混木混面积为准），并参照县城楼房化、就地楼房化折算标准执行。

东樊村具体安置情况见表5—9。

表5—9　**东樊村具体安置情况**　单位：户、%

安置方式	户数	所占比例	备注
1. 就地宅基地安置	388	82.7	
2. 县城楼房化安置	59	12.6	
3. 就地楼房化安置	21	4.5	
4. 县城楼房+就地楼房安置	1	0.2	
合计	469	100	

（三）何村基本情况和项目建设情况

何村地处西安市高陵县城西北5公里处，距西铜、西禹高速6公里。全村有6个自然村，8个村民小组，耕地2580亩，人口1964人。全村日光温室大棚已发展到3180栋，人均占有大棚1.3栋，户均占有大棚5.6栋，粮经比达到1∶9，该村是陕西省农业厅认定的无公害蔬菜基地，2012年村民人均收入突破14205元。该村被西安市农业局列入“千栋日光温室大棚”和“万亩无公害蔬菜基地”建设项目。

2009年9月省政府将通远镇何村定位为高陵县集中安置、撤村并点试点村。依据《高陵县新型农村社区建设实施办法》，按照“城中村融合、城边村并入、小村并大村”的改造模式，通远镇在何村率先开展了撤村并点的集中安置项目，采用县城楼房化安置、县城+本地安置、本村庄基地安置方案，以低层独院式联排住宅为主，规划占地

242.65 亩。何村一期（七组、八组）项目已建成 158 户，占地面积 92.65 亩，建筑面积 3.9 万平方米，基础设施配套基本到位。何村二期项目规划建设 329 户，占地面积 150 亩，建筑面积 7.3 万平方米。房屋分五种户型：160.5 平方米、174.8 平方米 、190 平方米 、204.7 平方米 、235.5 平方米 ，以满足不同人群的需求。

何村一期采取“统规统建”的政策，即由政府统一规划、统一布局、统一设计后修建。政府结合何村现实情况统一规划新社区建设的选址、协调施工单位、选定工程建设监理公司等。何村二期采取“统规自建”的政策，即按照“政府引导、村民自愿”的原则，采取“四统一、四自主”的方式。四统一即政府统一规划设计、统一核发补助资金、统一基础设施配套、统一质量监管；四自主即村民自主选择户型、自主选择建设单位、自主出资建设、自主议事决策。

在总结何村新社区一期经验、借鉴外地先进经验、充分吸收群众意见的基础上，为了推进何村二期社区建设，赋予群众在村庄改造中更大的自主权，充分调动群众参与建设的积极性，实现政府主导和群众自愿的高度融合，由镇政府指导、何村两委会牵头在全村 8 个组分别召开了组员大会，每组公开选举 3 名村民代表，共计 24 名村民代表，成立村民议事会。议事长由村支部书记、村主任史安民担任。同时在议事会的基础上每组选举 1 名理事，共 8 名理事组成理事会，并推选 2 名副理事长。理事会负责处理议事会的日常事务，化解群众矛盾，就新社区政策向群众答疑解惑。同时，定期召开议事大会，通报新社区建设进展情况。新社区建设重大事项由议事大会自主决定，议事会对决策事项进行宣传引导，全程参与新社区建设，并同工程施工方、监理方签订建设合同，监督工程质量、督促建设工程进度以及监督上级部门下拨的相关新社区建设资金、征收村民建房款以及土地调整等，并及时进行公布。

在何村的新社区建设中，规划的新社区服务中心占地面积 16.54 亩，建筑面积 3085.49 平方米，总投资 554.07785 万元，设计层数三层。一层为综合服务窗口、维稳工作站、医疗卫生服务中心和警务室。协调有关社会服务组织入驻，为村民提供社区医疗、农资供应、信息咨询、代发各类惠农补助、办理需要社区出具证明的各类事务、社区综治维稳和矛盾排查、调解居民民事纠纷等便民服务。二层为办公和护士服务站。除满足基本办公条件和医疗救助外，还设置多媒体阅览室、教育培训室和多功能厅等。三层为文化服务场所。设有儿童阅览室、老年活动中心、建设室等，为居民提供休闲娱乐、排练培训、文化展示等服务。

四　高陵县宅基地整理置换与新型农村社区建设的主要成效

（一）盘活了土地资源

曹家村原村庄占地 470 亩，改造后占地 149 亩，节约用地 321 亩，土地节约率达到 68.3%。按照“空心村”改造“实行复垦一亩耕地奖励一亩建设用地指标的政策”规定，复垦完成后，曹家村可获得 503.7 亩建设用地指标，可通过有偿转让获得一定的经济收益。东樊村增减挂钩项目使该村集体建设用地从 482 亩减少到了 180 亩，土地节约率达到 62.6%，在保证耕地总量不变的情况下为城市发展提供了 302 亩建设用地指标。何村原村庄占地 660 亩，一期二期改造总占地 263 亩，节约用地 397 亩，土地节约率达到 60.1%。增减之间既保证了耕地总量不变又达到了城乡土地资源的优化配置（见表 5—10）。

表 5—10　**三个村土地节约情况**　单位：亩、%

	原村庄占地	改造用地	节约用地	土地节约率
曹家村	470	149	321	68.3
东樊村	482	180	302	62.6
何村	660	263	397	60.1

（二）增加了群众财产

群众财产实现了由少变多，曹家村“空心村”改造后人均达到两套住房，总面积不超过 240 平方米。增减挂钩项目实施前后东樊村户均资产由 7.36 万元提高到 25 万元，净增加 17.64 万元；房屋总面积增加了 1.007 万平方米，人均住房面积由 51 平方米提高到 58.8 平方米；全村村民现共有 60 多辆家用轿车，村民们过上了有车有楼的别墅生活。何村改造后使每家住房面积从 160—235 平方米不等，人均收入近 2 万元，全村有120余辆小轿车，有的户有两辆小轿车。改造使三个村村民自有资产呈现增长势头。

（三）改善了居住条件

曹家新苑改造建设有11层及部分18层板式高层安置楼和商业配套用房，建筑面积从90平方米到130平方米四种户型，每户不超过240平方米，将高水平智能引入住宅小区，采用先进、适用的智能化成套技术，设计了太阳能室外照明系统，提高小区的安全性、适用性和物业管理水平。东樊村新社区建设高度重视节能、环保、安全，一方面严格按照城市住房的建设规范和要求，采用了节能环保的新材料，使用了外墙保温新工艺，为每户配套建设了沼气池。另一方面在设计、施工中严把质量关，尊重群众意愿。何村以低层独院式联排住宅为主，户型从160—235平方米不等，以满足不同人群的需求。改造使三村村民的居住条件大大改善，有的甚至超过了城里人的水平。具体见表5—11。

表5—11　　三个村改造后的居住条件

	建筑结构	户型	配套用房	备注
曹家村	11层及部分18层板式高层安置楼	90—130平方米四种	公共设施+商业配套用房	每户原则上不超过240平方米，拆一还一，不足的按优惠价或成本价补足，多余的退还差价
东樊村	低层独院式2—3层联排住宅+多层楼房	160—238平方米八种	公共设施+商业配套用房	
何村	低层独院式2—3层联排住宅	160—235平方米五种	公共设施+商业配套用房	

（四）缩小了城乡差距

新型社区建设打破了城乡概念，改造中三村均按照50年不落后的标准，高标准统一配建了雨污水、供水管网以及电力、道路、污水处理等基础设施以及学校、医疗卫生、村级综合服务和文化体育等公共服务设施，建成后将达到城市居民社区的标准，使其享受到和城市居民一样的公共服务。为了尊重村庄节庆、婚丧嫁娶等传统习俗，东樊村还在社区服务中心楼，设计有承接60桌以上宴席的活动场地，桌椅灶具碗筷全套配备。同时，居住方式的改变潜移默化地带动了群众生活方式、生活习惯的变化，群众在不自觉中用城市居民的生活方式和习惯改造自己的生活，使城市文明向农村延续。

（五）发展了农村产业

用节约的土地发展现代农业，使农村产业得到了快速发展。曹家村因离城区较近，改造后村民几乎都从事非农产业。以东樊村的雷家组为例，原先126亩的庄基，现在只占50亩，节约了70多亩，将来复垦为耕地后，可以发展大棚蔬菜和绿色农业，发展新的产业。下一步将以新复垦出的300余亩耕地为基础，成立土地合作社，大力发展现代设施农业，示范带动全村土地流转，发展现代农业和农家乐等第三产业。新型社区建成后东樊村具有劳动能力的村民，将有40%进入村办企业成为产业工人，有30%从事社区服务和第三产业，有30%从事规模养殖和现代农业生产。而何村改造后结余出来的土地大都从事蔬菜种植业，形成规模农业。

五 高陵县宅基地整理置换与新型农村社区建设的思考建议

不管是“空心村”改造、城乡建设用地增减挂钩，还是集中安置、撤村并点都是优化土地利用结构，推进集约节约用地的一个很重要的措施，这大都与城乡建设用地增减挂钩政策有关。而城乡建设用地增减挂钩是一个系统工程，涉及面广、政策性强，牵涉多方的利益和矛盾。尽管高陵县在城乡建设用地增减挂钩项目上取得了很大成绩，起到了示范和引领作用，走在了全省前列，但在实际操作中也有一些不同声音。[①]如何准确把握城乡建设用地增减挂钩政策的主旨，扎实推进增减挂钩工作的开展，协调政策层面与实践操作层面的矛盾，最大限度地保护农民的土地权益，仍需要认真思考，科学筹划，真正做到惠民、利民、富民，推进新型城镇化进程。结合实地调研情况，笔者提出几点思考和建议，仅供参考。

① 孙军、马波、张晓强、陈新涛：《高陵县农村新社区究竟让农民是喜还是忧?》，《陕西农村报》2013年5月22日。

（一）科学合理规划，分步循序推进

规划统筹和规模控制是城乡建设用地增减挂钩工作的基本原则之一，其目的就是引导城乡用地结构调整和布局优化，推进集约节约利用，促进城乡协调发展。因此，在具体实施中一定要科学合理规划，分步循序推进。一是各种规划要相互衔接。项目区实施规划必须以土地利用总体规划为依托，同时，也要与城市建设规划、村镇建设规划、产业布局规划相互衔接，在更高的层面上科学、合理、综合设计项目区专项实施规划。二是规模确定要适度合理。项目区的规模主要是根据农村建设用地（一般指农村居民点用地和工矿废弃地）整理复垦潜力与城镇建设用地需求综合确定的，同时，以此来确定该项目区的挂钩周转指标。因此，在编制项目区实施规划时，要对农村建设用地整理复垦潜力进行认真的调查分析，包括对“空心村”整治、居民点的规并、农田综合整治和废弃基础设施等，摸清复垦整理的潜力，并按照建新必须小于拆旧的原则，统筹确定项目区建新拆旧规模。三是规划布局要力求科学。在编制规划时，做到以土地利用总体规划为依托，与新农村建设规划、产业结构布局规划相结合，科学合理安排建新拆旧的位置、规模、标准；与耕地和基本农田保护措施、集约节约利用土地政策相结合，确保耕地有效面积不减少、质量有提高；与促进农业适度规模经营和农村集体经济发展的要求相结合，改善农村的生产生活条件，提高农民的生活水平。[①] 四是实施步骤要循序推进。要顺应规律、量力而行、有序开展，保证增减挂钩试点与当地经济社会发展条件和水平相适应。农村城镇化不可以求快求量，一定要达到条件之后才去做。防止快速城镇化所带来的社会问题，渐进式推动城镇化进程。在调研中史安民书记也一再强调，新型社区建设一定要循序渐进，稳步推行，宁愿步伐慢一点，也不要急于求成。

（二）严格操作程序，确保有序进行

政府要严格按照城乡建设用地增减挂钩政策规定和工作实际，将宅基地整理置换与新型社区建设分为八个紧密相连、协调运转的工作步

① 张勤利、段安武：《推进城乡建设用地增减挂钩工作的思考》（http：//gtzyt. shaanxi. gov. cn/gtzytweb/gtzyy/1220. htm）。

骤，确保了政策执行不走样、不变形。一是摸底调查。由县乡村组成调查组对改造村人口、建设用地、村庄布局、房屋现状、房屋面积、群众意愿进行详细调查，准确、全面掌握基础信息。二是编制规划。由专业机构进行经济测算，编制上报项目规划，确定拆旧区、建新区位置、公建配套标准和项目实施计划。三是制定方案。由村委会通过村民代表大会、党员会、群众代表会、逐户宣讲等形式征集群众意见，制定《新社区建设拆迁安置方案初稿》，明确拆迁安置的具体标准和安置方式。四是签订协议。由村委会与全村所有农户签订拆迁安置补偿标准，确定每户安置房面积、户型和补偿标准。五是拍卖指标。由县国土局公开拍卖新型社区建设置换出的建设用地指标，筹集新社区建设资金。六是建设社区。由县建设局牵头在项目建新区启动新社区建设。七是归还耕地。由村委会牵头组织实施原村庄拆除。县国土局按照耕种标准复垦原村庄，归还挂钩周转指标。八是发展产业。由村委会建立农业管理公司统一管理新增耕地，建设现代农业科技示范区和现代养殖小区，解决新社区后续管理资金问题。① 只有严格按照操作程序，公开透明，才能做到顺利实施，有序进行。

（三）政府协调推动，引导而不越位

宅基地整理置换与新型社区建设涉及各种利益调整，涉及政策法规的执行，必须由政府牵头做好上下、左右的协调和统筹，把握城乡、群众、市场的关系，否则难以做到政策执行到位、城乡协调发展、各方利益有效保障。但政府主要起到协调推动作用，引导而不越位。一是政府参与但不做主。政府坚持让农民了解，请农民参与，由农民决策。通过对比算账让群众摸清现有村庄的面积、房屋的面积、人口构成的底子，算清能节余多少土地，能拍卖多少钱，改造需要多少钱“三笔账”，让群众知道自己有多少钱，决定怎么干？由群众自己通过党员会、代表会、议事会等多次会议反复讨论，制定拆迁安置方案、确定建设标准和风格、补偿办法、安置方式等。二是政府实施但不赚钱。推进新社区建设，政府必须从根本上转变执政理念，要不与民争利，要不折不扣地贯彻中央土地政策，本着不出钱也不从中挣钱的原则，将所有土地增值全

① 高陵县统筹办：《增减挂钩真神奇　农民赶超城里人》（http：//gltccx. gao—ling. gov. cn/）。

部返还给农民，做到“农民不花钱，政府不出钱”的零成本建设，真正惠农富农。让农村土地收益回到农村，政府对原村庄建设用地拍卖所得资金建立了专门账户和专款专用、多头审核、按需拨付的资金管理机制，破解农村发展的资金难题。同时政府还投入200余万元用于前期的规划设计，房屋测量费用，最大限度地做到了让利于民。三是政府引导但不强迫。根据群众意愿，采取多种安置方式，东樊村安置共设计有本村宅基地、本村多层楼房、县城社区、县城社区+本村多层楼房四种方式，喜欢上楼就上楼，喜欢进城就进城。群众选择户型和安置方式的过程，政府只是出台具体政策，完全由群众根据自身实际自主选择，由于政策设计合理，安置方式多样，群众对此非常满意。

（四）尊重群众意愿，维护农民权益

城乡统筹与新型社区建设是一次生产资源的重大调整，涉及方方面面的根本利益，只有满足了绝大多数人的最大化利益，才是真正挑不出毛病的改革，东樊村在这点上是一个很好的范例。只有尊重群众意愿，维护农民权益，才能把这项改革推行好，实施好。一是要问计于民，制定措施。统筹城乡发展与新型社区建设是让群众得实惠的工作，从政策制定到方案实施应该充分考虑群众意愿、群众利益。这就需要了解掌握群众所想所需，从群众最关心、最迫切、最现实的利益问题入手，发现问题，找到答案。从一开始就要本着有利于农村、农民的出发点制定措施。特别是注意不能借统筹城乡之名搞不切实际的所谓形象工程、政绩工程，那样只会使党和政府的事业和形象受损。二是要发动群众，宣传群众。要坚持群众的主体地位，深入群众、相信群众、依靠群众。要让绝大多数群众达成共识，把他们的诉求充分反映出来，提出每家每户的意志和意愿，形成集体的意志和意愿。三是要群众决策，群众实施。从新社区的项目规划、安置房图纸，到何时拆掉旧村庄、复垦耕地做何使用，包罗万象的大小决策，全部由村民集体讨论投票决定。如东樊村在新社区选址时，为方便村民耕种，充分考虑到村民的意见，选择在两公里的半径内选址，这样居住、干活生活都很方便。在居住方式上，不同的村民有不同的意见。通过调查摸底，有90%的村民愿意集中居住，10%的村民选择县城居住。根据村民的意见，采用了“就地宅基地安置、县城楼房化安置、就地楼房化安置和县城楼房化+就地楼房化安置”四种安置方式，以满足不同的需求。何村在二期社区建设中，赋予群众在村庄改造中更大的自主权，何村两委会牵头在全村8个组分别召开了组员大会，每组公开选举3名村民代表，共计24名村民代表，成立村民议事会，新社区建设重大事项由议事大会自主决定。何村一期采取“统规统建”的政策，即由政府统一规划、统一布局、统一设计后修建。何村二期在充分吸收群众意见的基础上，采取“统规自建”的政策，即按照“政府引导、村民自愿”的原则，采取“四统一、四自主”的方式。四是要公开透明，群众监督。高陵县各新社区建设规划设计方案、拆迁安置补偿方案、奖励补助标准、新房的分配等都坚持公开透明操作，各级村民会议一个都没少。在工程与资金的监理上，由城乡统筹办、工程监理、村民代表等，组成工程监督小组，从地基到地板，全面监督工程质量。所有公务员不准介绍施工队、材料商，按照专户管理、专款专用、多头审核、按需拨付机制，共同监督资金使用。在调研中各个镇（村）负责人介绍，新型社区建设中群众的参与率、同意率、满意率均在90%以上。改革，不是让农民失去利益，是为了增加农民收益，不是让城市与农村争利，是为了让资源合理配置，达到城乡发展的双赢，而充分尊重群众意愿，最大限度维护农民权益是顺利推动新社区建设工作的根本保证。

（五）健全配套政策，提供有力保障

土地增减挂钩是优化配置城乡土地资源的一项政策，而新型社区建设是牵一发而动全身的系统工程，需要社会保障、土地流转、户籍制度、产业发展等其他政策的同步促动和跟进，以最大化地释放政策撬动作用，形成组合拳解决农村问题。为配合全域实施增减挂钩项目，高陵县在统筹城乡试点中先行启动了农村产权制度改革、户籍一元化制度改革，建立了农村新型社会养老保险，制定了推进土地流转发展现代设施农业的优惠政策，实施了以十五年免费教育、农村饮水安全等为主要内容的“十个全覆盖”民生工程，为全域成片实施城乡建设用地增减挂钩项目提供了有力保障。

（六）同步发展产业，解除后顾之忧

建设新型农村社区最重要的目的，就是提高广大农民的生活水平，提高农民生活水平的关键在于增加农民收入，而增加农民收入的重要途径在于发展产业。不仅农民致富和产业息息相关，农村经济社会的发展也离不开产业支撑。农民集中居住后的生存、生活、发展，是新型农村社区建设必须面对的问题，也是必须解决的问题，只有充分就业，稳定收入，才能保证居民安居。因此，产业的发展壮大，吸纳社区居民就业，稳步提高居民收入，是新型农村社区建设的根本。东樊村按照规模化养殖要求，新型社区规划有可养千头牛、万头猪、两万只鸡的现代化的养殖小区，使原来传统单家独户的分散养殖转变为规模化、科学化的养殖方式。以新复垦出的300余亩耕地为基础成立土地合作社，着力发展现代设施农业，示范带动全村土地流转发展现代农业，实现产业升级转变。何村对节余的土地规划了蔬菜大棚、苗木花卉等产业。同时，政府应加大对转居农民的职业技能和创业培训，确保有劳动能力的村民就业和创业，以解除后顾之忧。

另外，针对调研中部分村干部和村民反映的问题，笔者也提出几点建议：一是要充分保障残疾人、贫苦户等弱势群体的利益。这些人或身有残疾、或丧失劳动能力、或家庭非常贫困，仅靠自身无法解决住房和就业问题，新型社区建设又不能不管这些人，希望政府能研究出台政策，加大对其补助或救助力度，解决实际困难，保障他们的生产生活。二是政府要取信于民，向村民承诺的事情一定要落实。在村庄选址、房屋布局、基础设施、公共配套等方面政府公开承诺的事情一定要想方设法尽快落实，确保政府的公信力和执行力。三是尽快提高房屋征收拆迁与补偿标准。目前高陵县实行的标准是砖混两层：一等房400元/平方米，二等房372元/平方米，三等房323元/平方米；砖混一层：一等房372元/平方米，二等房344元/平方米，三等房316元/平方米。这些标准目前来看仍然偏低，应结合实际情况和农民建房成本适当提高，最大限度保护村民的利益。四是要加强社区管理，切实维护农民权益。调研中有村民反映社区管理较为混乱，职权职责不清，服务意识不强等问题。建议加强社区管理，坚持因地制宜、注重实际、分类指导、科学谋划的原则，推进硬件建设再提高，软件建设上水平。构建公共服务管理体系、社区服务体系和安全管理体系。强化服务意识，拓展服务领域，切实以“富民、便民、亲民、安民”为目标，保障社区农民可以享受到像城市社区居民一样快捷高效、周到全面的服务。同时，要切实维护农民的合法权益，对村民反映的问题，政府要尽快研究落实解决，必要时要征求专家学者意见，做好宣传解释工作，确保绝大多数村民的利益能得到满足。五是新型社区不一定要集中建设，都建成低层独院式2—3层联排住宅，可以根据各村各组的实际情况，建设不同风格的民居，因地制宜。最好是分片建设，体现特色，为以后发展旅游产业和农家乐奠定基础。

总之，高陵县在宅基地整理置换与新社区建设方面，成绩是巨大的，成效是显著的，群众是满意的，起到了示范和引领作用。我们相信，经过未来几年的努力，高陵县规划的16个农村新社区建设目标一定能实现，也一定能开创新型城镇化建设与发展的新局面。

第六章　农民土地权益纠纷的法律救济

近年来，随着我国经济社会的快速发展，城乡一体化进程的加快，土地的稀缺性日益凸显，土地作为不可再生资源的价值大增，围绕土地产生的各类纠纷已成为社会关注的焦点和难点问题。我国每年群体性上访事件60%与土地有关，土地纠纷上访占社会上访总量的40%，其中，征地补偿纠纷占到土地纠纷的84.7%，每年因征地拆迁而引发的纠纷达400万件左右，成为亟待解决的重大问题。[①] 近几年土地纠纷日益增多，并且纠纷不能得到及时解决，农村正在成为当今社会矛盾和冲突最为集中的地方。[②] 土地作为人类社会赖以生存和发展的物质基础，其对于农民的重要性是不言而喻的。土地是农民的“命根子”，是农民最基本的物质资料来源，也是大部分农民特殊且唯一的社会保障。解决好农民土地权益纠纷不仅有利于加强对农民土地权益的保护，而且对于农村经济的稳定发展乃至和谐社会的构建都具有重要的理论意义和现实意义。

农民土地权益纠纷主要包括土地承包经营权纠纷和宅基地使用权纠纷两大类，本章通过对土地权益纠纷概念和特征的分析，重点就土地承包经营权纠纷进行类型化梳理，并就西安市长安区人民法院2010年、2011年审理的农村土地承包纠纷案件进行调查和统计分析，希望对土地承包经营权纠纷的处理和法律完善有所裨益。

---

① 刘守英：《中国土地制度的问题与改革》，《中国改革》2013年第11期。

② 白呈明：《在宪政框架下构建解决农村土地纠纷的长效机制》，《唐都学刊》2005年第6期。

宅地基使用权纠纷也是农民土地权益纠纷中比较常见的种类。对外经济贸易大学苏号朋、宋崧在《科学决策》2011年第3期发表的《宅基地使用权纠纷的类型化研究》做了详细的分析论述，笔者认为这是目前宅基地使用权纠纷研究最详细、最深入、最全面的成果。苏号朋、宋崧认为宅基地使用权纠纷主要有八大类：（1）宅基地权属纠纷，包括宅基地所有权权属纠纷和宅基地使用权权属纠纷；（2）宅基地取得纠纷，包括贯彻“一户一宅”原则而引起的纠纷和在取得宅基地的程序上出现问题引起的纠纷；（3）宅基地流转纠纷，包括因宅基地上房屋的买卖引起的纠纷、因房屋赠予引起的纠纷、因宅基地置换引起的纠纷、因宅基地出租引起的纠纷；（4）宅基地继承纠纷；（5）宅基地使用纠纷，主要是因相邻关系而产生的通风采光、管线铺设、道路通行、环境污染、房屋出租等纠纷；（6）宅基地征收（拆迁）补偿纠纷，包括补偿款数额争议和补偿款的分配争议纠纷；（7）宅基地使用权收回纠纷，包括为乡（镇）村公共设施和公益事业建设需要收回宅基地使用权而引发的纠纷、因宅基地使用权主体的灭失或身份转变而收回宅基地使用权引发的纠纷、因宅基地长期闲置而收回宅基地使用权引发的纠纷、因不合理使用宅基地收回宅基地使用权引发的纠纷、因收回宅基地使用权却未给予村民合理的补偿引发的纠纷；（8）农村特殊主体的宅基地权益保护纠纷，主要包括因外出经商务工等原因转为非农业户口的人、户籍迁出的从军农民以及在外上学的学生、户籍迁出的“两劳”服刑人员、五保户、基于婚姻关系等在农村集体经济组织之间流动的人员，尤其是已经出嫁、离婚或改嫁的妇女的宅基地纠纷，并就每一类纠纷的表现、原因及其解决进行了详细分析论述。① 加之笔者在宅基地使用权部分就陕西省的宅基地使用权纠纷类型做过调查分析，基本上不超出苏号朋、宋崧归纳的宅基地使用权纠纷类型范围，且实践中不如土地承包经营权纠纷数量多和影响大。因此，本章不再分析研究宅基地使用权纠纷。

① 苏号朋、宋崧：《宅基地使用权纠纷的类型化研究》，《科学决策》2011年第3期。

第一节　土地权益纠纷的概念与特征

一　土地权益纠纷的概念

纠纷是指社会主体之间的一种利益对抗状态。[①] 顾培东认为，纠纷的本质是主体的行为与社会既定的秩序和制度以及主流道德的不协调或对之的反叛，与既定秩序和制度以及主流道德意识所不相容，具有反社会性。[②] 对纠纷的评介与研究，需在具体的社会环境中多视角分析纠纷的积极与消极的影响。纠纷形成根植于现实生活中的真实的利害关系的对立；纠纷的主体是具体的，纠纷中的当事人是现实存在的；纠纷与秩序密切联系，纠纷的发生带来原有秩序的均衡状态被打破。我们还需考察纠纷、冲突与秩序的相互关系。纠纷、冲突与秩序共生，纠纷只是冲突的一种形态，冲突是由秩序运行引发，冲突最终需要走向秩序的恢复和再生。社会应当是建立纠纷解决机制减少恶性纠纷，防止恶性纠纷扩大化，实现社会的和谐。[③] 可见，纠纷是指发生在特定的社会行为主体间，引起现存正常秩序的失衡的一种利益对抗状态，突出表现为相互冲突的权利主张。

有关"土地纠纷的概念"的文献较少，而且有一部分是以"土地权属纠纷"的概念出现的。其中代表性的观点有张小华主编的《土地行政法》对土地纠纷的定义是指："单位之间、个人之间以及单位与个人之间对土地所有权与使用权所发生的纠纷或争执。"[④] 刘光远、王志彬主编的《新编土地法教程》认为："土地权属争议是指两个以上单位或个人同时对未经确权的同一块土地各据理由，主张权属，根据各方理由难以解决的土地权属矛盾，也称为土地权属纠纷。"[⑤] 从现实中土地

---

① 何兵：《现代社会的纠纷解决》，法律出版社 2003 年版，第 1 页。

② 顾培东：《社会冲突与诉讼机制》，法律出版社 2004 年版，第 3—6 页。

③ 胡勇：《古村土地资源纠纷的法社会学研究》，硕士论文，贵州大学，2006 年，第 12 页。

④ 张小华主编：《土地行政法》，中国人事出版社 1993 年版，第 155 页。

⑤ 刘光远、王志彬主编：《新编土地法教程》，北京大学出版社 1999 年版，第 100—101 页。

纠纷的类型来看，土地权属争议只能算作土地纠纷的一种，并不能等同于土地纠纷。并且，我国农村土地属于集体所有，土地权属纠纷主要涉及农村集体经济组织之间，应该数量很少，不属主要的土地纠纷。

改革开放以来，我国逐步完善了农村土地家庭承包责任制和宅基地使用权制度。随着市场经济的发展，土地的价值也不断得到体现，特别是自 2006 年取消农业税和近年来对农业的扶持补助政策，使得人们对于土地的权利要求也越来越明显。诚如于建嵘教授所言："农村土地纠纷已取代税费争议而成为了目前农民维权抗争活动的焦点，是当前影响农村社会稳定和发展的首要问题。"① 同时，有关土地的法律法规不断完善，《土地管理法》、《土地承包经营法》、《物权法》、《农村土地承包经营纠纷调解仲裁法》等法律相继出台，为土地权利提供了较好的法律保护。正是这种觉醒的权利意识，强度逐渐加大的权利诉求，让土地权利人为自己的合法权益积极抗争。在这种情况下，土地纠纷日益增多。

可见，土地纠纷就是当事人基于与土地的特定关系，争取和维护土地权利和利益时所产生的民事纠纷，土地纠纷的核心内容是土地权利。胡勇也认为：土地纠纷是指不同的土地利益主体在争利过程中所产生的利益纷争，是在获取土地权益过程中彼此之间的冲突趋于激化所表现出来的一种对抗性的互动过程，是一种有关农村土地资源占有或使用的冲突，它指两个或两个以上的个人或团体坚持对某土地资源的相互冲突的权利主张，采取相互对立行为方式，带来现存对某土地资源使用正常秩序的失衡。这种冲突是坚持对某土地资源的相互冲突的权利主张主体之间的真实冲突，这事关主体间切身利益，其程度或缓和或激烈，变化无常，可引起轻微的违法或严重的犯罪，各种可能性都存在。这种失衡秩序形成阶段的真实性利益冲突，处理不好，容易产生难以控制的局面，从而影响社会的和谐与稳定。②

① 于建嵘：《土地问题已成为农民维权抗争的焦点——关于当前我国农村社会形势的一项专题调研》，《调研世界》2005 年第 3 期。

② 胡勇：《古村土地资源纠纷的法社会学研究》，硕士论文，贵州大学，2006 年，第 12 页。

二　土地权益纠纷的特征

土地权益纠纷作为社会纠纷的一部分，既具有一般社会纠纷的共性，更具有其自身的特殊性。

（一）主体的多样性

农村土地纠纷的主体类型多种多样，由于现行的土地纠纷主要是围绕集体土地收益分配、土地承包经营、宅基地使用等方面产生的，纠纷主体既包括本村民委员会和村民、县乡（镇）政府及其管理部门、土地的使用单位和个人，也包括外村的村民委员会和村民、资本持有者、相关土地使用人。除此之外，最近几年因外嫁女、入赘婿、丧偶、外出读书、打工等导致户籍变动引发的纠纷亦日渐增多，这也使纠纷的主体呈现出多样化特征。

（二）客体的特殊性

土地具有其他客体无法比拟的性质，“国以民为本，民以食为天”，土地不仅是人们赖以生存之根本，更是国家安全与稳定的重要保障。数千年沉淀下来的中国农业文化，使得农民对于土地更是有着淳朴而又深厚的依赖情感。加之土地的稀缺性、固定性、价值性等因素使得农民轻易不愿放弃土地。由于客体的特殊性使得土地纠纷种类繁多、成因复杂，因而在处理土地纠纷时，必须考虑各方面的因素认真对待，谨慎处理。

（三）内容的复杂性

从土地纠纷内容看，主要表现为对承包经营权和宅基地使用权的主张、集体经济组织成员身份的确认、土地承包合同及流转合同内容的认识分歧等，各类纠纷的冲突方式、博弈过程、规模程度、争夺目标、利益诉求和政治特征均有所差异。随着农村社会、经济的不断发展，村民的生产、生活的活动范围不断扩大，导致了跨组、跨村、跨乡、跨县甚至跨市土地纠纷的不断增多。许多土地承包纠纷已由过去的“一因一果”发展为“一因多果”、“多因一果”和“多因多果”，矛盾纠纷的成因多，形成因素多，生成过程复杂，导致的后果严重。许多纠纷不是涉及一个或几个人的利益，而是牵涉众多当事人的利益，有些还涉及家族、村寨的利益，纠纷参与人数动辄数十人，甚至上百人，使纠纷变得更加复杂，增加了纠纷解决的难度。

（四）性质的多元性

农村土地纠纷比较复杂，大量纠纷以平等主体间权利义务冲突为主，属于民事法律关系性质，如合同、民事侵权；涉及乡（镇）政府或其他政府部门侵犯农民土地承包权以及政府部门做出错误的行政行为引发的纠纷，则属于行政法律关系性质；当土地纠纷诱发大规模群体性冲突、暴力，或涉及黑恶豪强势力时，又可能需用刑事法律进行调整。此外，村民自治问题、“富人村官”问题、“贿选”问题都与土地密切相关，并带有很强的政治色彩。①

（五）类型的广泛性

长期以来，我国的农村经济比较单一。但是随着社会主义市场经济的建立和城市化进程的不断加快，农村经济也呈现出多元化快速发展的特点，具体到土地纠纷中，由于土地承包主体的多元化、土地承包方式的多样性而引发土地承包纠纷的多样化趋势越来越明显。土地所有权纠纷、土地收益分配纠纷、土地承包合同纠纷、土地征收纠纷、土地流转纠纷、土地继承权纠纷、土地调整纠纷等类型多种多样。宅基地使用权纠纷也出现了宅基地权属纠纷、取得纠纷、流转纠纷、继承纠纷、使用纠纷、征收（拆迁）补偿纠纷、收回纠纷以及特殊主体宅基地权益保护纠纷。随着农民对土地的重视，其他类型的土地纠纷也将涌现，土地纠纷类型多样化广泛性的特征将越来越明显。

（六）规模的群体性

农村土地纠纷涉及的人员多，群体性特征明显，如果不加以控制，矛盾很容易激化。现实中，乡（镇）政府侵犯农民的承包经营权、村民委员会违背村民意愿暗地里对外发包土地、征用土地时强拆强征或者征地补偿款不到位导致农民失地等等，因涉及农民的切身利益，为大多数农民所关心，也引发了农民的大规模抗争。近年来，法院受理的土地纠纷案件也呈现出群体性特征，一案涉及的人员少则几十户，多则上百户，而且每户家庭都有数个家庭成员，这样有时一案就涉及数千人，这类案件的结果又与农民的切身利益息息相关，社会影响极大，稍有不

① 蔡虹：《转型期中国民事纠纷解决初论》，北京大学出版社 2008 年版，第 90 页。

慎，就会直接导致社会的不稳定。

（七）时间的长期性

农村税费改革后种地负担明显减轻，各项惠农政策带来良好政策预期，许多农民开始努力寻求更多土地耕种。农民对土地根植于心的朴素感情、新时期下的经济理性思考加上日益强化的土地权利意识使土地在农民心目中的地位进一步巩固。而基层政府及其官员为了经济发展和城市建设的需要也会进一步加强争夺土地，占地谋利行为必将呈上升趋势；农民经济理性和土地权利意识又使其不会轻易放弃土地，针对政府的占地必将会采取各种维权行动。可以预见，在农业为主的地区，基层政府及其官员和农民双方围绕土地的争夺将会加剧，由占地问题引发的农村土地纠纷将会越来越严重，也将长期存在。

第二节　土地承包纠纷的主要类型及其解决

一　农村土地承包纠纷的主要类型

近年来，土地承包经营权纠纷问题作为一个理论和实践中都亟待解决的问题，相关研究颇多。就土地承包经营权纠纷类型化的相关研究而言，代表性的研究主要有：梅东海（2008）根据纠纷主体不同，将其划分为农户—农户或村—村、农户—村民小组（土地的集体所有者）、农民—基层组织及干部、农民—较高层政府及其土地主管部门、农民—资本持有者等五个类别的土地纠纷。[①] 蔡虹（2008）从土地纠纷的发生数量和频率，将其划分为因法律和政策的变化引起的纠纷、因土地承包引发的纠纷、因土地征收补偿引发的纠纷、因土地所有权界限不明引发的纠纷四种。[②] 赵成友（2009）从土地纠纷的根源出发，将其划分为政策的变化引起的纠纷、历史与现状的冲突引起的纠纷、基层组织管理混乱引起的纠纷和经济利益驱动引起的纠纷四种。[③] 肖旭斌（2010）按照

① 梅东海：《社会转型期的中国农村土地冲突分析》，《东南学术》2008 年第 6 期。

② 蔡虹：《转型期中国民事纠纷解决初论》，北京大学出版社 2008 年版，第 87—89 页。

③ 赵成友：《乡镇土地纠纷的成因、特点及解决方法初探》，《乌蒙论坛》2009 年第 6 期。

“政府在土地纠纷形成和处理中的角色定位”标准，可以将土地纠纷划分为私权类土地纠纷、确权类土地纠纷与征用类土地纠纷三种大的类型。[①] 范文涛（2010）从土地纠纷的性质和法律的规定两个划分标准出发，将其划分为土地权属纠纷、土地承包纠纷、农地征用补偿纠纷。[②] 陈丹（2011）从纠纷的内容方面，将其划分为集体所有权权属纠纷、承包经营权权属纠纷、土地流转纠纷和土地征收补偿纠纷四类。[③] 上述分类方法，从各自不同却又都很重要的分析视角进行了划分，具有很大的启发性，但研究内容仍不够细致和全面。

由于各种土地纠纷在成因上存在着较大的差异，表现出来的形态也多种多样，详细区分土地纠纷的具体类型，针对各种类型土地纠纷的特点，通过对其进行法理上的分析，探寻有效的处理途径就显得非常重要。从纠纷的内容来看，可以概括为七个方面，即土地所有权纠纷、土地收益分配纠纷、土地承包合同纠纷、土地征收纠纷、土地流转纠纷、土地继承权纠纷、土地调整纠纷等类型。

（一）土地所有权纠纷

我国《宪法》、《民法通则》、《土地管理法》、《物权法》等法律明确了我国土地的所有权主体，即土地所有权由国家和集体所有，且做了详细的划分。通过上述立法，我国确立了国家和集体两级土地所有权，但由于长期受土地所有制姓“公”或姓“私”观念影响，“我们无法回避农村集体土地所有权在法律上有名无实的状况。权利主体虚位，是集体土地所有权弱化的原因与表现”[④]。对于集体土地所有权的主体，我国现行立法使用的是“农民集体所有”，可以说这是一个既清楚又模糊的概念，说它清楚是指有关法律、法规中，确定“集体所有的土地依照法律属村农民集体所有，由村农业生产合作社、村农业集体经济组织或村民委员会经营管理。已经属于乡（镇）农民集体经济组织所有的，

① 肖旭斌：《土地纠纷处理研究》，硕士论文，汕头大学，2010 年，第 15 页。

② 范文涛：《农村土地纠纷的类型化及其解决机制研究》，硕士论文，西南政法大学，2010 年，第 8—13 页。

③ 陈丹：《标本兼治农村土地纠纷》，《中国国情国力》2011 年第 11 期。

④ 黄海：《论集体土地所有权制度之完善——兼评物权法草案第八十八条》，《甘肃政法学院学报》2001 年第 1 期。

可属于乡（镇）农民集体所有”。即乡（镇）、村、村民组三级所有。说它模糊是指“农民集体”并非个人，也非法人，农民集体所有权的主体是一定集体组织范围内的全体农民，他们直接共同占有生产资料、享有所有权。而当前多数地方农业合作社或农业集体经济组织不存在，村级所有的土地是所属村民组所有的土地相加之和，乡（镇）所有土地是所属村级所有土地之和。土地承包到户，村委会是发包方，承包户的土地实际上依据村民组所占有的耕地的多少决定。在一个村委会中，不同村民组的农民平均承包的耕地面积有明显的区别，现在的问题是除主要执行乡（镇）政府决策并为其服务的村民委员会实际存在外，乡（镇）、村民组农业集体经济组织都是虚置的，几乎没有哪一个地方能说清楚，土地方面有相当多的纠纷都是由主体不清楚引发出来的。① 从集体土地所有权的实际运行来看，“不仅范围较窄，其所有权权能除占有、使用、收益权外，农村集体对土地之处分权受到国家所有权的严格限制，一定程度而言，农村集体所有权仅仅是国家所有权之补充或附庸，其产生并非是国家平均地权的结果，而是国家进行社会控制的一种手段”②。于是出现了国家所有权之上，集体所有权受限的尴尬局面。现有立法着重保护者为土地的所有者——国家利益，而非对土地做出投入并使其产生实际效益的利用者——用益权人。也因此致使国家随意以各种行政手段侵害集体土地所有权，农村土地所有权仅具形式而缺乏实际权利内涵。在这样一种背景下，国家与集体土地所有权权属纠纷、不同集体经济组织间集体土地所有权权属纠纷、“四荒”土地使用权纠纷以及村集体擅自发包土地直接侵害村民利益的纠纷比较突出，这一切与我国现行农民集体土地所有权主体虚化有直接关系。

另外，农地所有权的归属，应由农地所有者向县级土地主管部门提出申请，县级人民政府核发所有权证书。而有些农村土地所有权证书因权利人未申领尚未完全发放，部分土地权属不明、产籍不清，所有权属处于不确定状态，因土地所有权属引发的涉农土地纠纷呈逐渐上升之势，

---

① 谭峥嵘：《土地承包经营权流转纠纷及解决机制研究》，《湖南行政学院学报》2009年第4期。

② 刘云生：《民法与人性》，中国检察出版社2005年版，第91页。

甚至原本稳定的土地关系也因尚未确权引发权属争议，影响农村经济的发展和稳定。①

（二）土地收益分配纠纷

在农村土地纠纷案件中，争议比较大、问题比较多，也较难处理的是收益分配权纠纷。在如何确定农村集体经济组织成员资格等问题上各地认定标准不一，从而导致执法不统一。农村土地纠纷主体与其他民事案件主体相比，其特殊性在于，主体只有取得成员的身份资格后才能享有征地款分配权和土地承包经营权等村民待遇。实践中比较普遍的做法是或以当事人的居住地为依据，或以其户籍为依据，以此认定集体经济组织成员的资格。但其极有可能“两头”否定诸如“外嫁女”、离婚、丧偶女性、大中专在校生、服刑人员等特殊群体的成员资格，以此剥夺他们的收益分配权，造成两头权利都悬空的状况。上述特殊群体由于身份上的不稳定性，致使其收益分配权极易丧失。以大中专学生为例，过去只要其一经录取，其身份即发生变化，毕业后由国家统一分配工作，与所在乡、村存在经济联系的可能性不大。而随着国家取消统分工作和就业形势的严峻，许多毕业生不能保证其在城市工作，相反，有相当一部分待业毕业生滞留家中，在未正式参加工作前，他们理应享有收益分配权。正是社会对上述特殊群体权利的漠视、法律和政策等原因致使许多人无法享受土地上的诸项权利。于是，以争取收益分配等引发的农村土地纠纷自然成为农村土地纠纷的一种。②

（三）土地承包合同纠纷

土地承包合同纠纷主要是指在承包合同的订立、履行、管理中引发的纠纷。

1. 土地发包中的纠纷

一是发包人的主体资格混乱。根据《农村土地承包法》的规定，农村土地承包合同的发包人只能是农村集体经济组织，即村民委员会或村民小组。非农村集体经济组织不能成为农村土地承包合同的发包人。在发包过程中，有的是村发包，有的是组发包，还有的是村委会、村民

---

① 杨芳：《关于涉农土地纠纷案件的调研报告》，《法律适用》2005 年第 8 期。

② 蔡虹：《转型期中国民事纠纷解决初论》，北京大学出版社 2008 年版，第 107 页。

小组将同一块地分别承包给不同的村民，引发纠纷。在一些地方的组发包中，村民小组没有公章，给签订承包合同带来不便，也是部分纠纷的根源。二是发包程序不规范。根据《农村土地承包法》的规定，土地承包方案应当依法经本集体经济组织成员的村民会议 2/3 以上成员或者 2/3 以上村民代表的同意。这是由于承包合同涉及同一集体经济组织内的其他村民的利益，是事关村民利益的重大事项，因此在签订合同时必须遵循民主议定原则，坚持程序合法，保证土地发包过程中的公平、公正。但在实践中，这些合同大多为村民委员会或者村民小组与承包户签订，没有召开全体村民会议，也未经 2/3 以上的村民代表同意。有的地方，村干部利用手中权力，不经过民主议定原则私自发包，有的甚至以明显的低价格发包。该种情况下村民本来就有意见，一旦出现土地价格上涨或土地收益提高，就容易引发群体性矛盾和纠纷。还有的因层层转包甚至一地多包，从中渔利而引发纠纷。三是合同签订不规范。部分村干部和村民的法律意识薄弱，在签订承包合同时不采用书面形式，只是口头说说了事，权责不清导致纠纷；有的虽然签订了书面合同，但条款不完善，权利义务不具体，不能体现平等原则，有些甚至直接违背法律规定导致无效而引发纠纷。

2. 合同履行中的纠纷

一是因发包方违约引发纠纷。突出表现在：违法收回已经发包给农户的承包地；强行收回外出务工农民、进入小城镇落户农民及出嫁女等的承包地；在承包期内用行政命令的办法硬性规定在全村范围内几年重新调整一次承包地，借颁发农村土地承包经营权证书之机重新承包土地；利用职权变更、解除土地承包合同；借调整之机随意提高承包费；强制收回农民承包地搞土地流转；乡（镇）政府或村级组织出面租赁农户的承包地再进行转租或发包；假借少数服从多数强迫承包方放弃或者变更土地承包经营权而进行土地承包经营权流转等。[①] 二是因承包方违约引发纠纷。突出表现在：承包方进行破坏性、掠夺性经营；承包方改变土地的农业用途；承包方没有依约定交纳承包费等。

---

① 蔡虹：《转型期中国民事纠纷解决初论》，北京大学出版社 2008 年版，第 88 页。

3. 合同管理中的纠纷

农村土地承包合同一旦签订，即具有行政权威性和法律严肃性，但由于管理不规范，土地承包合同填写模糊混乱，有的地名甚至面积由村社干部或农户自己填写和涂改，有的一份承包合同在一年内重签多次，有的保存时间根本达不到承包期的要求。

（四）土地征收纠纷

在改变农村集体土地所有权的情况下，农户与国家之间发生的土地承包经营权流转形式，主要是征收。目前，在经济较发达、征地较多的城市郊区，因土地征收和补偿有争议而引发的纠纷数量明显增多，失地农民增加，社会矛盾激化，已成为社会热点问题。虽然国家对征地的补偿安置已经做出了原则规定，但在实际操作中，各地缺乏一个分配到户的具体实施细则，补偿安置费用如何分配、分配由谁来监管等环节不明确。《物权法》第 42 条规定："征收集体所有的土地，应当依法足额支付土地补偿费、安置补助费、地上附着物和青苗的补偿费等费用，安排被征地农民的社会保障费用，保障被征地农民的生活，维护被征地农民的合法权益。""征收单位、个人的房屋及其他不动产，应当依法给予拆迁补偿，维护被征收人的合法权益；征收个人住宅的，还应当保障被征收人的居住条件。"从理论上讲，依契约而成立的承包经营权可以对抗集体的发包权。但实践中比较普遍的做法是：当国家对农业土地进行征收时，发包人可以凭借所有权人的优势干预承包人的自主经营权，而农村土地承包经营权人不能以平等身份与国家达成补偿协议，难以适用物权效力保护自己的权利。结果造成土地承包经营权人的权利完全由享有所有权优势的集体替代，后者通过自己在农地上的优势和话语权，迎合权力主体的需要，往往以各种手段压低，甚至贪污、挪用、私分、截留、拖欠征收补偿费。安排被征地农民的社会保障费用，保障被征地农民的生活，维护被征地农民的合法权益等法律规定更是难以执行。当权利主体的利益明显受到侵犯或不能满足其利益需求时，因土地征用费引起的纠纷自然成为农村土地纠纷的一种，且在实践中比较常见。同样，城市与农村土地征用补偿问题也很突出。一方面，同样的土地和房屋在土地征用补偿中此地与彼地的差距太大；另一方面，征用农牧民土地后的社会保障机制滞后。[①] 此类纠纷主要表现在：

1. 征地理由不充分

鉴于土地征收涉及农民的生存和农村社会的稳定，《宪法修正案》第 21 条明确规定："国家为了公共利益的需要，可以依照法律规定对土地实行征收或者征用并给予补偿。"但公共利益这一概念不论从其内涵还是外延来讲都具有极强的不确定性，任何学者试图用最精确的语言对之加以定义都是不可能的。《物权法》虽然对征收农村集体所有的土地问题做出了规定，但也没有对征收的理由即"公共利益"进行明确界定。政府在对农村集体所有的土地进行征收时，正是利用"公共利益"一词的模糊性，随意将征收原因解释为公共利益，以公共利益为幌子，将征收的土地用于商业开发，因此，产生冲突的原因是政府假借公共利益的名义，将征用的土地用于商业开发，从中谋取征收土地与出让土地之间所产生的巨大差额利益，从而引发农民的极大愤懑。[②]

2. 征收程序不公开

征地补偿方案确定后，有关地方政府应当公告，明确告知被征地的农户，并听取被征地的农村集体经济组织和农民的意见，但有些地方对征地的公告程序并未引起足够重视，村民对征地范围、征地补偿款数额不清，导致纠纷的发生。

3. 补偿款未依法发放

被征收土地补偿款包括土地补偿费、安置补助费、地上附着物和青苗补偿费三部分，每部分补偿金应按照各自的标准分开发放。目前，有的地区安置政策并未完全落实，有的三类补偿金未按规定分开发放，容易引起被征地农民的不满而发生纠纷。

4. 补偿款分配不公

因分配款涉及村民的根本利益，村民之间因征地补偿款之争较为激烈，村民因分配方案难以完全形成一致而产生纠纷。[③]

---

① 蔡虹：《转型期中国民事纠纷解决初论》，北京大学出版社 2008 年版，第 108—109 页。

② 陈发桂：《试论我国农村土地纠纷的现状及解决机制》，《桂海论丛》2008 年第 1 期。

③ 杨芳：《关于涉农土地纠纷案件的调研报告》，《法律适用》2005 年第 8 期。

（五）土地流转纠纷

随着国家“工业化”和“城市化”的快速推进，农村劳动力向城市转移，农村土地流转行为大量发生。适当引导农户搞好土地经营权流转，是活跃农村经济的重要举措。但是，土地承包经营权的流转，必须是在尊重农民意愿的基础上，由承包方自愿进行。有一些地方在农业结构调整和产业化发展过程中，发包方以结构调整为借口，以各种手段强迫承包方将承包地流转，集中土地搞所谓“规模经营”和“产业化”，导致土地流转纠纷不断出现。此类纠纷主要表现在：

1. 流转形式不规范引发争议

我国土地流转中，除代耕不超过 1 年可以不签订书面合同外，当事人应签订书面合同，转让方式流转的，应经发包方同意，其他方式应报发包方备案。但实践中，许多承包经营权的流转以口头协议的形式进行，更未办理同意或备案手续，处于自发或无序状态。若此类合同产生纠纷，法官采信证据较为困难，合同关系难以查清。[①] 有的转让方和受让方虽有协议，但由于土地升值，转让方要求收回土地或提高承包金，受让方不同意；有的承包户把土地交给村里，通过口头协议代为管理，村里发包几年甚至十几年，合同没有到期，原承包户索要承包地。

2. 流转内容不合法引发纠纷

土地承包经营权流转，不得改变土地集体所有性质，不得改变土地用途，不得损害农民土地承包权益。然而，在农村土地流转合同中，违背法律、法规和政策规定的情况比比皆是：有的土地流转合同中，改变耕地的农业用途；有的改变了土地集体所有的性质，私自买卖土地；有的忽视了出嫁妇女的承包权益等等。违法的土地流转合同，是不受法律保护的，一方对另一方造成了经济损失，还要承担相应的赔偿责任。

3. 流转程序不合法引发纠纷

我国现行《土地管理法》和《农村土地承包法》规定：“土地承包方案以及土地发包给本集体以外的单位或者个人承包，应当经本集体村民会议 2/3 以上成员或者 2/3 以上村民代表同意。”但有的集体经济组织违反法律的强制性规定，未经村民大会 2/3 多数同意任意发包；甚至

① 杨芳：《关于涉农土地纠纷案件的调研报告》，《法律适用》2005 年第 8 期。

有的乡（镇）违反集体土地所有权人意志，越权发包土地，引起村民土地承包经营权纷争；有的发包方不按法律规定，随意变更合同主体，如针对村民出生、死亡、迁出、迁入等情况，未经村民大会多数同意而随意调整土地；有的因原承包费用较低而主张调整承包金未果，发包人随意解除原承包合同发包给他人经营；对于乡村干部违背农民意愿强行以低租金、长租期流转出的土地，他们要求完善流转协议，缩短流转期限，提高流转补偿标准，将农业税减免、粮食直补和粮食价格上涨带来的好处大部分返还给他们等，上述随意流转土地的行为，引发了诸多原承包户主张土地经营权侵权之诉和合同违约之诉。

（六）土地继承权纠纷

土地继承权纠纷与人们长期的重男轻女思想有关，其直接剥夺、侵害了女性的土地继承权。传统观念认为，女性总有一天会脱离原家庭，即“嫁出去女儿，泼出去的水”，不会给原家庭带来任何利益。为此，一方面，女性的继承权从小就不被重视；另一方面，女性一旦结婚，就丧失继承娘家财产的权利，与娘家无财产关系。娘家一方集体在土地继承中自然将“外嫁女”排除在外；而婆家集体则认为其可能在娘家有承包地或户籍没迁到婆家，往往也会忽视外嫁女的土地承包权，无形中剥夺了女性的继承权。《继承法》第9条规定：“继承权男女平等。”而在广大农村，由于受传统观念的影响以及对女性权利的漠视，许多女性的土地继承权随意被剥夺、侵害。当多数女性意识到其合法的继承权被侵犯后，以主张取得其合法土地继承权所产生的纠纷也较多。①

（七）土地调整纠纷

土地调整纠纷主要是在土地频繁调整、土地资源配置失衡、机动地管理不规范等过程中产生的纠纷。主要表现为：

1. 土地频繁调整引发纠纷

我国长期以来通过政策调整土地问题，后来改为以政策调整为主、法律调整补充，随后又演变为政策与法律并重，直到现在依靠法律进行调整。农村土地状况经过多次变动后混乱不堪，因法律、政策频繁调整

---

① 蔡虹：《转型期中国民事纠纷解决初论》，北京大学出版社2008年版，第109—110页。

而未及时进行解决的土地矛盾日益增多，导致相关纠纷增加。实践中有的地方以划分“口粮田”和“责任田”等为由收回农户承包地搞招标承包，有的地方收回农户承包地来抵消欠款，有的村社违背政策规定随意调整农户承包地，引发矛盾。

2. 土地资源配置失衡引发纠纷

农村人口处在经常性变动之中，但人口减少的农户，甚至长年在外打工或完全迁走了的农户，虽不愿直接经营土地，但谁也不愿意放弃土地承包权，造成许多地方的农户之间实际占有的土地数量相差数倍甚至数十倍，农民要求平衡土地、落实承包权的呼声越来越高。加之许多地方多年来一直没有进行过调整，这期间新娶媳妇、新生儿女及新迁入人口等多年得不到土地，影响了他们的正常生活。现在人多地少的农户找村里要耕地，人少地多的农户不愿退出耕地，这种现象比较普遍，矛盾突出。

3. 机动地管理不规范引发纠纷

机动地纠纷增多。机动地是发包方在发包土地时，预留的不作为承包地的少量土地，主要用于解决承包期内的人地矛盾、人口变化、户口迁移等需要调整土地的情形。机动地的存在，既是为了保持土地承包关系的稳定性，同时又能根据实际情况变化而适时调整。但从各地实际运行的情况来看，因机动地处置不当和管理不规范引发了大量纠纷。一是机动地出租方与承租方的纠纷。集体经济组织以租赁形式将土地出租给农户，租期5—10年不等，村集体往往按合同规定，事先一次性收取全部租期内或租期内若干年的租赁费。税费改革后，土地负担大幅下降，农民不愿按原租赁合同兑现，甚至要求退还预交的租赁费，由此双方发生争执。二是机动地发包方与承包方的纠纷。村集体将开发成鱼塘、果园等的机动地发包给农户经营，当初农户踊跃承包发展多种经营，且有利可图。后来由于减免农业税、取消特产税，承包方认为自己也应享受减免政策，不愿履行原承包合同，纷纷上访，要求免交或少交承包费。或者村集体将未开发的机动地发包给农民经营，每年每亩收一定数额的承包费。现在这些承包户也不愿履行原合同，要求享受与其他承包耕地户相同的待遇而引发纠纷。三是把机动地作为清偿村组债务和增加集体收入的工具，甚至一些村组干部利用机动地牟取私利。有些村组拖欠外债。税费改革后，部分债权人眼看索债无望，便纷纷要求以地抵债，冲抵期限一般3—10年不等，甚至20年。表面看，以地偿债对村组集体而言，的确是推倒债台的好方法，但对人地矛盾突出地方的群众来说，这些抵出去的机动地是他们的口粮田，是他们的饭碗，导致群众上访。[①] 四是在发包机动地的过程中，不少地方的村组干部根据亲疏远近确定不同的承包标准等，不能公正、公开、公平地进行，搞暗箱操作；有些机动地的发包时间过长、面积过大，甚至长达50年、70年，使得机动地根本无法"机动"，从而产生了很多纠纷。[②]

二　土地承包纠纷救济方式的比较考察

（一）土地承包纠纷救济方式的现状分析

当前，土地承包纠纷解决的法律依据，除了在《物权法》等基本法中有一些规定之外，主要依据《土地管理法》及其实施条例、《农村土地承包法》和《农村土地承包经营纠纷调解仲裁法》（简称《调解仲裁法》）。在解决方式上，实践中一直采用和解、调解和行政裁决等方式为主，仲裁、诉讼为辅的模式，为顺利解决土地承包纠纷、保护农民的合法权益、维护社会的和谐稳定发挥了重要作用。

1. 土地承包经营权纠纷的解决，采取协商、调解、仲裁和诉讼多种方式并存的解决机制

《农村土地承包法》第51条规定："因土地承包经营发生纠纷的，双方当事人可以通过协商解决，也可以请求村民委员会、乡（镇）人民政府等调解解决。""当事人不愿协商、调解或者协商、调解不成的，可以向农村土地承包仲裁机构申请仲裁，也可以直接向人民法院起诉。"《调解仲裁法》第3条规定："发生农村土地承包经营纠纷的，当事人可以自行和解，也可以请求村民委员会、乡（镇）人民政府等调解。"第4条规定："当事人和解、调解不成或者不愿和解、调解的，可以向农村土地承包仲裁委员会申请仲裁，也可以直接向人民法院起诉。"可见，在农村土地承包纠纷的解决机制中，包括了协商、调解、

① 曲珍英：《目前我国土地承包纠纷产生的原因与对策》，《山东省农业管理干部学院学报》2005年第4期。

② 同上。

仲裁和诉讼几乎所有的纠纷解决方式，具有比其他类型的土地纠纷更多、更广的解决途径。

2. 土地权属纠纷的解决，采取行政处理前置的解决方式

有关农村土地所有权、土地使用权的权属确认，《土地管理法》第16条规定："土地所有权和使用权争议，由当事人协商解决；协商不成的，由人民政府处理。单位之间的争议，由县级以上人民政府处理。个人之间、个人与单位之间的争议，由乡级人民政府或者县级以上人民政府处理。当事人对有关人民政府的处理决定不服的，可以自接到处理决定通知之日起三十日内，向人民法院起诉。"根据该条规定，当前我国土地所有权和使用权权属纠纷的解决只能通过协商和政府的行政处理，对行政处理不服的，可以提起行政诉讼。即使是发生在个人之间、个人与单位之间的争议也不能直接提起诉讼，政府的行政裁决是该类纠纷诉讼的前置程序。

3. 土地征收补偿纠纷根据不同内容由政府处理或诉讼方式解决

对于在征地过程中发生的争议，目前仅有《土地管理法实施条例》以及最高人民法院的一些文件为依据。《调解仲裁法》第2条规定："因征收集体所有的土地及其补偿发生的纠纷，不属于农村土地承包仲裁委员会的受理范围，可以通过行政复议或者诉讼等方式解决。"该条规定明确将征地及其发生的补偿纠纷排除在仲裁的范围之外。《土地管理法实施条例》第25条规定："对征地补偿标准有争议的，由县级以上地方人民政府协调；协调不成的，由批准征收土地的人民政府裁决。"这只是针对征地补偿标准争议纠纷。而对于征地补偿费分配纠纷、不需要集体经济组织安置的安置补偿费纠纷、地上附着物和青苗的补偿费纠纷，属于平等民事主体之间的纠纷，应该适用民事诉讼程序。

（二）土地承包纠纷救济方式的比较考察

1. 和解

和解是指土地纠纷当事人在平等和自愿的基础上，通过自身力量对纠纷进行协商解决的一种方式。和解主要体现了民法上的自治原则，体现了纠纷主体可以在平等的基础上进行真实的意思表达和自行解决争议。和解本身是一种自力性的救济方式，主要在纠纷双方之间进行，没有其他方的介入，没有像诉讼那样严格的程序和规范，因此和解协议更

多体现自治的意思，没有强制执行力。和解是农村社会的一种传统的纠纷解决方式，这与我国“以和为贵”的传统文化是一脉相传的。由于农村社会中人们居住在一个相对集中和狭小的地域范围内，日常的生活联系和人际交往仍然十分频繁和局限，[①] 这就决定了和解仍然是一种无法替代、必须存在的纠纷解决方式。农村土地承包纠纷大部分发生在本集体经济组织内部，还有的发生在邻里之间，所以很多矛盾和纠纷都可以通过和解的方式解决。采用这种方式解决土地承包纠纷，可以减少当事人为解决纠纷所耗费的精力和费用，节约时间，利于化解矛盾。但缺点是容易感情用事，不能依法办事，处理的原则和标准不好把握，协商后容易再次发生纠纷。特别是当和解协议中出现乘人之危、欺诈、胁迫等情况或者和解协议违反法律强制性要求时，就容易导致纠纷当事人的合法权益不能得到保障，造成群体性事件的发生。所以，和解主要适用于平等主体之间的具有民事性质的土地纠纷，一般不适用于涉及政府行为、公共利益等引起的土地纠纷。

2. 调解

调解是指土地纠纷主体将争议提交给第三人，由其协调、说服并帮助双方达成纠纷解决合意，从而解决纠纷的方式。调解与和解一个明显不同在于纠纷双方当事人把纠纷提交给第三人，最终促成双方达成合意解决纠纷，这是一种运用比较广泛的纠纷解决方式。相较于其他纠纷解决方式，调解方式在化解土地纠纷、保护农民权益、加强基层治理、维护农村稳定等方面的作用不可替代。其一，调解处理土地纠纷具有便捷、及时和经济的特点。调解能够就近、及时化解土地纠纷，以最短的时间完成纠纷处理，有效减低纠纷解决的成本。其二，调解处理土地纠纷手段灵活，最大限度实现情与法的融合。农村土地纠纷多发生在具有较强的地域性和家族性的农村社会。而设在农村的乡（镇）政府和村委会的人民调解委员会能够在最大限度上贴近当事人及其纠纷，能够充分了解纠纷发生的背景，并且它们往往比较熟悉当地的风土人情、乡规民约，因而在主持调解时不仅会运用法律，也会考虑到当地的风俗、习惯、道德、村规民约等，最大限度实现法与情的统一，以更加人性化的

① 严军兴：《多元化农村纠纷处理机制研究》，法律出版社 2008 年版，第 166—167 页。

手段引导和促成当事人达成协议，在农村土地纠纷的解决方面具有得天独厚的优势。其三，调解处理土地纠纷有利于消除纠纷当事人之间的对立与冲突。乡村社会是一个熟人社会，调解方式调处土地纠纷，符合农村社会的实际和人民群众的愿望，更易为人民群众接受，能够及时快捷妥善地处理和化解纠纷，且纠纷一解决，效果较为彻底，副作用也小。调解的缺点是调节方式随意性大，缺乏严格的程序规范；调解人员水平参差不齐，影响调解质量与效率；调解协议效力不具有强制性，任何一方反悔将导致调解失败。2010 年颁布的《人民调解法》中规定，对涉及人民调解协议的效力经法院确认后具有强制力，该法第 33 条规定："经人民调解委员会调解达成调解协议后，双方当事人认为有必要的，可以自调解协议生效之日起三十日内共同向人民法院申请司法确认，人民法院应当及时对调解协议进行审查，依法确认调解协议的效力。人民法院依法确认调解协议有效，一方当事人拒绝履行或者未全部履行的，对方当事人可以向人民法院申请强制执行。"这使调解协议的效力得到进一步加强，有利于尽快解决纠纷。

根据调解主体的不同，对农村土地纠纷的调解可分为人民调解、行政调解和司法调解。（1）人民调解，即人民调解委员会的调解。是在人民调解委员会的主持下，以国家法律、法规、规章、政策和社会公德为依据，对发生纠纷的当事人进行说服教育、规劝疏导，促使纠纷各方互谅互让，平等协商，自愿达成协议，消除纷争的一种群众性自治活动。实践中，农村土地纠纷案件绝大部分通过人民调解解决。（2）行政调解，即由行政机关或具有行政职权的组织，依照法律规定或授权对与其行使行政职权范围内所涉及的土地纠纷进行调解。行政调解机制，是行政机关介入处理民事纠纷的重要方面。（3）司法调解，即按照民事诉讼法的有关规定，在法官的主持下，民事诉讼的双方当事人就民事争议通过自愿协商，达成协议的诉讼活动。在当事人自愿的基础上，司法调解可以贯穿于整个司法活动的始终。司法调解文书经当事人签收后，即具有法律效力。

3. 仲裁

仲裁是指纠纷双方在纠纷发生前后达成协议或者根据有关法律规定，将纠纷交给中立的仲裁组织进行审理，并做出约束纠纷双方的裁决的一种纠纷解决机制。把仲裁方式引入农村土地承包纠纷解决方式中有助于完善农村土地承包纠纷的解决体系。农村土地承包纠纷仲裁不同于普通民商事仲裁，其性质为行政仲裁，其裁决并不具有终局性，当事人对裁决不服的，可以在30日内再次提起诉讼。土地纠纷仲裁具有及时性、经济性、专业性、灵活性、人性化等优点，有利于纠纷的快速、公正、合理解决。缺点是我国《调解仲裁法》颁布较晚，土地承包纠纷仲裁机制运行过程中，仲裁的权威性问题、仲裁员的资格问题、仲裁的执行问题制约着仲裁作用的进一步发挥。

4. 诉讼

诉讼是指当事人之间发生土地承包纠纷后，可以直接向管辖人民法院起诉，通过人民法院依法审判，解决纠纷的一种方式。目前通过诉讼途径解决的土地承包纠纷，主要是案情比较复杂，利益冲突比较强烈，当事人双方关系比较紧张，难以通过协商、调解等途径解决的纠纷。通过诉讼途径解决土地纠纷的优点是，诉讼是最正式、最规范、最权威的一种方式。司法权的中立性使得法院不易受其他组织的干扰，能够避免部门利益的影响，在当事人之间能够客观、公正、合理地裁决案件，依法维护和保障当事人的合法权益。在现代法治社会中，司法已经成为解决争议的最终方式，即使某一土地争议经过了行政裁决或复议，若当事人不服，仍可向法院提起行政诉讼，诉讼结果为解决该土地争议的最终结果。然而实践中农民选择诉讼解决农村土地纠纷的比例比较低。一方面农民的法律意识相对淡薄，没有使用诉讼解决纠纷的积极意识，也因为诉讼会花费较多的时间、人力和财力，使得农民较少选择诉讼解决纠纷。另一方面处于本集体经济组织中，采用对簿公堂的诉讼形式解决纠纷通常使得纠纷双方日后矛盾难以得到真正解决，不利于他们的日后相处，不利于集体组织的和谐稳定，他们因此也更不愿意采取诉讼形式解决土地纠纷。另外，由于司法不公的存在，司法权威在农民心里受到一定影响，使得农民不信任法院，不愿意通过诉讼途径解决纠纷。

三　土地承包纠纷救济方式的法律完善

土地承包纠纷救济方式都有各自的特点和利弊，它们共同形成了较为全面的纠纷解决机制，土地纠纷当事人可以根据自己的意愿选择解决纠纷的方式。但从纠纷解决的实践来看，以上各种解决纠纷的方式都有不足，它们之间也没有形成相辅相成的互补关系。因此，完善土地承包纠纷解决机制，必须充分发挥各个纠纷解决方式的独特功能以及发挥它们的功能互补，从而更好地解决农村土地承包纠纷。

（一）发挥土地纠纷的调解功能

调解在处理土地纠纷中一直都有着重要的地位。结合我国农村土地纠纷调解的现状，要充分发挥调解的预防和解纷功能，需着重从以下三个方面进行完善：一是整合优化各种调解资源。构建由基层人民法院派出法庭，乡镇政府的农村、司法等部门工作人员，村民委员会人民调解员，村民代表等组成“农村土地纠纷调解中心”，建立“大调解”机制，对那些案情较为复杂、事实和争议较大的土地承包纠纷案件；群众反映的问题多、成因复杂、涉及面广，仅靠个别部门的力量解决往往难以奏效的土地承包纠纷案件，发挥合力进行调解解决。二是配备相应的调解人员。根据农村土地承包纠纷的特殊性，配备必要专职和特聘的调委会成员。选配的成员应具有较为丰富的调解纠纷的工作经验和较强的调解能力；熟悉农村土地承包等方面的法律法规和政策；了解当地土地承包的基本状况；了解当地风土人情、风俗习惯等情况。同时，特聘一些农村承包合同管理部门工作人员和熟悉农村土地承包纠纷处理的法学专家、法官、律师和法律服务工作者等作为专门调委会的成员。[①] 三是强化调解协议的法律效力。2012 年我国《民事诉讼法》修正案专门设立了“确认调解协议案件”的程序，第 194 条和第 195 条规定：申请司法确认调解协议，由双方当事人依照人民调解法等法律，自调解协议生效之日起三十日内，共同向调解组织所在地基层人民法院提出。人民法院受理申请后，经审查，符合法律规定的，裁定调解协议有效，一方当事人拒绝履行或者未全部履行的，对方当事人可以向人民法院申请执行。建议由双方当事人签字或者盖章的生效调解协议，任何一方可单方申请司法确认，使其具有强制执行力，从而进一步加强调解协议的法律效力。

---

① 韩艳：《论农村土地承包纠纷非诉讼调解机制的建构》，《长沙大学学报》2013 年第 6 期。

（二）健全土地纠纷的仲裁解决

2009年颁布的《农村土地承包经营纠纷调解仲裁法》对仲裁委员会的组成和仲裁员的聘任、土地承包纠纷的申请和受理、仲裁庭的组成、开庭和裁决以及执行等诸多方面进行了较为详细的规定。但现行的农村土地纠纷仲裁制度存在明显的行政化倾向、与诉讼不能有效衔接等制度性缺陷，加上地方政府对仲裁重视不够、投入不到位等因素的影响，严重制约了仲裁功能的发挥。因此，健全土地承包纠纷的仲裁解决机制，充分发挥仲裁在解决土地承包纠纷中的特殊作用，对及时、有效、高效处理土地承包纠纷具有重要意义。

1. 明确仲裁机构的独立性

农村土地承包仲裁既然作为与协商、调解、诉讼相并列的纠纷解决方式，仲裁委员会从性质上就应体现其准司法性，不应作为行政机关的附属；又因为我国农村土地承包纠纷的特殊性和我国目前国情，可采用一定的折中之举。仲裁委员会设置的原则应确立为淡化该仲裁机构的行政性，重现仲裁机构契约性、民间性、中立性的本性，不完全排斥政府机构的支持作用。农村土地承包纠纷仲裁机构可以由政府组织农业、林业等部门和有关农村工作机关组建，但仲裁机构（或办事机构）不附设在任何行政机关内部，而是作为独立的机构设置。在人事方面，仲裁机构采取委员会制，首次委员会由有关部门推荐，政府择优选聘，以后每届委员会由上届委员会推荐、选举产生。仲裁办事机构人员由委员会选聘。

2. 恢复仲裁的"一裁终局"效力

"一裁终局"是仲裁的基本特征，当事人对仲裁裁决不服的，法院应只对仲裁程序进行监督，如出现仲裁协议无效、仲裁机构无权仲裁、仲裁案件中存在徇私舞弊等严重违背仲裁程序的情形，人民法院可裁定撤销裁决书并由当事人另行约定仲裁或诉讼。同时也节省司法资源和当事人处理纠纷的成本，避免仲裁完全成为纠纷解决的"中间环节"。

3. 协调整合仲裁与诉讼的有效衔接

土地纠纷仲裁委员会要进一步协调好仲裁与诉讼的关系，以便赢得司法对仲裁的有力支持，并充分赢得社会的信赖。一是在案件受理和执行上，要加强与司法、法院的协作，保证仲裁裁决结果的执行力度。二是对农村土地承包纠纷，充分利用基层调解网络，始终坚持协商优先、基层调解、逐级调解的原则，尽量把矛盾解决在基层。对确实难以调解的，将依法及时仲裁，努力做到“审理程序合法、内容合法、结果合法”。三是加强仲裁与诉讼间的沟通和合作。人民法院首先要在财产保全、证据保全等方面给予仲裁机构积极支持。在明确仲裁与诉讼各自分工的前提下，还要建立仲裁机构和人民法院之间的有效联系制度，通过保持联系，了解仲裁、诉讼动态，通过加强双方的沟通和合作，使农村土地承包纠纷在仲裁部门或审判机关得到及时、妥善解决，遇到问题或困难，仲裁机构与人民法院之间可通过协调商量解决。四是仲裁与诉讼的衔接问题，对于仲裁后又进行诉讼的，仲裁机构应当将仲裁卷宗移交人民法院，对于仲裁查明的事实和证据，尤其是双方均无异议的，人民法院可以直接援引，人民法院只需就双方争议的部分，尤其是对仲裁裁决争议的部分进行审查，从而提高效率，节省诉讼资源。

4. 配好专兼职仲裁员队伍

可聘请农业、林业、水利、土地、法制、司法、法院等相关部门人员为兼职仲裁员。县、乡（镇）仲裁机构须有三名以上专职仲裁员，以防止人员缺乏、大量案件积压现象的发生。仲裁员实行持证上岗，实行聘任制。仲裁员“入门”前经过能力和农村土地承包合同法规政策知识考试，“入门”后进行业务培训，合格者颁发资格证书和岗位证书，才可进行仲裁工作。同时要明确仲裁员的职责任务以及权利和义务，建立健全相关配套制度。

5. 确立违法仲裁责任追究制度

为促进仲裁员公正、公平开展仲裁工作，防止徇私舞弊，办人情案、关系案，要建立健全监督约束机制，确立严格的违法仲裁责任追究制度。要把各项制度以多种形式向社会公开，使社会各界了解仲裁程序，加强群众监督。仲裁委员会及业务主管部门要加强对仲裁工作的监督指导，对于违反仲裁制度、程序不规范的事件要认真查处，一经发现违纪违法仲裁，一律取消仲裁员资格，对相关责任人要追究责任，严重违反法律的，依法追究刑事责任。

（三）完善土地纠纷的诉讼机制

司法最终解决原则是现代法治国家一项重要原则，司法也是处理农村土地承包经营纠纷的最后一道防线。人民法院正确审理好土地承包经营纠纷案件，在国家强制力的保障下能有效地维护当事人的权益，同时也能保障法律的统一实施。以诉讼的方式解决土地承包纠纷，不仅具有个案意义，而且具有示范效应，其内含的价值判断标准和向社会公示的司法功能效应，有着其他手段无法取代的作用，对预防纠纷的发生有着至关重要的意义。受农村传统影响，目前通过诉讼解决土地纠纷的比例虽然不是很高，但是随着国家法治化进程的加快和人们法治意识的提高，通过诉讼方式解决土地纠纷会越来越多。为了充分发挥诉讼在解决土地纠纷中的作用，更好地维护农民的权益，需要进一步完善土地纠纷的诉讼解决机制。

1. 把好土地纠纷的立案审查关

目前，相关法律法规和司法解释对法院受理土地承包纠纷的范围做出了明确规定：承包合同纠纷；承包经营权侵权纠纷；承包经营权流转纠纷；承包地征收补偿费用分配纠纷；承包经营权继承纠纷。集体经济组织成员因未实际取得土地承包经营权提起民事诉讼的，人民法院应当告知其向有关行政主管部门申请解决。集体经济组织成员就用于分配的土地补偿费数额提起民事诉讼的，人民法院不予受理。虽然实践中对此范围有所争议，但在没有新的规定出台之前，法院只能按此范围受理。在立案环节要依法严格审查土地纠纷案件的立案条件，对不属于法院受理范围的案件认真做好当事人思想工作。对那些影响大、涉及面广的土地纠纷，在立案前应及时向政府及有关部门汇报、通报情况，主动配合当地基层组织，尽量使土地纠纷在诉讼外迅速、便利、妥善地得到解决，减少涉诉农户的诉累，维护社会稳定。

2. 加大法官必要时调查取证权

在农村土地纠纷案件的审理中，为救济农村诉讼群体法律知识、诉讼能力的不足，法官应当在中立、适度的原则下对诉讼请求、诉讼权利、诉讼程序及法律规定等方面进行解释说明；同时对查明案情需要的重要事实也应进行必要的调查取证，不能简单地归结为“谁主张、谁举证”，这样有利于最大限度地追求客观真实，维护农村诉讼群体的合法权益，确保实体的公正。[1]

3. 做到合法性与灵活性相结合

在审理农村土地承包经营权纠纷案件中，人民法院既要严格适用《土地管理法》、《农村土地承包法》、《最高人民法院关于审理涉及农村土地承包纠纷案件适用法律问题的解释》等相关法律法规的规定，又要充分考虑到农村土地纠纷的特殊性、复杂性，尊重历史和现实情况，做到合法性与灵活性的结合。特别是要妥善处理好法律适用与当地风俗民情之间的关系。土地纠纷案件审理中难免会发生法律规定与当地风俗相抵触的情形，既不能机械僵化地适用法律规定，亦不能盲从当地风俗习惯，应从当地实际出发，在不违背法律基本原则的前提下尊重当地的风俗习惯，在二者之间寻找最适合的平衡点，以实现法律效果与社会效果的有机统一。

4. 强化诉讼调解，慎重诉讼裁判

土地纠纷案件大多是农民与农民、农民与村委会、农民与乡镇政府之间的纠纷，涉及农民利益和农村稳定，处理不慎就会引发社会不安定因素。在审理土地纠纷案件时，始终把调解贯穿审判全过程，可以通过委托调解、邀请调解、联合调解等多种方式尽快结案，讲究办案的技巧和工作方式方法，耐心细致地做好当事人的思想工作。同时，为有利于当事人今后的生产生活，使他们在以后的生产经营中能够友好相处及和谐发展，审理案件中要慎用强制措施，尽量不适用先予执行、诉讼保全、强制执行等措施，有效预防矛盾激化和不和谐因素产生。

5. 通过巡回审理加强法制宣传

法院在审理土地纠纷案件过程中不能单纯就案办案，要贯彻司法为民、便民、利民原则，因势利导加强法制宣传教育。通过巡回办案、就地开庭、以案释法、送法下乡等形式，在农村广泛开展有关土地承包经营权相关法律法规和司法解释宣传活动，达到“审理一案，教育一片”的社会效果。提高农民尤其是基层集体组织负责人在合同签订时的法律知识水平和合同履行中的诚信守约意识，预防和减少纠纷。

---

① 曾亮：《当前农村土地纠纷案件审理的困难及应对》（http：//jxwafy. chinacourt. org/public/detail. php？ id=747）。

6. 健全土地纠纷法律援助制度

现阶段，我国农民的法律意识相对薄弱，法律知识较为缺乏。土地纠纷涉及农民的切身利益，实践中都不让步，最终会向法院起诉。而农民对诉讼的主体、程序、证据、执行等知之甚少，加之农民通常属于低收入群体和弱势群体，亟须法律援助。因此，应在农村中健全土地纠纷的法律援助制度，让更多农民享受法律援助机构提供的服务，获得尽可能多的维权途径。同时，鼓励法律志愿者定期地送法下乡、上门服务，为农民提供义务法律咨询，解答农民的法律问题，在农民的合法权益受到侵害的情况下帮助他们进行诉讼，维护农民的土地权益。

（四）构建土地纠纷的多元方式

就我国而言，当前和今后一个时期社会矛盾的关联性、聚合性、敏感性不断增强，随之而来的是纠纷呈多样化、群体化、复杂化态势不断增长，社会的稳定与和谐面临严峻挑战。在这一背景下，单靠某一种方式或某一种力量已较难有效化解矛盾纠纷，建立一种在法治基础上、能够满足社会主体多种需求的多方面、多层次的矛盾纠纷多元解决机制成为保障和实现社会和谐的客观需要，对于和谐社会的构建具有重大的现实意义。①

多元化纠纷解决机制是指在一个社会中，多种多样的纠纷解决方式以其特定的功能和特点，相互协调地共同存在所结成的一种互补的、满足社会主体的多样需求的程序体系和动态的调整系统。② 多元化纠纷解决机制是多种纠纷解决方式的有机结合和互补互动，而不是简单的并列，其最高价值就在于其各个部分或方式之间的协调和平衡，以诉讼审判作为社会正义的质的保证，以各种非诉讼解决机制满足纠纷解决在量的方面的需求。构建多元化土地纠纷解决机制，要充分发挥不同纠纷解决机制的优势，形成合力，及时有效地解决土地承包纠纷。要根据农村土地纠纷实际情况，采取综合性的多种多样的方法，把信访、和解、调解、仲裁、诉讼有机结合起来，多管齐下，发挥协同作用。其主要构架是由当事人、村委会、政府部门、司法机关、仲裁组织等组成互为补充

① 张伟宏：《农村土地承包经营纠纷若干问题实证研究》，硕士论文，吉林大学，2011年，第42页。

② 范愉：《非诉讼纠纷解决机制研究》，中国人民大学出版社2000年版，第17页。

的纠纷解决机制。具体运行模式是以人民调解、行政调解、司法调解为轴心，以定分止争为目标，以行政处理、仲裁裁决、诉讼判决为保障，相互协调，相互补充，及时高效地处理各类纠纷的纠纷解决体系。在这个多元纠纷解决机制中，应充分尊重并健全以当事人合作为基础的非诉纠纷解决方式，在诉讼与非诉纠纷解决方式的价值冲突中寻求平衡。

土地权益问题作为农民产权的基础性问题，围绕农村土地权益问题产生的纠纷将成为影响农村经济发展及农村稳定的大问题，甚至会成为影响中国未来总体发展的重大问题。农村土地纠纷的解决是一项庞大的社会系统工程，除了要优化整合各种纠纷解决机制外，还仰仗涉农土地法律、政策之间的协调统一，仰仗广大社会民众法律意识的普遍提高。此外，基层政府应当全面履行土地行政管理的各项职能，依法维护好农民的土地权益，从根本上消除土地纠纷隐患。

第三节　西安市长安区法院土地承包纠纷案件的调查分析

随着农村经济改革的不断深入和城乡统筹发展的快速推进，涉及农村土地承包纠纷的案件与日俱增，案件类型多样，法律关系复杂。农村土地一直是一种稀缺资源，直接关系到农民的切身利益和基本保障，土地承包纠纷案件大多因矛盾尖锐而处理难度较大。因此，从实证研究和审判实践层面对某一地区的土地承包纠纷案件进行详细的调查研究，掌握此类纠纷的特点与难点，分析原因，并提出相应的建议和对策，对于妥善处理土地承包纠纷案件，保护农民群众合法权益，维护农村社会和谐稳定，推进社会主义新农村建设均具有十分重要的意义。

之所以选择西安市长安区进行调研，主要是基于以下原因：(1) 地理位置特殊。长安区位于西安市南郊，依山傍水，物阜民丰，文化底蕴深厚，人文特色鲜明，旅游资源丰富，产业优势明显，交通快捷方便，生态环境良好，区政府驻地离西安市中心约 13 公里，属于典型的城乡接合部。作为农业大区，除了传统农业外，“都市农业”发展迅速，特征明显，园林、花卉、垂钓、休闲、旅游和无公害果菜农业占据了相当大的比例。2002 年长安撤县设区迎来了新的发展机遇，西安市“十二五”规划已将长安区纳入主城区规划范围，作为西安建设国际化大都市的重要组成部分，这必将为长安区的快速发展带来更大的机遇，也必然需要将更多的农用地转化为建设用地。（2）土地流转较多。近年来，长安区依托地理环境和交通区位优势，大力发展旅游休闲观光农业，土地流转面积较大。先后建成了西安市现代农业科技展示中心、陕西阳光雨露旅游观光示范园、西安鲜花港、盛光生态种养殖示范基地以及西瓜、草莓、葡萄、花卉等多处有规模的设施农业园。这些产业园小的占地几十亩，大的占地6000余亩，基本都是通过土地流转而形成规模化的。同时，长安区也是陕西省农村土地流转试点县（区）。这也是土地流转纠纷增多的一个时代背景。（3）征收拆迁较多。依托区位优势，长安区的产业优势明显，科教资源丰富，而这大多需要借助征地拆迁手段满足用地需求。产业发展方面，长安区先后引进了三星、中兴、华为、万科、绿地等大型企业，规划建设长安通信产业园、三星电子产业园、引镇现代物流园、东部建材基地、常宁新城等产业聚集区和高尚社区。科教文化方面，伴随着1999年大学扩招政策的实施，西安市内的西北工业大学、陕西师范大学、西北大学、西安电子科技大学、西北政法大学、西安邮电大学、西安外国语大学、西安财经学院等20余所大专院校先后在长安区建设新校区，少则占地几百亩，多则占地4000余亩，平均占地约1000—1500亩，在长安区的大中专学生有20余万人。可以说，长安区的土地纠纷是我国目前大城市城郊区的一个缩影，在全国范围内具有较强的典型性、普遍性和代表性。

2012年暑期，课题组组织部分老师和学生先后深入长安区农村、乡镇、法庭、法院、国土资源局等地区和部门进行调研，走访了贾里村、鱼鲍头村、徐家寨村、黄良村、王庄村，与部分村干部和农户进行了交流；在子午街办、郭杜街办、黄良街办与部分工作人员进行交流；走访了韦曲法庭、郭杜法庭、滦镇法庭，查阅了部分土地纠纷案件材料，与部分法官进行了座谈；在长安区人民法院，与民事审判庭、审监庭部分法官进行了交流，查阅了部分卷宗，询问了案件审理、执行情况；到长安区国土资源局了解了与土地管理有关的情况。本节内容主要以长安区人民法院、长安区国土资源局提供的材料以及调查访谈记录材料为依据进行整理，深入分析长安区法院审理土地承包纠纷案件的特点、问题与建议，希望对其他地区土地承包纠纷的处理有所参考。

一　长安区法院土地承包纠纷案件的基本特点

根据调研资料，笔者对长安区法院 2010 年、2011 年两年的土地承包纠纷案件进行了整理分析。据统计，长安区法院 2011 年受理土地承包纠纷案件 252 起，2011 年 361 起，两年共 613 起，这些土地承包纠纷案件呈现出以下几个特点。

（一）案件数量多

从 2010 年、2011 年长安区法院土地承包纠纷案件的受理情况来看，2010 年 252 件，2011 年 361 件，案件数量较多，呈上升趋势。横向比较来看，在陕西省内由于地域差别，各地法院案件数量差别较大。据相关调研，安康市汉滨区法院土地纠纷案件 2010 年约为 51 件，2011 年约为 55 件；而延安市黄龙县法院土地纠纷案件 2010 年约为 12 件，2011 年约为 6 件（见表 6—1）；即使在长安区内部，靠近主城区以及经济发展较快的韦曲街办、郭杜街办明显比其他地区纠纷多。这说明，依据地理位置优势和经济发展程度不同，土地承包纠纷案件在不同区域呈现出一定的不均衡性。从案件审理程序上看，大多案件适用简易程序结案，2010 年、2011 年使用简易程序结案约 410 件，占全部案件的 67%，平均审限约 50 天；适用普通程序结案 203 件，占全部案件的 33%，平均审限约 110 天。

表 6—1　　**2010 年、2012 年陕西省内各地法院土地纠纷案件情况**

	西安市长安区			安康市汉滨区			延安市黄龙县		
案件受理数	2010	252	同比增长 43%	2010	51	同比增长 8%	2010	12	同比增长-50%
	2011	361		2011	55		2011	6	

（二）案件类型新

分析长安区法院 2010 年、2011 年受理的土地纠纷案件类型可以发现，传统的土地承包经营权合同纠纷和侵权纠纷仍占大部分，这两种类型占到全部案件的65%以上。其他类型较多的主要是土地流转纠纷、征地补偿纠纷和土地调整纠纷。但也出现了一些土地互换纠纷、外嫁女权益纠纷、代耕农纠纷、土地抵押纠纷等新类型，反映了农村经济发展中的一些时代特色。

（三）涉及人数多

在调研中，长安区法院的法官谈到，前些年法院受理的土地承包纠纷案件中多是个体诉讼，而近年来开始呈现群体性，一案涉及的人员少则几十户，多则上百户，人数较多。在长安区法院2010—2011年受理的613件案件中，3人以上的群体诉讼占案件总数的1/3以上，人数最多的一案原告有400多人。群体性纠纷案件的一方当事人之间存在着相同或者相似的利益，为了实现自身利益的最大化，他们很容易达成共识，通过集体的力量影响纠纷的解决。加之受传统法律文化影响，农户们往往愿意凭借人多势众，甚至集体上访，赢得法院更多的理解和社会舆论的支持，达到“众望所归”的目的。还有一个典型特征是村民群体对自己的诉求能否得到法院支持，往往把握性不大，遂推举同类情况的一人或数人先行起诉，进行观望，一旦胜诉，则随后再群体起诉。由于涉及面广，人数众多，法官承办此类案件压力很大，也给案件的客观公正审理造成了很大的困难。

（四）法律适用难

土地承包纠纷案件呈现出主体多元化、关系复杂化特征。主体多元化表现在农村土地承包的主体由农村集体经济组织成员扩大到以农村集体经济组织成员以外的个人、法人或者其他组织，尤其是农业科技公司的迅速发展以及农村合伙的出现，丰富了土地承包合同的主体。案件主体不仅包括集体经济组织与承包人、承包人与转包人、承包人与第三人、承包户家庭成员之间，也涉及承包人与农业公司、地方政府之间的利益冲突。案件中既有合同纠纷又有侵权纠纷，还涉及行政行为，法律关系十分繁杂。导致土地承包纠纷案件产生的原因也较为复杂，有历史遗留问题、有政策因素的影响，有的还涉及农村基层民主政治问题等，使得这些纠纷游离于民事案件边缘，是否可以民事案件受理，往往产生法律适用上的困难。另外，农村土地承包纠纷案件中的证据在形式、内容和取得方式方面普遍存在不同程度的问题，给认定案件事实也造成了较大的困难。

（五）判决结案多

在长安区法院 2010—2011 年审结的 613 件案件中，判决方式结案的 314 件，占结案总数的 50.8%；调解方式结案的 257 件，占结案总数的 42.5%；其他方式结案 42 件，占结案总数的 6.7%；对判决结案的上诉 66 件，上诉率 21.7%（见表 6—2）。可见，全部案件中以判决方式结案的占到一半以上，结案方式以判决居多而调解相对较少，主要是因为土地承包纠纷案件比较复杂，涉及大家的土地权益互不相让，许多承包合同仅是口头约定，调解工作开展起来比较困难。而且特定时期特定地域内同类案件较多，往往结案不是全部判决就是当事人撤诉。

表 6—2　2010—2011 年长安区法院审结案件不同途径结案情况　单位：件、%

年份	判决	判决率	调解	调解率	上诉	上诉率	其他	占比
2010	122	48.4	115	45.6	30	24.6	15	6
2011	192	53.2	142	39.3	36	18.8	27	7.5
合计	314	50.8	257	42.5	66	21.7	42	6.7

（六）执行难度大

土地承包纠纷案件往往涉及农村集体经济组织、全体村民、承包人和实际耕作人的利益，关系复杂，从而导致法院裁判在执行中较为困难。如在执行村、组给申请执行人分配承包土地的判决时，因判决可能会涉及一个村土地的重新调整，多数村委会和村民不予配合，执行工作容易陷入困境；在执行土地征收补偿费用案件中，因为涉及当地村委会和全体村民的切身利益，已拿到补偿款的村民会通过各种途径阻碍判决的执行，特别是征地补偿款已在村集体中分配完毕，则判决往往更是无从执行。

（七）社会影响大

土地是农民最重要的生产资料，是农民基本的生活保障。土地纠纷案件涉及面广、社会影响大、敏感度高，往往不拘泥于一家一户，关系到村集体的利益，全体村民都比较关注。纠纷中各种社会关系和利益需求错综复杂，当事人对立情绪严重，很容易激化矛盾，甚至发生打架斗殴，造成社会不安定因素。加之农民群众法律意识淡薄，一些群众不能控制自己的情绪，导致群体性上访事件时有发生。同时，许多土地纠纷案件在寻求司法救济之前或是同时，往往会通过其他可能的途径反映其要求，如向党委、人大等部门投诉和上访，向新闻媒体发布信息等，容易造成较大的社会影响。有些纠纷在法院裁判前即形成一定的舆论导向，无形中给审判活动造成了压力。一旦处理不好，将加剧农村的社会矛盾，影响经济的发展和社会的稳定。

二　长安区农村土地承包纠纷案件的原因分析

对长安区法院2010—2011年审结的613件土地承包纠纷案件进行深入分析，这些案件都有着深刻的社会和历史背景，探究其原因，主要有以下几点。

（一）土地效益大幅提升

近年来，国家对“三农”问题重视度达到了历史上从未有过的水平，连续多年出台指导“三农”工作的中央“一号文件”，给农民持续增收、农业健康发展、农村长期稳定带来强劲动力，使得农村土地效益大幅提升。随着农村和农业的政策逐渐向农民利益倾斜，在相当长的时间内，农村土地增值趋势仍将长期存在。长安区在2006年取消农业税之前，土地撂荒、弃耕现象严重，许多农民将承包地无偿让亲戚朋友耕种。而到2012年长安区环山路周边的土地流转价格已上升到平均800—1000元/亩，土地征收价格由2002年的每亩不足10万元增长到现在的每亩约60万元，短短几年时间价格呈爆发式增长。土地效益的过快增长使得部分在城镇打工的村民也开始返家承包土地，原先许多被弃的土地开始有人争相耕种，承包户开始收回原先转给他人代耕的土地。特别是前些年以较低价格租赁、转包的土地，经承包人开发经营，土地状况变好或种植养殖的农产品价格上涨，承包人获得了较大利益，部分村集体组织成员因利益驱动心理不平衡而产生纠纷。可以说，农民对土地渴求的加强成了争执发生的现实诱因，土地效益的增加则成了土地纠纷增多的根本原因。

（二）土地需求急剧增加

农村产业政策的调整，极大地调动了农民群众发展粮食生产的积极性。“都市农业”的快速发展和农村乡镇企业的蓬勃发展，势必占用更多农村耕地资源，导致土地资源开发利用加剧。近几年来，长安区经济发展较快，厂区、校园、道路、广场、小区建设用地较多，凡涉及土地征用的村庄，一旦土地被征用，往往赔偿数额较大，作为发包方的村组或个人看见别人得利，就千方百计找原因、找理由要求征地人分得利益，毁约、阻挡施工，引发各种矛盾，形成多种纠纷。

（三）合同签订不合规范

合同签订不规范，主要表现在以下两个方面：一是签订程序不规范。《农村土地承包经营法》对土地承包方案的通过有明确规定，而实践中，村、组违反法律规定的民主议定程序进行违规发包的情况屡屡发生，有些村干部擅自以低价将土地发包给亲朋好友，有些村委会以“优惠条件”将土地发包给非集体经济组织成员，引起了村民强烈不满，围绕承包合同效力产生的纠纷大量出现。二是约定内容不完善。有的合同没有签订书面合同，只有口头协议；有的虽签有书面合同，但条款不具体；有的合同对承包期限约定不明；有的合同对承包土地的面积、地点、四周的土地界线的表述不清；有些合同条款甚至违反法律规定，一旦发生分歧，极易引发纠纷。

（四）合同履行不守信用

合同履行中不讲诚信，主要包括两种情况：一是发包方违约。一些发包方为谋取利益，非法变更、解除合同，收回农业用地用于营利性开发建设。一些发包方以发展集体经济、搞规模经营等理由，干涉承包方依法享有的生产经营自主权，强行统一种植经济作物，或者强制收回承包地引起纠纷。二是承包方违约。一些承包方对土地进行破坏性、掠夺性经营，擅自改变土地的农业用途，拒绝交纳土地承包费。一些承包人非法在承包地上建设永久性建筑，甚至容许他人在承包的土地内修建坟墓谋取利益。有的承包方严重破坏耕种条件，使农用地难以恢复耕种而引起纠纷。

（五）法律政策衔接不畅

我国对土地承包纠纷的解决，走过了主要依靠政策调整，到以政策调整为主、法律调整为辅，再到政策调整与法律调整并重直到目前主要依靠法律调整的历程。[①] 虽说《农村土地承包经营法》、《物权法》、《土地承包经营纠纷调解仲裁法》、最高人民法院相关司法解释对土地承包经营权及其纠纷解决都有规定，但相关规定较为原则，甚至滞后于现实生活。实践中各地政府为了深化农村改革，发展农村经济，也都出台了相应的地方政策。有些政策会与法律规定之间产生冲突，当政策对其有利时就接受，对其不利时就会起诉，给审判人员审理该类案件增加难度。

（六）地方政府职能错位

在社会转型期，政府职能错位、行为失范的现象时有发生。一是有些基层政府行为不规范。有的地方政府出于部门和地方利益的考虑，行政干预和越俎代庖现象时有发生，对农民的自主经营权干预过多，甚至为搞政绩工程，强迫农民退出其承包的土地，违法占用耕地和农田，侵害农民的土地利益。二是有些乡镇政府管理不到位。土地承包经营权证是承包经营权的法律凭证，有些地方因权证的颁发管理混乱导致权属不清。有的地方因机动地管理不当引发纠纷，有的村民要求重分机动地，而原来的承包大户不愿退出产生纠纷。

（七）农民法治意识增强

随着我国依法治国方略的实施，运用法治思维和法治方式化解社会矛盾的社会治理方式改进，农民的法治意识逐渐提高。在社会发展中，农民面对日益开放文明的社会，面对纷繁复杂的各类纠纷，面对新闻媒体的法治宣传教育，潜移默化中法治意识得到了不断增强，依法保护自己的合法权益已成为他们的首选。特别是土地承包纠纷与他们自身利益攸关，当遇到自己权益受到侵害时，他们不再姑息、躲避、忍让，而是大胆地用法律来维护自己的合法权益，导致法院受理此类案件日益增多。

三　预防和解决土地承包纠纷案件的几点建议

通过调研分析发现，审判实践中对于土地承包纠纷案件的认识、审

① 李剑：《浅谈农村土地承包纠纷案件的特点、成因及实务处理》（http：//gzbjzy. chinacourt. org/public/detail. php？ id=240）。

理标准不一，审判结果差异较大。妥善处理好土地承包纠纷案件，重点需要关注以下问题。

（一）准确适用法律，做到公正审理

1. 合同履行中的法律适用问题

（1）情事变更原则的具体适用。情事变更原则是指合同有效成立后，因不可归责于双方当事人的原因发生情事的变更，导致合同的基础发生动摇或丧失，继续维持合同原有效力有悖于诚信原则时，应当允许变更合同或者解除合同的法理。情事变更原则是诚信原则的具体运用，目的在于消除合同因情事变更所产生的不公平后果。最高人民法院《合同法司法解释二》（2009）第 26 条规定："合同成立以后客观情况发生了当事人在订立合同时无法预见的，非不可抗力造成的部署与商业风险的重大变化，继续履行合同对于一方当事人明显不公平或者不能实现合同目的，当事人请求人民法院变更或者解除合同的，人民法院应当根据公平原则，并结合案件的实际情况确定是否变更或解除。"最高人民法院《关于审理涉及土地承包纠纷案件适用法律问题的解释》（2005年）第 16 条规定："因承包方不收取流转价款或者向对方支付费用的约定产生纠纷，当事人协商变更无法达成一致，且继续履行又显失公平的，人民法院可以根据发生变更的客观情况，按照公平原则处理。"土地承包合同在履行过程中，因订立期限较长，承包人投入较大，发生当事人不可预料的各种客观情况可能性极大，如生产资料价格大涨大跌、人工成本大幅上升等，为救济合同中的权利义务失衡现象，法院应分析发生变更的具体情况，依照诚实信用原则和公平原则，以情事变更为理由，通过调整承包期限、变动承包金数额，尽量维持原合同效力，消除当事人之间的利益不平衡性和对抗性，使案件得到妥善处理，稳定农村生产生活秩序。

（2）民主议定原则的区别适用。《农村土地承包经营法》对涉及土地承包的重大事项均规定了民主议定程序，要求经村民会议 2/3 以上成员或者 2/3 以上村民代表的同意。由于该程序属于强制性规定，如果违反了民主议定程序，则承包经营权合同原则上应被认定无效。但实践中对此问题要辩证分析，区别适用。一是土地承包和流转合同确实未经过民主议定程序，但承包人已做了大量投入且时间较长的；二是承包户与前任村委会签订的土地承包和土地流转合同，在村委会换届后，新上任的村委会以前任村委会未召开村民大会或者村民代表大会为理由要求收回承包地的；根据相关司法解释，处理的原则是：如果承包方已做了大量投入，种植时间在 1 年以上的，原则上不认定无效；承包方种植不足 1 年的，原则上应认定无效；投入不大的可予以适当补偿后收回；有大量投入的，不宜认定合同无效，必要时可对承包期限做出适当调整；如发包方主张增加部分承包费的，可引入公平原则和情势变更原则酌情增加；合同履行期间无村民提出异议，甚至村民已对村集体收取的土地收益进行了分配的，再以违反民主议定程序而主张合同无效，不予支持。

（3）承包方违约后的合同解除和责任承担。承包人在土地承包合同履行过程中，会出现欠缴承包费、未按约定利用土地等一些违约行为，发包方可否解除合同，解除后的责任如何承担。笔者认为，仍要根据实践中的具体情况具体分析。我国合同法以根本违约，即合同目的不能实现为解除原则，如果一方违约不影响合同目的，需要通过催告、变更等方式尽量继续履行。一是承包人违反合同约定，改变了土地的农业用途，则因违反了法律强制性规定，属根本性违约，应一律解除，其损失由承包人自负。二是承包人在合同的履行过程中，欠缴了部分承包金，发包人应在合理的时间内催告，经过催告后仍不缴纳或者承包人明确表示拒绝缴纳承包金的可以解除合同。三是承包人遇到了重大的自然灾害或不可抗力而无力缴纳承包金的，发包方不能随意解除合同，应给承包人一定的宽限期，过了宽限期仍不能交纳的可以解除。四是合同解除后地上附着物的处理，原则上承包人自行清理，对于长期经济作物，应根据其年限进行评估后或折抵承包金，或由发包方作价补偿给承包人；承包期间所建的水利设施等，尚有利用价值的，也应评估后作价补偿给承包人。发包人不能因为承包人违约而无偿取得属承包人所有的附着物。

2. 土地流转中的法律适用问题

（1）流转期限问题。如果流转的期限超过土地承包期的剩余期限，超过的部分应按无效处理。

（2）村民优先权问题。土地流转时本集体经济组织成员在同等条件下享有优先权，但优先权应在合理期限内行使，超过合理期限未明确表示的视为放弃。

（3）流转备案问题。承包方转包、出租、互换或者以其他方式流转土地承包经营权未报发包方备案的，不影响合同效力。

（4）再次流转问题。转包人、承租人未经承包人同意，擅自将土地再转包、转租给第三人的，承包方请求解除与转包人、承租人的转包合同和租赁合同，并请求确认再转包合同和转租合同无效的，应当予以支持。

3. 征地拆迁中的法律适用问题

（1）征地补偿费纠纷是否属于法院受理范围。征地补偿费分配纠纷属于平等民事主体之间的财产关系，法院应予受理；但当事人就土地补偿费标准提出诉讼时，法院不予受理；村民对土地补偿费分配方案提起诉讼的，法院应予受理，对分配方案的程序和内容进行合法性审查。分配方案不仅应符合民主议定程序，在内容上也不得与宪法、法律、法规和国家政策相抵触。凡是违反法律、法规及国家政策强制性规定的，或侵犯村民合法人身、财产权利的，应确认其无效。

（2）征地补偿费可否继承问题。土地承包经营户成员死亡的，死亡成员的继承人可否继承补偿费用。笔者认为，土地承包经营户的成员死亡，在其他成员继续承包经营期间，因土地征用而发生补偿费用的，死亡成员的继承人不能继承补偿费用；但如果土地承包经营户成员死亡之前，就已经发生补偿费用的，其继承人可以要求继承。

4. 土地纠纷中的证据适用问题

（1）科学认定和使用证据。农民的法律意识普遍不强，较少注意保留土地承包经营权设立、流转时的相关证据，如果法院审理此类案件时严格依照《证据规则》进行，大多数农民的诉讼请求都无法得到支持。因此，法院在审理过程中，应更多地注重实体正义，在遵从《证据规则》相关规定的前提下，适当增加依职权调查取证的力度，尽可能使证据符合客观真实，最大限度地保障农民的合法权益。

（2）适当延长举证期限。土地流转纠纷案件中，土地受让人一般会进行大量投入，但在诉讼阶段，却不一定拿得出充分证据，甚至某些投入无法举证说明，法院可以通过延长举证期限等措施来保护其合法权益。宽限期过后如仍不能举证，土地受让人就应承担举证不能的法律后果。

（二）规范发包行为，严格合同管理

1. 完善农村土地承包经营管理制度

各地应结合本地区农村集体经济组织的历史和现状制定和完善本地区土地承包经营管理细则，明确管理机构和人员的编制、职责范围、奖惩机制等。对本地区土地承包经营权的流转程序、流转价格、法律责任等做出明确具体的规定，预防和减少土地纠纷的发生。

2. 建立严格的土地承包经营保护制度

任何单位任何人征收占用农业用地的，必须根据相关法律规定，与承包人签订协议，履行相应手续。尽量缩小征地范围，政府公益性建设及经营性项目建设占用土地，均应办理合法的土地征收占用手续，并给予相应补偿。

3. 加强对村委会工作的指导与监督

各乡镇政府及有关部门，要切实加强农村土地承包管理，规范合同样本，细化合同条款，明确合同责任，指导村委会依法订立合同，减少订立合同中的随意性和粗放性，使土地管理的方式由粗放型向精细化转变。对土地承包合同的管理要从行政命令型向法律调节型转换，变行政命令、行政干预为政策指导、合理引导，减少对农民具体生产经营活动的干预，引导农民以市场需求和特色种植为导向进行生产经营。同时要指导村委会建立健全村民议事制度，加大对村委会及其成员的监督约束机制，促使其规范管理和依法管理。

4. 全面加强法制宣传教育及培训

要加大对《土地管理法》、《农村土地承包法》等法律法规的宣传力度。县级司法行政部门、国土资源管理部门和各镇（乡）、村应充分发挥各自作用，通过开展送法下乡活动、以案释法宣传、设立法律咨询平台等多种形式宣传土地承包经营和纠纷处理方面的法律法规，尽可能做到家喻户晓，使土地承包经营合同各方明确各自的权利和义务，提高农民知法、懂法和化解纠纷矛盾的能力。

（三）协调法律政策，做到有机统一

在我国，法律和政策有着统一的指导思想、政治方向和利益基础，本质上是一致的。但是，法律和政策在制定机关、制定程序、表现方式、实施方式、调整范围等方面都有明显区别。政策一般适应性强，面对社会变化可以随时调整；法律相对稳定，有些时候发展滞后。法律和政策各有其独特的功能，一般不能互相取代。在法律没有修改之前，应当坚持依法办事。国家土地政策是国家有关部门针对土地开发、利用、管理情况，在土地政策运行过程中出现的问题的解决对策。国家土地方面法律实际上是对有些实行有效的政策的法律化。在我国目前农村土地纠纷处理方面，虽说政策的调节作用相当强大，但仍应坚持政策调节服从法律调节，在法律没有规定或法律与政策存在冲突时，应当按照法律原则正确适用相关政策,[①] 尽量协调法律和政策，做到有机统一。同时，审理农村土地纠纷案件时既要充分尊重村民自治的权利和乡规民约的既定事实，又要对其内容进行合法性审查，对借村民自治、乡规民约之名侵害农民土地承包经营权的行为，限制、剥夺农民土地收益权的行为要依法予以纠正，实现法律效果和政治效果、社会效果的高度统一。

（四）强化诉讼调解，拓宽解决渠道

民事审判工作中应注重对土地纠纷案件的调解工作，积极探索诉前调解、立案调解、庭前调解、庭审调解的调解格局，尽可能地引导当事人在平等自愿、互谅互让的基础上达成调解协议，降低诉讼成本，尽快解决纠纷。同时，在当前社会矛盾多发、司法资源有限的情况下，应积极探索土地纠纷案件的多元化的纠纷解决机制，充分发挥协商、调解、仲裁、诉讼各自的优势，多管齐下，妥善处理，维护稳定。特别是土地承包纠纷大多发生在基层，其矛盾根源也在基层，农村基层组织和农民最接近，最了解土地的现状和纠纷的起因，处理结果也最容易被群众接受。要充分发挥基层乡镇政府、司法机关、土地管理所、村委会、村民小组的作用，从源头上化解矛盾，避免矛盾激化，把土地纠纷化解在萌芽状态。另外，在审理相关案件时还应与政府部门进行多方位的沟通与协调，争取利用多方面的力量，解决各类土地承包纠纷，促进社会主义新农村建设，促进社会和谐。

农业、农村、农民“三农”问题是近年来党和政府关注的焦点和

---

① 姬雄海：《探析土地开发引发的各类纠纷的审理》（http：//www. chinacourt. org/article/detail/2013/08/id/1054782. shtml）。

热点问题，也是关乎国计民生和社会稳定的关键问题。以土地为主要依托的农民生存和发展权益的维护具有长期性、复杂性、艰巨性和联动性的特点，任务仍将十分艰巨。笔者将在此基础上开展更加广泛、深入、细致的调查研究，为妥善解决土地纠纷、维护农民合法权益、促进农村和谐稳定做出积极的贡献。

参考文献

一　著作

张小华：《土地行政法》，中国人事出版社 1993 年版。

刘光远、王志彬：《新编土地法教程》，北京大学出版社 1999 年版。

江平：《中国土地立法研究》，中国政法大学出版社 1999 年版。

范愉：《非诉讼纠纷解决机制研究》，中国人民大学出版社 2000 年版。

毕宝德：《土地经济学》，中国人民大学出版社 2001 年版。

王卫国：《中国土地权利研究》，中国政法大学出版社 2003 年版。

崔建远：《土地上的权利群研究》，法律出版社 2004 年版。

刘云升、任广浩：《农民权利及其法律保障问题研究》，中国社会科学出版社 2004 年版。

陈小君：《农村土地法律制度研究——田野调查解读》，中国政法大学出版社 2004 年版。

王景新：《现代化进程中农地制度及其利益格局重构》，中国经济出版社 2005 年版。

党国英：《农村改革攻坚》，中国水利水电出版社 2005 年版。

李昌麒：《中国农村法治发展研究》，人民出版社 2006 年版。

蒋月：《农村土地承包法实施研究》，法律出版社 2006 年版。

刘俊：《中国土地法理论研究》，法律出版社 2006 年版。

冯继康：《三农难题与中国农村土地制度创新》，山东人民出版社 2006 年版。

刘福海、朱启臻：《中国农村土地制度研究》，中国农业大学出版社 2006 年版。

张广荣：《我国农村集体土地民事立法研究论纲》，中国法制出版社 2007 年版。

杨立新:《民商法理论争议问题——用益物权》，中国人民大学出版社 2007 年版。

李小云、左停:《中国农民权益保护研究:〈农业法〉第九章“农民权益保护”实际情况调查》，社会科学文献出版社 2007 年版。

丁关良:《土地承包经营权基本问题研究》，浙江大学出版社 2007 年版。

李昌麒:《农业法教程》，法律出版社 2007 年版。

［德］克劳斯·丹宁格:《促进增长与缓减贫困的土地政策》，中国人民大学出版社 2007 年版。

韩志才:《土地承包经营权研究》，安徽人民出版社 2007 年版。

刘俊:《土地所有权国家独占研究》，法律出版社 2008 年版。

项继权:《民权与民生:中国农民权益实证调查》，西北大学出版社 2008 年版。

蔡虹:《转型期中国民事纠纷解决初论》，北京大学出版社 2008 年版。

严军兴:《多元化农村纠纷处理机制研究》，法律出版社 2008 年版。

邹秀清:《中国农地产权制度与农民土地权益保护》，江西人民出版社 2008 年版。

廖洪乐:《中国农村土地制度六十年——回顾与展望》，中国财政经济出版社 2008 年版。

董栓成:《中国农村土地制度改革路径优化》，社会科学文献出版社 2008 年版。

胡美灵:《当代中国农民权利的嬗变》，知识产权出版社 2008 年版。

张钧:《农村土地制度研究》，中国民主法制出版社 2008 年版。

史啸虎:《农村改革的反思》，中央编译出版社 2008 年版。

朱为群:《中国三农政策研究》，中国财政经济出版社 2008 年版。

孟勤国:《中国农村土地流转问题研究》，法律出版社 2009 年版。

解玉娟:《中国农村土地权利制度专题研究》，西南财经大学出版社 2009 年版。

韩俊:《中国农村土地问题调查》，上海远东出版社 2009 年版。

吴次芳、靳相木：《中国土地制度改革三十年》，科学出版社 2009 年版。

胡亦琴：《农村土地市场化进程中的政府规制研究》，经济管理出版社 2009 年版。

徐勇：《中国农村与农民问题前沿研究》，经济科学出版社 2009 年版。

王佳慧：《当代中国农民权利保护的法理》，中国社会科学出版社 2009 年版。

宋才发：《西部民族地区城市化过程中农民土地权益的法律保障研究》，人民出版社 2009 年版。

张德瑞：《中国农民平等权利法律保护问题研究》，江西人民出版社 2009 年版。

丁关良、童日晖：《农村土地承包经营权流转制度立法研究》，中国农业出版社 2009 年版。

谢代银、邓燕云：《中国农村土地流转模式研究》，西南师范大学出版社 2009 年版。

亓宗宝：《农村土地承包经营权法律保障研究》，法律出版社 2009 年版。

邱道持：《论农村土地流转》，西南师范大学出版社 2009 年版。

陈小君：《农村土地法律制度的现实考察与研究：中国十省调研报告书》，法律出版社 2010 年版。

北京大学国家发展研究综合课题组：《还权赋能：奠定长期发展的可靠基础——成都市统筹城乡综合改革的调查研究》，北京大学出版社 2010 年版。

袁铖：《制度变迁过程中农民土地权利保护研究》，中国社会科学出版社 2010 年版。

吴远来：《农村宅基地产权制度研究》，湖南人民出版社 2010 年版。

茆荣华：《农村集体土地流转制度研究》，北京大学出版社 2010 年版。

钱忠好：《中国农村土地制度变迁和创新研究（三）》，中国农业出版社 2010 年版。

曲福田：《中国工业化、城镇化进程中的农村土地问题研究》，经济科学出版社 2010 年版。

农业部软科学委员会办公室：《农村改革与统筹城乡发展》，中国财政经济出版社 2010 年版。

原玉廷、张改枝：《新中国土地制度建设 60 年回顾与思考》，中国财政经济出版社 2010 年版。

蒋省三、刘守英、李青：《中国土地政策改革：政策演进与地方实施》，上海三联书店 2010 年版。

黄祖辉：《我国土地制度与社会经济协调发展研究》，经济科学出版社 2010 年版。

商春荣：《中国农村妇女土地权利保障研究》，中国经济出版社 2010 年版。

高林远、黄善明、祁晓玲、杜伟：《制度变迁中的农民土地权益问题研究》，科学出版社 2010 年版。

林苇：《农村承包地调整制度研究》，中国检察出版社 2010 年版。

刘卫柏：《中国农村土地流转模式创新研究》，湖南人民出版社 2010 年版。

张英洪：《认真对待农民权利》，中国社会出版社 2011 年版。

张云华：《完善与改革农村宅基地制度研究》，中国农业出版社 2011 年版。

喻文莉：《转型期宅基地使用权制度研究》，法律出版社 2011 年版。

王旭东：《中国农村宅基地制度研究》，中国建筑工业出版社 2011 年版。

韩立达、李勇、韩冬：《农村土地制度改革研究》，中国经济出版社 2011 年版。

石凤友：《土地法律制度研究》，山东大学出版社 2011 年版。

李凤梅：《中国城市化进程中农地保护法律制度研究》，知识产权出版社 2011 年版。

揭明、鲁勇睿：《土地承包经营权之权利束与权利结构研究》，法律出版社 2011 年版。

曾令秋、胡健敏：《新中国农地制度研究》，人民出版社 2011 年版。

梁亚荣:《土地承包经营权保护制度的完善:基于海南、江苏等省的调查研究》,法律出版社 2011 年版。

丁关良:《土地承包经营权流转法律制度研究》,中国人民大学出版社 2011 年版。

任中秀:《农村宅基地使用权制度研究》,山东大学出版社 2012 年版。

刘守英、周飞舟、邵挺:《土地制度改革与转变发展方式》,中国发展出版社 2012 年版。

高飞:《集体土地所有权主体制度研究》,法律出版社 2012 年版。

陈小君:《田野、实证与法理:中国农村土地制度体系构建》,北京大学出版社 2012 年版。

曹泮天:《宅基地使用权流转法律问题研究》,法律出版社 2012 年版。

华彦玲:《苏南乡村土地流转中的地权及利益研究》,中国社会科学出版社 2012 年版。

李宴:《农村土地市场化法律制度研究》,中国法制出版社 2012 年版。

刘俊:《中国农村土地法律制度创新研究》,群众出版社 2012 年版。

吴义茂:《土地承包经营权入股有限责任公司法律问题研究》,法律出版社 2012 年版。

陈小君:《农村土地问题立法研究》,经济科学出版社 2012 年版。

董景山:《农村集体土地所有权行使模式研究》,法律出版社 2012 年版。

吴春岐:《中国土地法体系构建与制度创新研究》,经济管理出版社 2012 年版。

沈彭:《广东农村土地改革实践与理论》,暨南大学出版社 2012 年版。

张英洪:《农民权利发展——经验与困局》,知识产权出版社 2012 年版。

张钧:《农村土地流转法律问题研究:以云南文山县为例》,法律出版社 2012 年版。

吴越、沈冬军、吴义茂、许英：《农村集体土地流转与农民土地权益保障的制度选择》，法律出版社2012年版。

喻新安、刘道兴：《新型农村社区建设探析》，社会科学文献出版社2013年版。

林卿：《农民土地权益流失与保护研究——基于中国经济发展进程》，中国社会科学出版社2013年版。

罗必良：《产权强度、土地流转与农民权益保护》，经济科学出版社2013年版。

贺雪峰：《地权的逻辑Ⅱ：地权变革的真相与谬误》，东方出版社2013年版。

华生：《城市化转型与土地陷阱》，东方出版社2013年版。

周其仁：《改革的逻辑》，中信出版社2013年版。

张千帆、党国英、高新军：《城市化进程中的农民土地权利保障》，中国民主法制出版社2013年版。

王金堂：《土地承包经营权制度的困局与解破》，法律出版社2013年版。

汪晖、陶然：《中国土地制度改革：难点、突破与政策组合》，商务印书馆2013年版。

王文、彭文英：《中国农村集体建设用地流转收益关系及分配政策研究》，经济科学出版社2013年版。

董彪：《财产权保障与土地权利限制》，社会科学文献出版社2013年版。

李永安：《中国农户土地权利研究》，中国政法大学出版社2013年版。

张国华：《论宅基地使用权的可流转性及其实现》，法律出版社2013年版。

郭洁：《集体建设用地使用权流转市场法律规制的实证研究》，法律出版社2013年版。

丁关良、蒋莉：《依法有序地推进土地承包经营权流转研究——以浙江省为例》，科学出版社2013年版。

邹秀清：《土地承包经营权权能拓展与合理限制研究》，中国社会科学出版社 2013 年版。

王世元：《新型城镇化之土地制度改革路径》，中国大地出版社 2014 年版。

祖彤：《我国农村土地承包经营权制度研究》，黑龙江大学出版社有限责任公司 2014 年版。

盖国强：《让农民把土地当成自己的——农村土地制度创新研究》，山东人民出版社 2014 年版。

二　论文

殷永林：《论印度土地改革的成败和影响》，《思想战线》1995 年第 5 期。

王小映：《土地制度变迁与土地承包制度》，《中国土地科学》1999 年第 4 期。

吴晓华：《改革农地制度　增加农民收入》，《改革》2002 年第 2 期。

李竹转：《美国农地制度对我国农地制度改革的启示》，《生产力研究》2003 年第 2 期。

邵彦敏：《美日现代农地制度的比较与借鉴》，《东北亚论坛》2004 年第 4 期。

张尧智：《战后日本农地制度的变迁及其启示》，《山东财政学院学报》2004 年第 6 期。

张玫、丁士军：《越南土地政策概述》，《世界农业》2004 年第 7 期。

胡长明：《国外农地制度改革及对我国农地制度创新的启示》，《农业经济问题》2005 年第 9 期。

王建华：《苏州市农村土地股份合作制的实践与思考》，《农村经营管理》2005 年第 8 期。

韩松：《论集体成员与成员集体——集体所有权的主体》，《法学》2005 年第 8 期。

王崇敏、孙静：《农村宅基地使用权流转析论》，《海南大学学报（人文社会科学版）》2006 年第 2 期。

白呈明：《在宪政框架下构建解决农村土地纠纷的长效机制》，《唐都学刊》2005 年第 6 期。

杨芳:《关于涉农土地纠纷案件的调研报告》,《法律适用》2005 年第 8 期。

西爱琴、陆文聪:《俄罗斯土地改革历程与现状》,《世界农业》2006 年第 1 期。

汤玉权:《论户籍制度改革与农村土地制度的变革》,《东南学术》2006 年第 1 期。

吴兴国:《集体组织成员资格及其成员权研究》,《法学杂志》2006 年第 2 期。

王利明:《物权法平等保护原则之探析》,《法学杂志》2006 年第 2 期。

申欣欣:《宅地基使用权审批制度研究》,《中国农业大学学报（社会科学版）》2006 年第 1 期。

朱岩:《“宅基地使用权”评释——评〈物权法草案〉第十三章》,《中外法学》2006 年第 1 期。

胡勇:《古村土地资源纠纷的法社会学研究》,硕士论文,贵州大学,2006 年。

金永丽:《绿色革命后印度土地关系的新变化》,《鲁东大学学报（哲学社会科学版）》2007 年第 1 期。

赵松:《越南的土地征用、收回与补偿》,《国土资源》2007 年第 8 期。

黄松有:《谈谈物权法的平等保护原则》,《人民司法》2007 年第 7 期。

王利明:《物权法是社会主义市场经济的基本法律》,《求是》2007 年第 10 期。

陈小君:《农地法律制度在后农业税时代的挑战与回应》,《月旦民商法》2007 年第 16 期。

姜爱林、陈海秋:《农村宅基地立法探讨》,《湖南文理学院学报（社会科学版）》2007 年第 1 期。

高圣平、刘守英:《宅基地使用权初始取得制度研究》,《中国土地科学》2007 年第 2 期。

周洪亮:《户的视角下的农村宅基地使用权的取得研究》,《中国农村观察》2007 年第 5 期。

汪琴:《论农村宅基地使用权制度》,《华侨大学学报(哲学社会科学版)》2007 年第 4 期。

徐勇:《在社会主义新农村建设中推进农村社区建设》,《江汉论坛》2007 年第 4 期。

白呈明:《农村土地纠纷的社会基础及其治理思路》,《中国土地科学》2007 年第 6 期。

史卫民:《农村宅基地使用权流转的法律思考》,《理论导刊》2007 年第 9 期。

韩俊:《建立保障农民土地权益的长效机制》,《科学决策》2007 年第 5 期。

陈发桂:《试论我国农村土地纠纷的现状及解决机制》,《桂海论丛》2008 年第 1 期。

解玉娟:《农村宅基地使用权取得制度的研究》,《安徽农业科学》2008 年第 7 期。

温铁军:《"土地私有化"不是中国农村的未来方向》,《环球企业家》2008 年第 13 期。

重庆市工商局:《农村土地承包经营权入股的理论与实践研究》,《新重庆》2008 年第 11 期。

王菊英、王晓明:《城乡户籍制度改革与农村土地集体所有权变革的思考》,《吉林省经济管理干部学院学报》2008 年第 4 期。

陈希勇:《农村土地社会保障功能:困境及其对策分析》,《农村经济》2008 年第 8 期。

冯寸生:《宅基地使用权制度私法规则的构建》,硕士论文,暨南大学,2008 年。

徐智慧:《用益物权视野下宅基地法律问题探讨》,硕士论文,复旦大学,2008 年。

付坚强、陈利根:《我国农村宅基地使用权制度论略——现行立法的缺陷及其克服》,《江淮论坛》2008 年第 1 期。

冯寸生:《宅基地使用权制度私法规则的构建》,硕士论文,暨南大学，2008 年。

曹良明：《关于创新农村宅基地制度的若干思考》，《宁波经济》2008 年第 6 期。

朱红英、杨秋岭：《论宅基地使用权初始取得的公法控制》，《浙江工业大学学报（社会科学版）》2008 年第 1 期。

梅东海：《社会转型期的中国农村土地冲突分析》，《东南学术》2008 年第 6 期。

张宏东：《论我国农地抵押制度的创新》，《金融理论与实践》2008 年第 7 期。

段莉：《农村土地承包纠纷仲裁制度研究》，《仲裁研究》2008 年第 2 期。

郝飞：《关于我国建立农村土地承包纠纷仲裁制度的探讨》，《仲裁研究》2008 年第 2 期。

季秀平：《关于农村土地承包纠纷仲裁的几个问题》，《法学杂志》2008 年第 1 期。

李长健、曹俊：《我国农村土地承包纠纷仲裁解决机制的理性思考与制度架构》，《上海师范大学学报（哲学社会科学版）》2008 年第 4 期。

蔡虹：《农村土地纠纷及其解决机制研究》，《法学评论》2008 年第 2 期。

韩松：《集体建设用地市场配置的法律问题研究》，《中国法学》2008 年第 3 期。

徐印州：《农民应从土地获得更多的则产性收入》，《广东经济》2008 年第 6 期。

朱明芬：《递进式推进农村土地改革》，《甘肃行政学院学报》2008 年第 6 期。

陶林：《21 世纪中国农村土地制度创新与展望》，《学术论坛》2008 年第 12 期。

朱文霞：《宅基地使用权制度研究》，硕士论文，山东师范大学，2009 年。

黎桦：《论农民土地财产权的保障》，《湖北经济学院学报》2009 年第 5 期。

田静婷:《中国农地法律制度的困境及其对策——日本农地法律制度对中国的启示》,《西北大学学报（哲学社会科学版）》2009 年第 6 期。

史志强:《国外土地流转制度的比较和借鉴》,《东南学术》2009 年第 2 期。

田建强:《农村宅基地使用权的取得方式与政府监管》,《重庆社会科学》2009 年第 8 期。

方丽琼:《我国不动产登记的效力考察》,《福建政法管理干部学院学报》2009 年第 4 期。

李长健:《论我国新农村社区治理模式的建立与完善》,《湖南财经高等专科学校学报》2009 年第 6 期。

董景山:《我国农村土地制度 60 年：回顾、启示与展望》,《江西社会科学》2009 年第 8 期。

张艳花:《农地抵押：争议中的试点》,《中国金融》2009 年第 15 期。

马艳平:《农村土地承包经营权的法律保护》,《中共山西省委党校学报》2009 年第 6 期。

李文政:《论优化农村土地流转中政府的管理职能》,《改革与战略》2009 年第 7 期。

谭峥嵘:《土地承包经营权流转纠纷及解决机制研究》,《湖南行政学院学报》2009 年第 4 期。

丘国中:《家庭承包经营权股权化的法律障碍及解决思路》,《乡镇经济》2009 年第 7 期。

李东侠、郝磊:《土地承包经营权入股公司问题的法律分析》,《法学论坛》2009 年第 4 期。

王伟:《宅基地使用权研究》，硕士论文，大连海事大学，2010。

姜立忠:《农村开展宅基地有偿选位的做法与思考》,《浙江国土资源》2009 年第 8 期。

唐俐:《社会转型背景下宅基地使用权初始取得制度的完善》,《海南大学学报（人文社会科学版）》2009 年第 6 期。

李淑慧、张子任：《农地流转中农民土地权益保障问题探究》，《安徽警官职业学院学报》2009 年第 4 期。

李长健、梁菊、杨婵：《农村土地流转中农民利益保障机制研究》，《贵州社会科学》2009 年第 7 期。

赵素娟：《农村宅基地使用权流转法律问题研究》，硕士论文，吉林大学，2009 年。

史卫民：《土地承包经营权抵押制度的现实困境与法律完善》，《现代经济探讨》2009 年第 5 期。

史卫民：《农村土地承包纠纷仲裁制度探讨》，《华南农业大学学报（社会科学版）》2009 年第 3 期。

陈小君、蒋省三：《宅基地使用权制度：规范解析、实践挑战及其立法回应》，《管理世界》2010 年第 10 期。

曹泮天：《现行宅基地使用权制度的困境与出路》，《河北法学》2010 年第 3 期。

乔爱书：《农村宅基地："十二五"政府制度设计的价值取向分析》，《理论建设》2010 年第 5 期。

陈金明、吴淑娴：《农村土地流转：目标、问题与对策》，《江西社会科学》2010 年第 3 期。

史卫民：《农村土地承包纠纷：特点、类型及其解决》，《理论探索》2010 年第 1 期。

潘书宏、林建伟：《论我国农村宅基地制度的改革与创新》，《海峡法学》2010 年第 4 期

唐俐：《宅基地使用权有偿设立问题探析》，《河南省政法管理干部学院学报》2010 年第 3 期。

王崇敏、张丽华：《我国农村宅基地使用权流转的现状考察》，《河南省政法管理干部学院学报》2010 年第 1 期。

肖旭斌：《土地纠纷处理研究》，硕士论文，汕头大学，2010 年。

范文涛：《农村土地纠纷的类型化及其解决机制研究》，硕士论文，西南政法大学，2010 年。

宋菊香：《论土地流转中农民权益保障机制构建》，《湖南行政学院学报》2010 年第 2 期。

高富平：《农村建设用地制度改革研究》，《上海财经大学学报》2010 年第 2 期。

史卫民：《农地流转方式的比较分析与法律完善》，《广西社会科学》2011 年第 9 期。

陈丹：《标本兼治农村土地纠纷》，《中国国情国力》2011 年第 11 期。

陈晓军：《农村宅基地流转中的价值冲突与公平性考察》，《南京农业大学学报（社会科学版）》2011 年第 3 期。

徐凤真：《农村土地流转纠纷及其解决机制》，《理论学刊》2011 年第 3 期。

于波：《农村宅基地使用权取得模式研究》，《理论月刊》2011 年第 7 期。

米良：《越南土地法律制度探析》，《河北法学》2011 年第 9 期。

欧阳国：《中国农村宅基地使用权法律制度研究》，硕士论文，西南政法大学，2011 年。

罗瑞芳：《农村宅基地产权制度变迁的方向和路径分析》，《农村经济》2011 年第 9 期。

周珏：《浅议宅基地使用权登记制度的完善》，《云南大学学报（法学版）》2011 年第 2 期。

苏号朋、宋崧：《宅基地使用权的类型化研究》，《科学决策》2011 年第 3 期。

喻文莉：《论宅基地使用权初始取得的主体和基本方式》，《河北法学》2011 年第 8 期。

顾群英：《宅基地使用权流转的若干问题探析》，硕士论文，华东政法大学，2011 年。

李志强：《农村宅基地流转机制设计：以杨凌示范区为例》，硕士论文，西北农林科技大学，2011 年。

张伟宏：《农村土地承包经营纠纷若干问题实证研究》，硕士论文，吉林大学，2011 年。

郭晓鸣：《中国农村土地制度改革：需求、困境与发展态势》，《中国农村经济》2011 年第 4 期。

袁裴：《宅基地使用权流转法律问题研究》，硕士论文，沈阳工业大学，2012 年。

王利明、周友军：《论我国农村土地权利制度的完善》，《中国法学》2012 年第 1 期。

赵万一：《中国农民权利的制度重构及其实现途径》，《中国法学》2012 年第 3 期。

陈志、李丽：《构造农村土地承包经营权入股制度的法律思考》，《武汉理工大学学报（社会科学版）》2012 年第 1 期。

韩艳：《论农村土地承包纠纷非诉讼调解机制的建构》，《长沙大学学报》2013 年第 6 期。

高强、孔祥智：《日本农地制度改革背景、进程及手段的述评》，《现代日本经济》2013 年第 2 期。

刘守英：《中国土地制度的问题与改革》，《中国改革》2013 年第 11 期。

董立山：《农村土地纠纷的类型化梳理与解决机制研究》，《湖南科技大学学报（社会科学版）》2013 年第 1 期。

杨青贵、王祎：《论农村集体土地权益配置失衡及其制度矫正》，《农村经济》2013 年第 2 期。

郭冠男：《城镇化背景下农村宅基地制度及其权益研究》，《宏观经济管理》2013 年第 11 期。

郑玉秀：《论农民土地权益的制度保障》，《学术交流》2013 年第 6 期。

金丽馥：《中国农民土地财产性收入：增长困境与对策思路》，《江海学刊》2013 年第 6 期。

蔡继明：《我国土地制度改革的顶层和系统设计》，《经济纵横》2013 年第 7 期。

李东卫：《金融支持农村土地流转的制约因素及对策》，《浙江金融》2013 年第 2 期。

袁达松、郑潮龙：《我国农村土地承包经营权登记制度的完善》，《中州学刊》2013 年第 2 期。

李海新：《湖北农村土地承包经营权流转的实践与思考》，《湖北社会科学》2013 年第 1 期。

梁亚荣：《集体建设用地使用制度的异化与重构》，《法学杂志》2013年第6期。

刘守英：《中共十八届三中全会后的土地制度改革及其实施》，《法商研究》2014年第2期。

温世扬：《农地流转：困境与出路》，《法商研究》2014年第2期。

韩松：《论农民集体成员对集体土地资产的股份权》，《法商研究》2014年第2期。

王崇敏：《论我国宅基地使用权制度的现代化构造》，《法商研究》2014年第2期。

孙宪忠：《再论我国物权法中的"一体承认、平等保护"原则》，《法商研究》2014年第2期。

郑尚元：《宅基地使用权性质及农民居住权利之保障》，《中国法学》2014年第2期。

陈小君、韩松、房绍坤：《深化农村土地制度改革的法律解读》，《法学家》2014年第2期。

黄贻芳、钟涨宝：《城镇化进程中农地承包经营权退出机制构建》，《西北农林科技大学学报（社会科学版）》2014年第1期。

后　记

本书是我主持的2011年度教育部人文社科研究基金青年项目“农村发展与农民土地权益保护的法律问题研究——以陕西为例”（项目批准号：11YJC820103）的最终成果。蓦然回首，从收集资料到申报课题，从阅读文献到实地调研，从完成初稿到最终定稿，都由我亲自完成，先后经历了四个春秋。在这四年中，使我真正感受到了十年磨一剑的苦涩，感受到了做学问的艰辛。我生于农村，长于农村，与农村有着难以割舍的情怀。虽从上大学算起，我离开农村已经整整21年了，但在我心中，农村依然是我的家，每次回家我都观察和留意农村所发生的种种变化，倾听和了解农民的生存和发展状况，把家当成我研究农村问题的一个固定调研基地。选择农民土地权益保护这一主题进行研究也源于近些年来我一直对农村与农民问题的强烈关注与思考。

感谢我曾经的老师和现在的同事周作斌教授、白呈明教授、陈晓莉教授、崔艺红教授，在我上学、工作、教学、研究的道路上，他们都倾注了大量的心血给予我无私的引导和帮助，我所取得的每一点进步和成绩都离不开他们悉心的指导和关怀。特别是白呈明教授和陈晓莉教授分秒必争的工作状态，严谨求实的治学风范，专注执着的研究态度，硕果累累的研究成果，常常催我奋进，唤我前行。感谢西安交通大学法学院的马民虎教授，在我最困难和无助的时候，排除万难收我为博士生，并给了我太多的理解和宽容。师恩浩荡，我当永远铭记在心！感谢王宏选博士、王卿博士、王波博士、张艳平博士以及法学院的其他老师和同事，他们在工作上给予我太多的支持、帮助与分担，使我能静下心来顺利写作。

感谢中国社会科学出版社喻苗编辑和同事们的辛苦工作和鼎力相

助。感谢西安财经学院学术著作出版基金的支持与资助。

感谢我的家人。年迈的父母至今仍在干着农活，忙于田间地头，而我却很少抽出时间回到路途并不遥远的家，只能经常打电话问候，深感愧疚和自责。岳父岳母为抚养儿女付出了极大的精力和心血，妻子为我的工作和研究做出了默默的奉献与牺牲。我所取得的一点点成绩和获得的一张张证书，都凝聚着他们的付出与支持。我只有努力进取，不断取得新的进步，才能不辜负家人的厚爱与期望。

由于时间、篇幅、经费等原因，书中导论部分涉及的研究背景和意义，研究现状和述评，研究思路和方法以及与农民土地权益保护有关的户籍制度改革、农地金融建设、社会保制度完善等内容都恋恋不舍地删掉了。由于学识水平有限，书中仍存在许多不足甚至疏漏和错误，敬请读者批评指正。

史卫民

2014 年 8 月